ではじめる
ベイズ機械学習入門

Introduction to Bayesian Machine Learning
with

森賀 新

木田悠歩

須山敦志

講談社

- 本書の執筆にあたって，以下の計算機環境を利用しています．
  Google Colab（2021 年 12 月時点版）
  Python3.7.12
  パッケージなどのバージョンは本文参照

- サポートページ URL
  `https://github.com/sammy-suyama/PythonBayesianMLBook`

まえがき

近年，データサイエンスや人工知能といった言葉に代表されるように，大量のデータをアルゴリズムによって処理することで，データからのビジネス的な知見の抽出や人手の作業の自動化といったさまざまな取り組みが活発に行われています．この背景には，コンピュータのデータ保存能力や計算能力の飛躍的な向上，ネットワークやセンサデバイスの進化によるデータ収集の低コスト化，計算アルゴリズムの進化などが挙げられます．

このように，データを活用するための環境が急速に普及し始めている一方で，データ解析や人工知能を使った具体的なサービスの構築やビジネス活用を目的としたプロジェクトはなかなか成果に結び付かず失敗に終わることが多いのが現実です．この理由の１つとして，現実の複雑なデータや課題に対応できるような柔軟性の高い方法論や，ソフトウェアが十分に活用できていないことが挙げられます．

本書では，この課題を解決するための方法の１つとして，確率的プログラミング言語（PPL）に焦点を当てます．PPL とは，文字通り確率論に基づいたアルゴリズムの開発ツールです．PPL を用いれば，統計モデルを利用したデータ解析のプロセスを圧倒的に効率化できます．また，本書の大きな特徴として，時系列解析や潜在変数モデル，深層ニューラルネットワークモデルといった機械学習の分野で頻繁に用いられている比較的大規模なモデルに関しても，PPL を通した構築方法をコードとともに解説していきます．

本書では Python でのコーディングを対象とします．したがって，Python の基本的な文法に関しては習得済みであることを前提とします．利用した Python やパッケージのバージョンを表にまとめます．なお，Python のバージョンは 3.7.12 を使用しています．

また，本書に掲載の Python プログラムでは，下記コマンドによりパッケージをインポートしていることが前提になっており，PPL を提供するパッケージ以外の import 文は基本的に省略しています．

```
import numpy as np
import pandas as pd
from scipy import stats
import seaborn as sns
import matplotlib.pyplot as plt
import arviz as az
```

さらに，本書ではプロット作成用のコードなど冗長と思われるコードは一部省略しています．完全なコードについては，下記サポートページを参照してください．

https://github.com/sammy-suyama/PythonBayesianMLBook

パッケージ名	バージョン	用途
NumPy	1.19.5	多次元配列を用いた数値計算
SciPy	1.4.1	確率分布に関する計算
Matplotlib	3.2.2	プロット作成
seaborn	0.11.2	プロット作成
japanize-matplotlib	1.1.3	Matplotlib の日本語化
pandas	1.1.5	データの読み込みや整形
scikit-learn	0.22.2	機械学習用のデータ準備やモデル構築
tqdm	4.62.3	プログレスバーの表示
ArviZ	0.11.4	近似推論結果の可視化
PyMC3	3.11.4	確率的プログラミング言語
Theano-PyMC	1.1.2	PyMC3 のバックエンド
Pyro	1.7.0	確率的プログラミング言語
PyTorch	1.10.0	Pyro, GPyTorch のバックエンド
NumPyro	0.8.0	確率的プログラミング言語
JAX	0.2.21	NumPyro のバックエンド
TensorFlow Probability	0.14.1	確率的プログラミング言語
TensorFlow	2.7.0	TensorFlow Probability のバックエンド
GPyTorch	1.5.1	ガウス過程

本書では，特に注意書きがない限りは次のような記号表記を採用します．

- 1 次元の値は通常の字体 x を用います．ベクトルや行列など，複数の値を内部に持っていることを強調したい場合は $\mathbf{x}$ や $\mathbf{X}$ などの太字を用います．また，ベクトルは縦ベクトルとして扱い，要素を例えば $\mathbf{x} = (x_1, x_2, x_3)^\top$ のように表します．ゼロベクトルも太字を使って $\mathbf{0}$ と表記します．
- 波括弧は集合を表します．例えば，N 個の変数 $x_1, x_2, \ldots, x_N$ の集合を $\mathbf{X} = \{x_1, x_2, \ldots, x_N\}$ と表します．
- $\mathbb{R}$ は実数の集合で，$\mathbb{R}^+$ は非負の実数の集合を表します．
- $\mathbb{N}$ は自然数の集合です．
- 開区間は丸括弧を使って表すことにします．例えば，実数 a が $0 < a < 1$ を満たすことを $a \in (0, 1)$ と表します．
- 閉区間は角括弧を使って表すことにします．例えば，実数 a が $0 \leq a \leq 1$ を満たすことを $a \in [0, 1]$ と表します．
- 有限個の離散シンボルは波括弧を使って表すことにします．例えば，a が 0 または 1 の 2 値しかとらない場合は $a \in \{0, 1\}$ と表します．
- サイズが D の実ベクトルを $\mathbf{x} \in \mathbb{R}^D$ と表します．また，サイズが $M \times N$ の実行列を $\mathbf{A} \in \mathbb{R}^{M \times N}$ と表します．
- 行列 $\mathbf{A}$ の転置は $\mathbf{A}^\top$ と表記します．

- 行列 $\mathbf{A}$ の行列式を $|\mathbf{A}|$ と表記します.
- 単位行列を $\mathbf{I}$ と表記します.
- e は自然対数の底であり，指数関数は $\exp(x) = e^x$ のように表記します.
- 各種確率分布は，一様分布 Unif，ガウス分布 $\mathcal{N}$，ベルヌーイ分布 Bern，二項分布 Bin，カテゴリ分布 Cat，多項分布 Mult，ポアソン分布 Poi，ベータ分布 Beta，ディリクレ分布 Dir，ガンマ分布 Gam，ウィシャート分布 $\mathcal{W}$，スチューデントの t 分布 St などと表記します.
- 分布 $p(x)$ からサンプルを得ることを $x \sim p(x)$ と表記します．自明な場合はカッコ内の x を省略します.
- 記号 $\approx$ は近似を意味します．例えば，$\mathbf{X} \approx \mathbf{Y}$ は,「$\mathbf{X}$ を $\mathbf{Y}$ で近似する」という意味になります.

本書を執筆するにあたって，板谷知明氏，下出直樹氏，園田裕太氏，高山勧司氏，田中早苗氏，戸田敬之氏には多くの改善点をご指摘いただきました．また，東京大学の鈴木雅大先生，谷口尚平氏，中野聡大氏，原田憲旺氏には内容に関して貴重なアドバイスをいただきました．大変感謝いたします．そして，講談社サイエンティフィクの横山真吾氏には本書の企画から完成まで全面にわたってサポートしていただきました．皆様のご協力がなければ本書の刊行は成し得ませんでした．改めて，深く感謝申し上げます.

2022 年 3 月　　　　森賀，木田，須山

目　次

第1章

ベイジアンモデリングとは

本書は**確率的プログラミング言語**（probabilistic programming language, PPL）を用いたベイジアンモデリングや機械学習のデータ解析手法を構築するための実践書です．本章では，まずベイジアンモデリングや PPL が登場した歴史的な背景や，それらの技術の基礎理論を簡単に解説します．

1.1 データ解析とコンピュータ

ここでは簡単にデータ解析の歴史を振り返り，時代の要請や技術進化の過程でデータ解析がどのように発展していったのかを解説します．そして，現在のベイジアンモデリングや本書のテーマであるPPL が，データ解析や人工知能の分野においてどのような役割を果たしているのかを解説します．

1.1.1 データ解析の始まりと発展

一般的に**データ解析**（data analysis）や統計学というと，数理的な仮定を用いて，データから規則性や構造を抽出するための方法論を指します．これにより，将来予測を始めとした有益な情報を得ることができます．その意味では，データを集計してシンプルなヒストグラムなどのグラフを可視化するような手法はもちろんのこと，近年応用が広まっているような大量データを与えて精度の高い予測を行うことを目的とした機械学習や深層学習などの人工知能関連の技術も，データ解析や統計学のカバー範囲だといえます．いずれにしても，データを解析した後に有益な意思決定が行えたり，人間の判断を介さずとも業務のプロセスが自動で実行されたりするなど，何かしらの具体的なアクション（施策）に結び付けることが大きな目的となります．

データを用いた意思決定の起源はエジプト，中国，ローマなどを代表とする古代帝国の時代にさかのぼるとされています（竹内啓 [2018]）．ピラミッドや神殿などの大型の建物や下水道などのインフラ設備を整備するためには，国家がどれくらいのリソース（労働力，食料，資材など）を保持しているかを正確に見積もったうえでプロジェクトを実行する必要がありました．また，土地面積や作物を始めとした生産物を量るための単位の統一や，大きな数を正確に表現するための 10 進法などの表現手法もデータを収集し活用していく過程で確立されていきました．

より近代的な統計学は 16 世紀から 17 世紀にかけて誕生しました．特に 17 世紀は万有引力の法則を発見したことで有名なアイザック・ニュートンの活躍などにより，近代的な自然科学が大きく発展した時代です．すなわち，観測データに対して数学的仮定を適用することによって客観的な結論を導くという方法論が大きな影響力を持ち始めました．また，当時の代表的な統計学の応用例として，生命保険や年金制度といった仕組み作りのために出生率の調査データが活用されていました．

18 世紀には，イギリスのトーマス・ベイズがいわゆる「ベイズの定理」を発見し，本書のテーマの 1 つであるベイズ統計，あるいはベイジアンモデリングの名前の由来となりました[注1]．同じ考え方は，18 世紀から 19 世紀にかけてフランスの数学者ピエール＝シモン・ラプラスによって惑星科学や人口解析などの分野で発展・応用されていきました．

20 世紀の中ごろには，統計学の数理的な理論が体系化されていきますが，それと同時にさまざまな分野でデータ解析が応用されるようになりました．特に統計的品質管理は工場の生産性を劇的に向上させました．これは，画一的なものを大量生産する際の製品の品質管理に用いられ，コストのかかる全品検査をせず，一部を抜き取り検査することによって製品全体の傾向を把握して品質の把握を行うというものです．

1.1.2 コンピュータの登場

20 世紀は統計学の歴史において最も重大な転換期であったといっても過言ではないでしょう．半導体技術の確立によるコンピュータの低価格化と性能進化によって，データ解析の適用範囲は劇的に広がりました．また，それに伴い人工知能技術も勃興し，コンピュータによって人間のような知的処理を行わせようとする研究が発達しました．

コンピュータの登場によって最も簡略化されたのはデータの収集と蓄積です．特に近年ではインターネットの普及もあり，ウェブ上では膨大な量のデータが日々蓄積されるようになりました．また，今ではスマートフォンのカメラ機能などで当たり前になったイメージセンサが代表的ですが，さまざまな測定デバイスが廉価になり広く普及したことも重要な点です．この変化の流れは IoT（Internet of Things）として認知されています．

さらに，コンピュータの進化によって統計にかかわる計算が圧倒的に効率化された点も重要です．従来では収集されたデータに対して人手によって合計値や平均値などの計算を行っており，ミスも多く何日もかかる作業となっていましたが，今ではコンピュータによって数万レコードでもミスなく一瞬で計算できてしまいます．これにより，試行錯誤をしながらデータを多角的な面で解析したり，複雑な計算式などを組んで数値指標を算出したりするようなことも自由にできるようになりました．

コンピュータ技術の進化はハードウェアだけではなくソフトウェアの面も重要です．特に，数値計算を効率的に実施するアルゴリズムは，統計学だけではなく物理学や人工知能の分野でも大いに発展しました．**ベイジアンモデリング**（Bayesian modeling）においては，代表的なものとして 1970 年代に開発されたメトロポリス・ヘイスティングス法を始めとしたマルコフ連鎖モンテカルロ法（MCMC）があり，従来では困難だった複雑な統計モデルに対する近似計算を可能にしました．また，MCMC は計算時間が非常にかかるというデメリットを持っていますが，1990 年代ごろから使われるようになっ

注 1　ただし，現代の数理的な観点からいえば，ベイズ統計の基礎をなすものはベイズの定理ではなく，その前提となる周辺確率や条件付き確率です．言い換えれば，ベイズの定理を使っているからといってベイズ統計とは限らず，逆にベイズ統計だからといってベイズの定理を使っているとも限りません．

た変分推論法はMCMCと比較して高速に近似結果が得られる手法として注目されており，現在変分推論法はMCMCと並んで，ベイジアンモデリングや機械学習の近似推論計算においてデファクトスタンダードのアルゴリズムになっています．

1.1.3 ベイジアンモデリングとソフトウェア

前述のように，コンピュータの登場はデータ解析の世界に絶大なインパクトをもたらしました．データ解析と非常に関連性が高い分野として，近年では人間の知能を模倣することを目的とした人工知能技術に由来を持つ機械学習や深層学習などがあります．これらの技術が近年広く使われるようになった背景にはツールの整備があります．つまり，単にコンピュータを活用したアルゴリズムが研究・開発されるだけにとどまらず，それを多くの人が利用できるようにオープンソースで公開され，またそれらを活用した事例などもウェブ上で幅広くシェアされるようになりました．例えば，機械学習を手軽に使うパッケージとしてPythonのscikit-learnなどがあります．深層学習では，TensorFlowやPyTorchなどのパッケージが人気です．これらのツールが学術界・産業界問わず多くの人に利用され，活用ノウハウや改善点などがシェアされたことによって，爆発的に利用が広がりました．ベイジアンモデリングに深く関連するものとしては，チューリング賞も受賞したジューディア・パールらによって開発されたベイジアンネットワークやそのソフトウェアが大きく普及しました．近年では，より大量のデータや複雑なモデルを効率よく計算するためのベイジアンモデリングのツールが整備されてきており，中でもモデル設計の柔軟性が高い確率的プログラミング言語と呼ばれるソフトウェアの活用が最近広まってきています．BUGS，Stan，PyMC3などが代表的な言語として挙げられ，これらの台頭は前述した汎用近似推論アルゴリズムであるMCMCの発展が引き金となっています．また，これらのパッケージは深層学習の分野で発展が顕著だった自動微分や分散処理などの技術も活用し始めており，より効率的かつ大規模な計算処理が可能になってきています．

1.2 ベイジアンモデリングの基礎

ここではPPLの基礎をなすベイジアンモデリングの考え方について簡単に解説します．

1.2.1 同時確率

ベイジアンモデリングの基本となる確率の概念を説明します．数学的に厳密な議論を除けば，確率とは，あるイベントが発生する見込みを0から1までの実数値で表現したものと考えてよいでしょう．例えば，ある100人を対象に「猫派か犬派か？」という二者択一のアンケートをとったとします．集計の結果，100人中60人が猫派で，40人が犬派であったとします．このとき，この100人から完全に無作為に1人を選んだ場合，その人が猫派あるいは犬派である確率は

$$P(X = \text{猫派}) = \frac{60}{100} = 0.6 \tag{1.1}$$

$$P(X = \text{犬派}) = \frac{40}{100} = 0.4 \tag{1.2}$$

のように数式で書くことができます．X のことを**確率変数**（random variable）と呼びます．また，具体的な「猫派」「犬派」といったものを実現値と呼びます．今回は，猫派または犬派のどちらかの値をとるので，離散的な事象に関する確率を考えていることになります．X が猫派や犬派といった離散値をとる場合，上記の式 (1.1) や式 (1.2) で定義されるような $P(X = x)$ を**確率質量関数**（probability mass function）と呼びます．

猫派・犬派のアンケートと同時に，「インドア派かアウトドア派か？」といった二者択一のアンケートをとったとします．表 1.1 はその集計結果です．

表 1.1　アンケート結果

	インドア派	アウトドア派
猫派	40	20
犬派	10	30

再び，100 名から完全に無作為に 1 人を選んだ場合，その人が例えば「猫派かつインドア派」であるような確率を算出できます．これは**同時確率**（joint probability）と呼ばれ，次のように表記することができます．

$$P(X = \text{猫派}, Y = \text{インドア派}) = \frac{40}{100} = 0.4 \tag{1.3}$$

$$P(X = \text{犬派}, Y = \text{インドア派}) = \frac{10}{100} = 0.1 \tag{1.4}$$

$$P(X = \text{猫派}, Y = \text{アウトドア派}) = \frac{20}{100} = 0.2 \tag{1.5}$$

$$P(X = \text{犬派}, Y = \text{アウトドア派}) = \frac{30}{100} = 0.3 \tag{1.6}$$

当然ですが，このアンケートでは猫派か犬派か，あるいはインドア派かアウトドア派かで結果はすべて網羅されていますので，すべての確率を足し合わせると

$$\begin{aligned}
&P(X = \text{猫派}, Y = \text{インドア派}) + P(X = \text{犬派}, Y = \text{インドア派}) \\
&\quad + P(X = \text{猫派}, Y = \text{アウトドア派}) + P(X = \text{犬派}, Y = \text{アウトドア派}) \\
&\quad = 0.4 + 0.1 + 0.2 + 0.3 \\
&\quad = 1
\end{aligned} \tag{1.7}$$

となります．

1.2.2　周辺確率と条件付き確率

同時確率 $P(X, Y)$ と，先ほど計算した $P(X)$ の関係性を考えてみましょう．$P(X)$ は，Y（インド

ア派またはアウトドア派）によらずに，猫派か犬派かの確率を表現していると考えることができます．したがって，例えば $X=$ 猫派 の場合は

$$
\begin{aligned}
P(X=\text{猫派}) &= P(X=\text{猫派}, Y=\text{インドア派}) + P(X=\text{猫派}, Y=\text{アウトドア派}) \\
&= 0.4 + 0.2 = 0.6
\end{aligned} \tag{1.8}
$$

のようにして，Y のすべての場合（この例では 2 通り）に関して和をとれば最初の $P(X=\text{猫派})=0.6$ を再現できます．このような操作を**周辺化**（marginalization）と呼び，$P(X)$ や $P(Y)$ のことを**周辺確率**（marginal probability）と呼びます．

同様にして，各周辺確率は次のように計算できます．

$$
\begin{aligned}
P(X=\text{犬派}) &= P(X=\text{犬派}, Y=\text{インドア派}) + P(X=\text{犬派}, Y=\text{アウトドア派}) \\
&= 0.1 + 0.3 = 0.4
\end{aligned} \tag{1.9}
$$

$$
\begin{aligned}
P(X=\text{インドア派}) &= P(X=\text{猫派}, Y=\text{インドア派}) + P(X=\text{犬派}, Y=\text{インドア派}) \\
&= 0.4 + 0.1 = 0.5
\end{aligned} \tag{1.10}
$$

$$
\begin{aligned}
P(X=\text{アウトドア派}) &= P(X=\text{猫派}, Y=\text{アウトドア派}) + P(X=\text{犬派}, Y=\text{アウトドア派}) \\
&= 0.2 + 0.3 = 0.5
\end{aligned} \tag{1.11}
$$

次に，「無作為に選んだ人がインドア派だった場合の，猫派である確率はいくつか？」という問いに答えてみましょう．これは，$P(X=\text{猫派}, Y=\text{インドア派})=0.4$ とは異なることに注意してください．$Y=$ インドア派 だとわかったうえでの確率ですから，確率計算における分母を修正する必要があります．まず，インドア派だということがわかっているので，猫派・犬派の確率の内訳はそれぞれ $P(X=\text{猫派}, Y=\text{インドア派})$，$P(X=\text{犬派}, Y=\text{インドア派})$ となることがわかります．この中で，猫派になる確率は

$$
\frac{P(X=\text{猫派}, Y=\text{インドア派})}{P(X=\text{猫派}, Y=\text{インドア派}) + P(X=\text{犬派}, Y=\text{インドア派})} = \frac{0.4}{0.4+0.1} = 0.8 \tag{1.12}
$$

となります．元々 $P(X=\text{猫派})=0.6$ だったことを考えると，ある人に対して事前にインドア派であることが知らされていた場合は，その人が猫派でもある可能性が高くなることが示唆されています．このように，ある事象が条件として与えられた下での他の事象が起こる確率のことを**条件付き確率**（conditional probability）と呼び，次のように定義されます．

$$
P(X \mid Y) = \frac{P(X,Y)}{P(Y)} \tag{1.13}
$$

式 (1.12) の結果は $P(X=\text{猫派} \mid Y=\text{インドア派})$ を計算していたことになります．同様にして，インドア派であるとわかっている場合，犬派である確率は

$$
\begin{aligned}
&P(X=\text{犬派}\mid Y=\text{インドア派})\\
&=\frac{P(X=\text{犬派},Y=\text{インドア派})}{P(Y=\text{インドア派})}\\
&=\frac{P(X=\text{犬派},Y=\text{インドア派})}{P(X=\text{猫派},Y=\text{インドア派})+P(X=\text{犬派},Y=\text{インドア派})}\\
&=\frac{0.1}{0.4+0.1}\\
&=0.2
\end{aligned}
\tag{1.14}
$$

と計算できます．こちらに関しても

$$
P(X=\text{猫派}\mid Y=\text{インドア派})+P(X=\text{犬派}\mid Y=\text{インドア派})=1 \tag{1.15}
$$

が成り立ちます．

以上をまとめると，ベイジアンモデリングで必要になる確率計算においては，同時分布 $P(X,Y)$ に対して次のような操作を行うことが重要であり，これらの計算は確率推論または単に**推論**（inference）と呼ばれています[注2]．

$$
P(x)=\sum_y P(x,y) \tag{1.16}
$$

$$
P(x\mid y)=\frac{P(x,y)}{P(y)} \tag{1.17}
$$

ここでは，表記を簡単にするため $P(X=x)=P(x)$ のように省略しています．$P(X,Y)$ の設計によっては，上記の手計算が困難になる場合があり，その際はコンピュータによる計算が必要になってきます．$P(X,Y)$ を課題に合わせていかに設計し，いかに効率よく上記の 2 式を計算するかが，ベイジアンモデリングの応用における主要な論点になります．

1.2.3 連続変数の場合

先ほどは確率変数として，猫派か犬派かなど，有限個の実現値しかとらないような単純なものだけを考えていました．このようなケースでは，確率の値を表として書き並べることができるので比較的イメージしやすいでしょう．しかし，確率変数として実数値などの連続値を扱いたい場合もあります．

例えば，$0°$〜$360°$ までの実数値の角度をランダムに発生させることのできるルーレットのようなものを考えてみることにしましょう．ルーレットの円盤は精巧に作られているため重さの偏りなどはなく，かつ回転させる際も十分な初速度を与えるため，出現する角度に関しては偏りが一切ないものと仮定します．このとき，例えば角度が $30°$ ぴったりになる確率はいくつになるでしょうか．ルーレッ

注 2　機械学習における推論とは，学習済みのモデルを使って予測を行うことを指します．ベイジアンモデリングによる機械学習や深層学習の考え方では，条件付き分布や周辺分布を計算することをまとめて推論と呼んでいることに注意してください．

トの出力する角度は連続値なので，30° ぴったりの値を生成する確率は絶望的に低く，実質 0 と考えることができます．つまり，連続値を扱うような場合においては，特定の値の出現する確率を定義するのは意味がありません．

一方で，例えば「角度が 0°〜90° に入る確率」はきちんと定義できます．これは直観的には $90/360 = 1/4$ となりそうです．このように連続値の場合は特定の値ではなく，範囲を指定することによって確率を定義することができます．これは**確率密度関数**（probability density function）$p(x)$ を考えることによって実現できます．$\mathrm{d}x$ が無限小のとき，X が $[x, x+\mathrm{d}x]$ に含まれる確率を

$$P(X \in [x, x+\mathrm{d}x]) = p(x)\mathrm{d}x \tag{1.18}$$

とします．例えば，今回のルーレットの確率密度関数を次のように定義します．

$$p(x) = \frac{1}{360} \tag{1.19}$$

これを使い，「角度 X が 0° 〜90° に入る確率」を次のような積分によって計算すれば，先ほどの 1/4 が再現できます．

$$P(X \in [0, 90]) = \int_0^{90} p(x)\mathrm{d}x = \frac{90}{360} - \frac{0}{360} = \frac{1}{4} \tag{1.20}$$

なお，「角度が 30° ぴったりになる」の確率が 0 であることは，次のような計算から明らかです．

$$P(X \in [30, 30]) = \int_{30}^{30} p(x)\mathrm{d}x = 0 \tag{1.21}$$

連続値に関しても，同時確率を定義することができます．また，同時確率の確率密度関数に対する周辺化や条件付き確率も同様に定義することができます．この場合，離散変数とは異なり，積分で表現します．

$$p(x) = \int_y p(x, y)\mathrm{d}y \tag{1.22}$$

$$p(x \mid y) = \frac{p(x, y)}{p(y)} \tag{1.23}$$

$\int_y$ は，連続値 y のすべてのとりうる値での積分を意味します．なお，式 (1.16) の離散変数における和の計算よりも，式 (1.22) の積分計算の方がより一般的な表記であるため，本書では特に離散であることを強調する必要がない場合は式 (1.22) の周辺化の定義を採用します．

1.2.4 期待値

ここでは**期待値**（expectation）について簡単に説明します．X が $x_1, x_2, \ldots$ をとるとき，離散分布

$P(X = x_n)$ の期待値は次のようになります．

$$\mathbb{E}[X] = \sum_{n=1}^{\infty} x_n P(X = x_n) \tag{1.24}$$

例えば，サイコロを1回投げた際の出目の期待値を考えましょう．サイコロは均質に作られており，各 n 番目の出目の確率が $p(X = x_n) = 1/6$ だとすると

$$\mathbb{E}[X] = \sum_{n=1}^{6} n \frac{1}{6} = 3.5 \tag{1.25}$$

となります．

連続値の場合は確率密度関数 $p(x)$ を積分します．

$$\mathbb{E}[X] = \int_{-\infty}^{\infty} x p(x) \mathrm{d}x \tag{1.26}$$

先ほどのルーレットの例を用いて，$p(x) = 1/360$ とすれば，結果の期待値は

$$\mathbb{E}[X] = \int_{0}^{360} x \frac{1}{360} \mathrm{d}x = 180 \tag{1.27}$$

となります．

1.3 代表的な確率分布

ここでは多項分布やガウス分布などの機械学習や統計でよく用いられる代表的な確率分布をいくつか紹介します．確率分布は，本書で数多く紹介される統計モデルを構成する際の基本パーツとなります．基本的な確率分布や，それを組み合わせたより複雑な統計モデルの特性を理解する方法は下記のようなものがあります．

1. 確率質量関数や確率密度関数などの定義式を確認する．
2. 分布からデータを生成してみる（**サンプリング**（sampling））．
3. 分布の概形を描いてみる．
4. 分布の**統計量**（statistics）を調べてみる．

1. は汎用的ではありますが，直観的ではない方法です．数学力の非常に高い人でない限り，分布の定義式を見ただけで多くの特徴をつかみとることは難しいでしょう．2. は最もシンプルで重要な方法です．確率分布の特性がわからないのであれば，実際にプログラミングでその分布から乱数を発生さ

せればよいのです．これによって，式からは直感的に把握できないデータの特性が見えてきます．この方法は，データを生成するシミュレータとして統計モデルを見ていると解釈することもできます．3. も 2. に近い方法です．特に 1 変数や 2 変数のシンプルな分布であれば，簡単なプログラミングでグラフを描くことができます．4. は，得られる情報が限定的になることが多いですが，高次元の確率分布に対しても利用可能な方法です．例えば分布の平均値や分散などを計算することによって，その分布がどのような特徴を持っているかを把握できます．

ここでは，さまざまな確率分布を紹介していきますが，基本的には 1.〜4. の考え方に基づいて確率分布の特徴を調べます．これらを実際のコードで確認するために，いくつかの Python パッケージを用います．NumPy は数値計算用の定番パッケージです．Matplotlib はグラフを可視化するためのパッケージです．また，確率分布に関する計算や値のサンプリングには SciPy を用います．

```
1  import numpy as np
2  import matplotlib.pyplot as plt
3  import scipy.stats as stats
```

1.3.1 ベルヌーイ分布

実は，先ほどの「猫派か犬派か？」のような 2 値の乱数生成や，ルーレットの角度に関する話も確率分布の例として考えることができます．「猫派か犬派か？」の例についてはベルヌーイ分布（Bernoulli distribution）として表現でき，猫を $x=1$，犬を $x=0$ と仮におくと，確率質量関数は，

$$\mathrm{Bern}(x \mid \theta) = \theta^x (1-\theta)^{1-x} \tag{1.28}$$

となります．$\theta \in (0,1)$ は，選ばれた人が猫派である確率を表します．これはベルヌーイ分布の**パラメータ**（parameter）と呼ばれています．また，確率分布は**正規化**（normalization）されている必要があります．正規化とは，次のように周辺化するとちょうど 1 になることです．

$$\sum_{x \in \{0,1\}} \mathrm{Bern}(x \mid \theta) = (1-\theta) + \theta = 1 \tag{1.29}$$

まず，「2. 分布からデータを生成してみる」を試してみましょう．次のように，パラメータが $\theta = 0.6$ となるようなベルヌーイ分布をコーディングします．

```
1  d = stats.bernoulli(0.6)
```

今定義した確率分布 d から，rvs メソッドを使ってサンプルを 100 個生成してみましょう[注3]．

注 3　本書では，確率分布をサポートしたさまざまなパッケージが登場します．ここでの scipy.stats における rvs メソッドの使い方など，細かい定義などは覚えなくても問題ありません．

```
X = d.rvs(100)
X
```

```
array([1, 0, 1, 0, 1, 1, 0, 0, 0, 0, 1, 0, 0, 1, 0, 0, 0, 1, 1, 1, 1, 0,
       0, 0, 0, 1, 0, 1, 1, 0, 1, 0, 1, 0, 1, 0, 0, 1, 0, 1, 1, 1, 0, 1,
       0, 1, 1, 0, 0, 1, 1, 1, 1, 1, 0, 0, 1, 0, 0, 1, 1, 1, 1, 0, 0, 1,
       0, 1, 0, 1, 1, 1, 1, 0, 1, 0, 1, 1, 1, 0, 0, 1, 0, 1, 1, 0, 0, 0,
       0, 1, 1, 1, 1, 1, 1, 1, 1, 1, 1, 1])
```

1になる確率が0.6なので，わずかに1が出る割合が多くなっています．もちろん乱数で生成しているため，使用環境によっては異なった結果が出る可能性があります．1となったサンプルの数を sum 関数によって計算すると，確かにおおよそ全体の6割ほどであることが確認できます．

```
sum(X)
```

```
57
```

次に，グラフを描くことによってこの分布の形状を把握しましょう．といっても，ベルヌーイ分布は実現値が $x = 0$ または $x = 1$ の2通りしか存在しないので，グラフもかなりシンプルな棒グラフになります．まず，$x = 0$ および $x = 1$ の場合に対して，確率質量関数の値を確認します．これには pmf メソッドを利用します．

```
print(d.pmf(0), d.pmf(1))
```

```
0.4 0.6
```

後は，これを棒グラフとして描けば，分布をグラフで表したことになります．

```
# plt.bar([0, 1], [d.pmf(0), d.pmf(1)])でも可
plt.bar([0, 1], d.pmf([0, 1]))
```

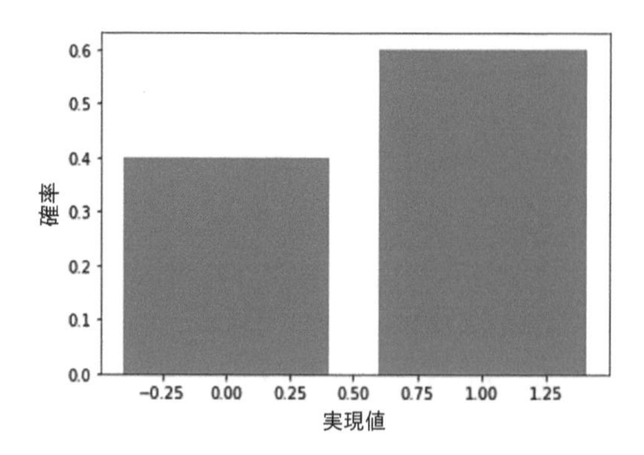

最後に，定義した確率分布から各種統計量（平均や分散など）を求めることができます．

```
print(d.mean(), d.var())
```

```
0.6 0.24
```

1.3.2 カテゴリ分布

カテゴリ分布（categorical distribution）はいわゆる「ひしゃげたサイコロ」の分布で，試行回数 $N=1$ の**多項分布**（multinomial distribution）とも呼ばれます．また，カテゴリ分布はベルヌーイ分布の3変数以上の拡張であるともいえます．出目の頻度を与えるパラメータ $\boldsymbol{\pi}=(\pi_0,\pi_1,\ldots,\pi_{K-1})^\top$ に応じて出目 $x\in\{0,1,\ldots,K-1\}$ が決定されます（ただし，$\pi_k>0$ かつ $\sum_{k=0}^{K-1}\pi_k=1$）．

$$\mathrm{Cat}(x \mid \boldsymbol{\pi})=\pi_x \tag{1.30}$$

x の表現方法として，**one-hot 表現**（one-hot representation）もあります．これは K 次元のベクトルを考え，（0から数えるので）$x+1$ 番目の値のみを1とし，それ以外をすべて0とした表現です．例えば $K=6$ で $x=2$ は

$$\mathbf{x}_{\mathrm{onehot}}=(0,0,1,0,0,0)^\top \tag{1.31}$$

のように表されます．次は，パラメータを $\boldsymbol{\pi}=(0.1,0.2,0.3,0.4)^\top$ としたカテゴリ分布を定義し，100個のサンプルを生成する例です．

```
# N=1の多項分布としてカテゴリ分布を定義
cat_dist = stats.multinomial(1, [0.1, 0.2, 0.3, 0.4])

# K=4
K = len(cat_dist.p)

# 定義したカテゴリ分布から 100個のサンプルを生成
X_onehot = cat_dist.rvs(100)
X_onehot
```

```
array([[0, 0, 0, 1],
       [0, 0, 1, 0],
       [0, 1, 0, 0],
       ...
       [0, 0, 1, 0]])
```

one-hot 表現から自然数の表現に変換します．

```
1  # one-hot 表現から自然数に変換する
2  X = [np.argmax(x) for x in X_onehot]
3  X
```

```
[3,
 2,
 1,
 ...
 2]
```

変換した $\mathbf{X}$ を使ってヒストグラムを描画します．

```
1  # ヒストグラムを描く（K に応じて bins の値を設定）
2  plt.hist(X, bins=range(K+1))
```

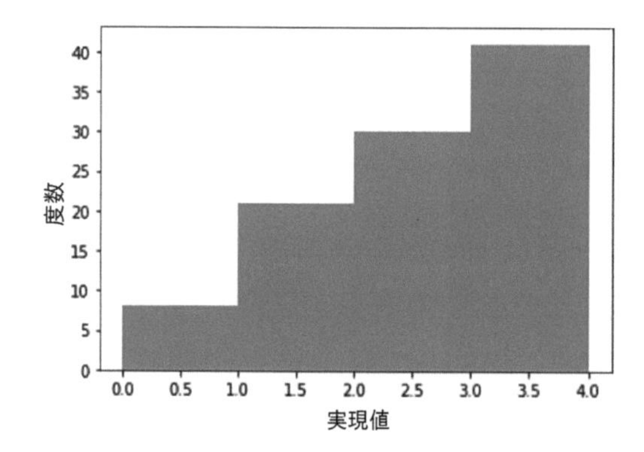

次に確率質量関数を可視化してみます．定義した cat_dist の確率質量関数は，入力として one-hot 表現のみを受け付けるので，ここでは $0, 1, \ldots, K-1$ の各値を one-hot 表現に変換しておきます．

```
1  X_tmp = np.identity(K)[range(K)]
2  X_tmp
```

確率質量関数の棒グラフを描画します．結果は明らかですが，あらかじめ設定したパラメータ $\boldsymbol{\pi}$ の値が出力されます．

```
1  plt.bar(range(K), cat_dist.pmf(X_tmp))
```

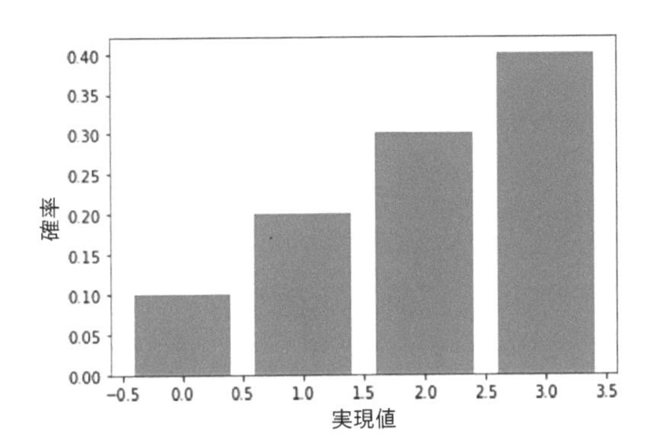

1.3.3 二項分布

二項分布（binomial distribution）はベルヌーイ分布の多試行版です．すなわち，あるひしゃげたコインを N 回振ったときの，表が出た回数を表現します．コインの表が出る確率はベルヌーイ分布と同様に，$\theta \in (0,1)$ で与えられます．確率質量関数は，次のようにコインの表が出た回数 x の関数になります．

$$\mathrm{Bin}(x \mid \theta, N) = \binom{N}{x} \theta^x (1-\theta)^{N-x} \tag{1.32}$$

次の例では試行回数 $N=8$，頻度パラメータ $\theta = 0.2$ の二項分布を定義し，サンプルを 100 個生成しています．

```
1  # 二項分布を定義
2  N = 8
3  theta = 0.2
4  bin_dist = stats.binom(N, theta)
5  
6  # 定義した二項分布から 100個のサンプルを生成
7  X = bin_dist.rvs(100)
8  X
```

```
array([1, 3, 1, 1, 4, 3, 0, 5, 0, 1, 2, 4, 3, 2, 2, 2, 1, 0, 3, 1, 0, 3,
       2, 1, 0, 4, 3, 1, 1, 4, 3, 2, 0, 1, 4, 2, 0, 2, 2, 2, 2, 0, 1, 2,
       1, 1, 2, 1, 2, 3, 0, 1, 1, 1, 3, 0, 1, 5, 1, 1, 0, 3, 1, 3, 3, 2,
       2, 1, 2, 2, 1, 3, 2, 0, 1, 0, 3, 1, 3, 0, 2, 3, 2, 0, 2, 3, 2, 0,
       1, 2, 0, 1, 1, 4, 1, 3, 2, 1, 1, 2])
```

$\theta = 0.2$ のような小さい値になっているので，$N = 8$ 回すべてが 1 となる場合（$x = 8$）はほとんど起こりません．

次に統計量やヒストグラムの確認を行っていきましょう．

```
# サンプルから平均を計算
print('average = ' + str(np.mean(X)))

# サンプルから分散を計算
print('variance = ' + str(np.std(X)**2))

# ヒストグラムを描く
plt.hist(X, range(N+1))
```

```
average = 1.71
variance = 1.5058999999999998
```

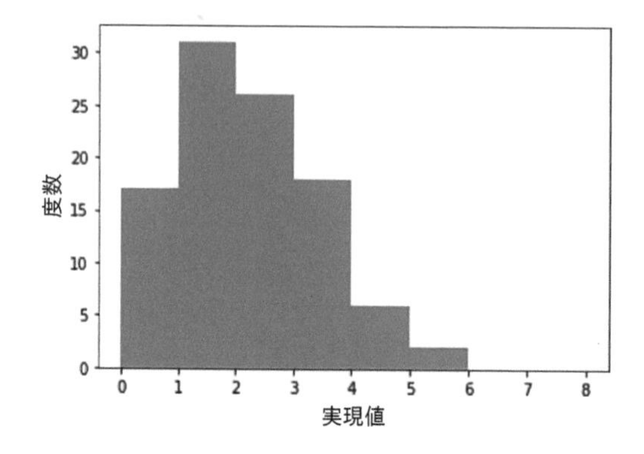

確率質量関数も描画します.

```
# 確率質量関数の描画
ar = np.arange(0,N+1)
plt.bar(ar, bin_dist.pmf(ar))
```

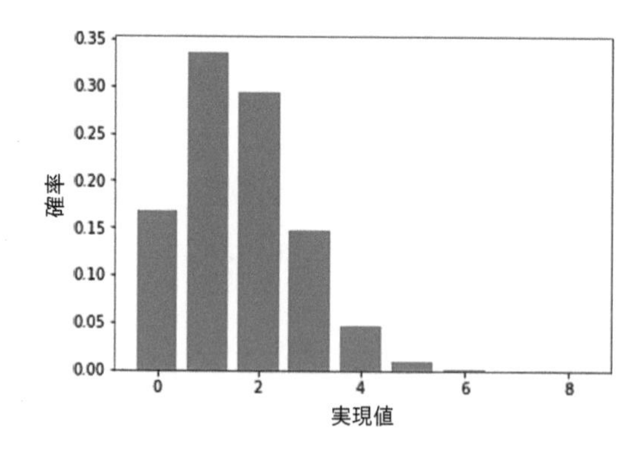

二項分布のパラメータを変えてみて，確率質量関数の変化を見てみましょう.

```
fig, axes = plt.subplots(1, 3, figsize=(12, 3))
params = [0.1, 0.5, 0.9]
for i, param in enumerate(params):
  bin_dist = stats.binom(N, param)
  axes[i].bar(ar, bin_dist.pmf(ar))
  axes[i].set_title('theta = ' + str(param))
```

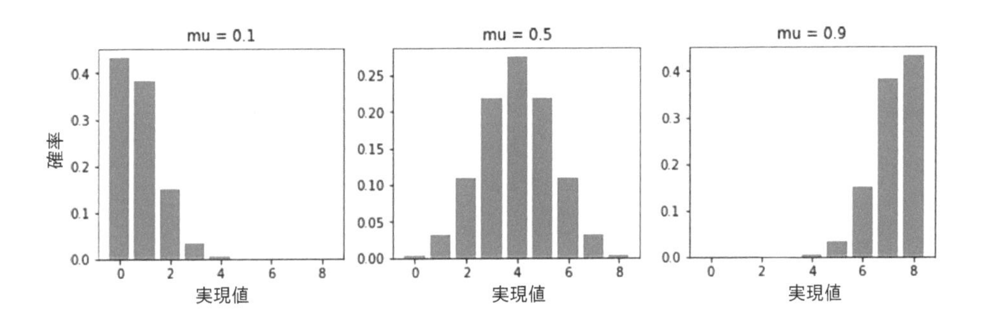

1.3.4 ポアソン分布

ポアソン分布（Poisson distribution）は自然数 $x = 0, 1, 2, \ldots$ に関する分布です．パラメータは $\mu \in \mathbb{R}^+$ です．単位時間あたりのメール受信数の分布など，低頻度で起こるイベントの回数などを表現する際に用いられます．

$$\mathrm{Poi}(x \mid \mu) = \frac{\mu^x \exp(-\mu)}{x!} \tag{1.33}$$

ここでは $\mu = 3.0$ としたポアソン分布を定義し，サンプルを生成します．

```
# ポアソン分布を定義
poi_dist = stats.poisson(3.0)

# 定義したポアソン分布から 100個のサンプルを生成
X = poi_dist.rvs(100)
X
```

```
array([5, 1, 1, 4, 8, 3, 1, 4, 3, 3, 4, 3, 1, 2, 2, 2, 2, 1, 2, 5, 2, 3,
       4, 8, 3, 4, 1, 4, 4, 4, 3, 4, 8, 0, 7, 4, 4, 3, 2, 3, 3, 3, 3, 5,
       1, 2, 0, 1, 2, 5, 2, 1, 3, 0, 2, 5, 3, 0, 2, 1, 2, 3, 4, 5, 5, 1,
       3, 5, 3, 4, 8, 5, 2, 2, 1, 3, 5, 2, 0, 5, 3, 4, 4, 3, 2, 6, 3, 4,
       3, 1, 2, 3, 1, 1, 3, 4, 3, 2, 7, 6])
```

得られたサンプルから平均や分散などの統計量を計算します．また，ヒストグラムも同時に可視化します．

```
# サンプルから平均を計算
print('average = ' + str(np.mean(X)))

# サンプルから分散を計算
print('variance = ' + str(np.std(X)**2))

# ヒストグラムを描く
plt.hist(X, range(30))
```

```
average = 3.09
variance = 3.3418999999999994
```

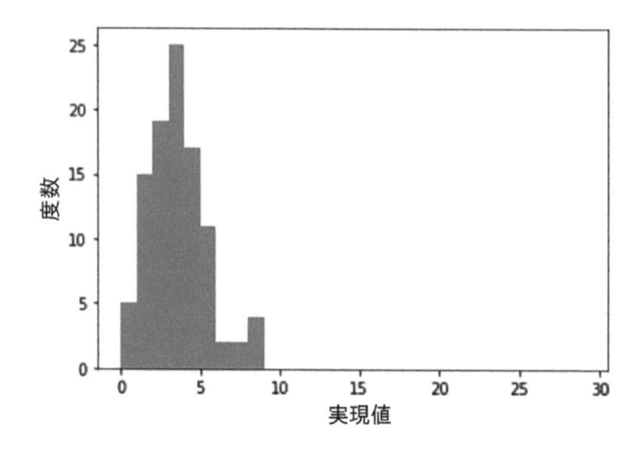

次に，確率質量関数を描画してみましょう．ポアソン分布は，任意の自然数 x で非ゼロの確率値を持ちますが，ここでは適当に 30 で打ち切って確率の小さい値は無視してグラフを描くことにします．

```
# 確率質量関数の描画（適当に 30で打ち切る）
ar = np.arange(0,30)
plt.bar(ar, poi_dist.pmf(ar))
```

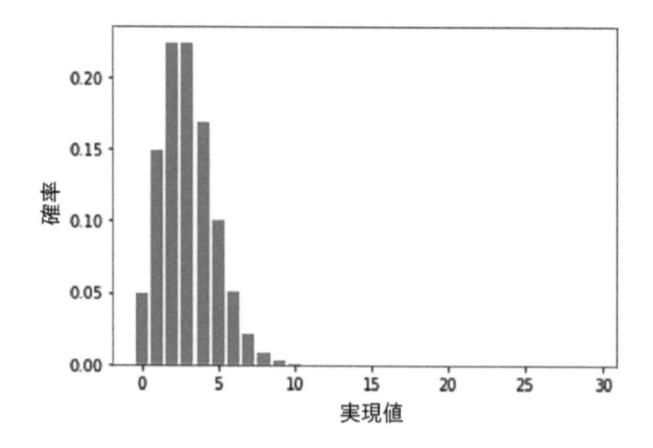

ポアソン分布のパラメータを変えてみて，確率質量関数の変化を見てみましょう．

```
# ポアソン分布のパラメータを変えてみて，確率質量関数の変化を見てみる
fig, axes = plt.subplots(1, 3, figsize=(12, 3))
params = [0.1, 1.0, 10.0]
for i, param in enumerate(params):
  poi_dist = stats.poisson(param)
  axes[i].bar(np.arange(0,30), poi_dist.pmf(np.arange(0,30)))
  axes[i].set_title('mu = ' + str(param))
```

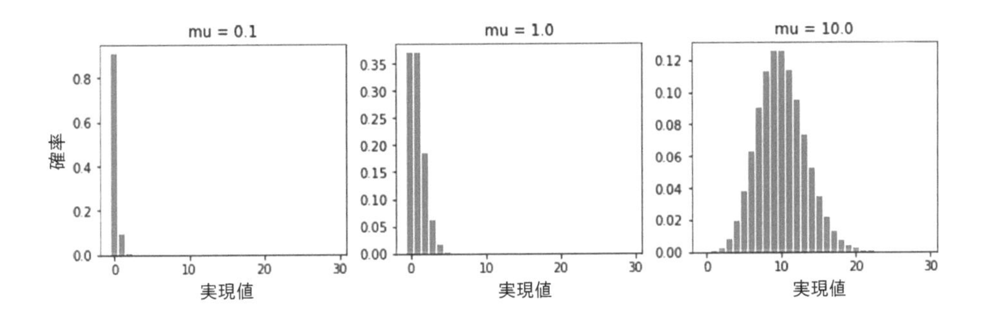

1.3.5 一様分布

一様分布（uniform distribution）は連続値に関する最も基本的な確率分布の1つです．$b > a$ を満たす2つの実数値パラメータに対して，$x \in (a, b)$ を満たす実数値をランダムに生成します．確率密度関数は次のようになります．

$$\mathrm{Unif}(x \mid a, b) = \frac{1}{b - a} \tag{1.34}$$

SciPy を使って分布を定義してみましょう．次は2から5までの連続値を生成する一様分布を作成し，サンプルを100個生成しています[注4]．

```
uni_dist = stats.uniform(2, 5 - 2)

# 定義した一様分布から100個のサンプルを生成
X = uni_dist.rvs(100)
X
```

```
array([4.04023774, 2.2555282 , 2.34705411, 3.92376363, 2.7451734 ,
       3.74002991, 4.51186117, 4.40652135, 4.33836097, 2.0117267 ,
       2.47565593, 3.4179478 , 3.58427491, 3.43098144, 2.56558062,
       ...
       2.0165258 , 2.91323428, 3.56911711, 2.3656395 , 3.18581636])
```

注4　コードにあるように，SciPy では一様分布を stats.uniform(始点，幅) のように指定します．

得られたサンプルに対するヒストグラムを描画します．2 から 5 までの実数値が 2 から 5 の範囲で偏りなく生成されていることが確認できます．

```
1  plt.hist(X, bins=10)
```

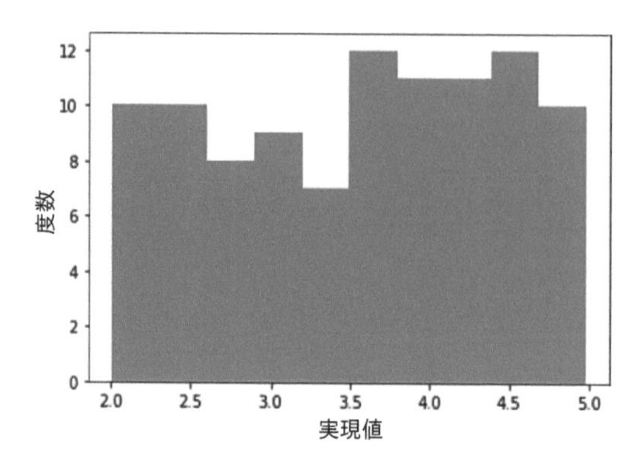

1.3.6　1 次元ガウス分布（正規分布）

ガウス分布（Gaussian distribution）はいわゆる「釣り鐘型」の分布で，**正規分布**（normal distribution）とも呼ばれます．さまざまな自然のノイズ傾向を表現できることと，理論的な面で計算が行いやすい特性を持っていることから，ベイジアンモデリングでは最もよく利用される分布の 1 つとなっています．パラメータは平均 $\mu \in \mathbb{R}$ および標準偏差 $\sigma \in \mathbb{R}^+$ の 2 つです．σ^2 はこの分布の分散になります．確率密度関数の定義式は次のとおりです．

$$\mathcal{N}(x \mid \mu, \sigma) = \frac{1}{\sqrt{2\pi}\sigma} \exp\left(-\frac{(x-\mu)^2}{2\sigma^2}\right) \tag{1.35}$$

$\mu = 0$，$\sigma = 1$ のガウス分布[注5] を定義し，サンプルを 1000 個生成してみます．

```
1  # ガウス分布を定義
2  normal_dist = stats.norm(0.0, 1.0)
3
4  # 定義したガウス分布から 1000個のサンプルを生成
5  X = normal_dist.rvs(1000)
6
7  # ヒストグラムを描く
8  plt.hist(X, bins=10)
```

注 5　これは特に**標準正規分布**（standard normal distribution）と呼ばれています．

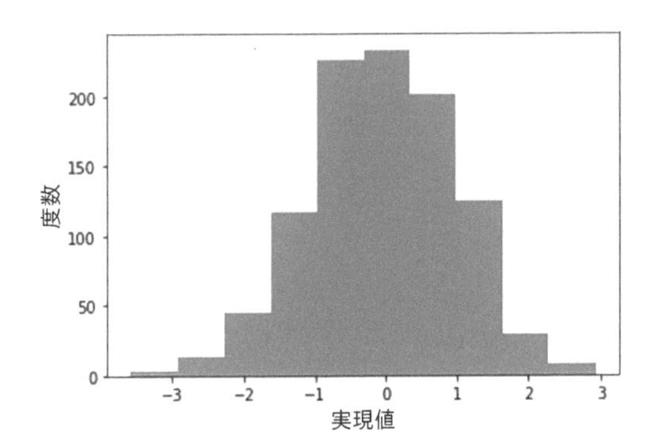

確率密度関数を描画してみましょう．ここでは可視化範囲を -3 から 3 までとし，100 分割の粒度で関数を描画しています．

```
ls = np.linspace(-3, 3, 100)
plt.plot(ls, normal_dist.pdf(ls))
```

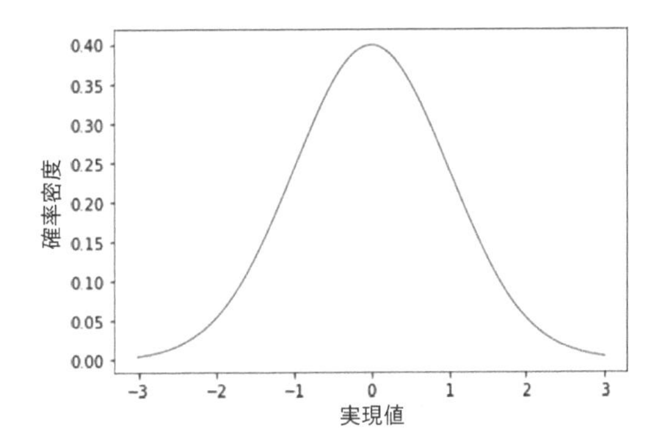

平均値パラメータ μ はガウス分布の中心位置を示します．また，次のように標準偏差のパラメータを変えると，ガウス分布の広がり具合が変わります．

```
# 標準偏差のみを変更してガウス分布を描画
mu = 0
sigma_list = [0.2, 0.5, 1.0, 2.0]
for sigma in sigma_list:
  normal_dist = stats.norm(mu, sigma)
  plt.plot(ls, normal_dist.pdf(ls),
           label='mu = ' + str(mu) + ', sigma = ' + str(sigma))
plt.legend()
```

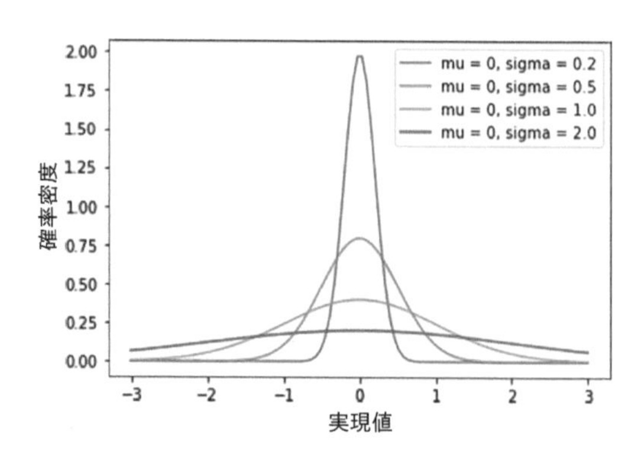

1.3.7 多次元ガウス分布

1次元ガウス分布を，より一般的な $D>1$ 次元に拡張したものが**多次元ガウス分布**（multivariate Gaussian distribution）です．これは各要素が実数値であるベクトル $\mathbf{x} \in \mathbb{R}^D$ を生成するための確率分布で，次で定義されます．

$$\mathcal{N}(\mathbf{x} \mid \boldsymbol{\mu}, \boldsymbol{\Sigma}) = \frac{1}{\sqrt{(2\pi)^D |\boldsymbol{\Sigma}|}} \exp\left(-(\mathbf{x}-\boldsymbol{\mu})^\top \boldsymbol{\Sigma}^{-1}(\mathbf{x}-\boldsymbol{\mu})\right) \tag{1.36}$$

なお，$\boldsymbol{\mu}$ は平均ベクトル，$\boldsymbol{\Sigma}$ は共分散行列と呼ばれます．ここではゼロベクトルを平均とし，共分散は単純な単位行列として多次元ガウス分布を定義します．

```
1  # 多次元ガウス分布を定義
2  mu = [0, 0]
3  Sigma = [[1.0, 0.0],
4           [0.0, 1.0]]
5  mvn_dist = stats.multivariate_normal(mu, Sigma)
6
7  # 定義したガウス分布から 1000個のサンプルを生成（1000x2 の行列）
8  X = mvn_dist.rvs(1000)
9
10 # 散布図を描く
11 plt.scatter(X[:,0], X[:,1])
```

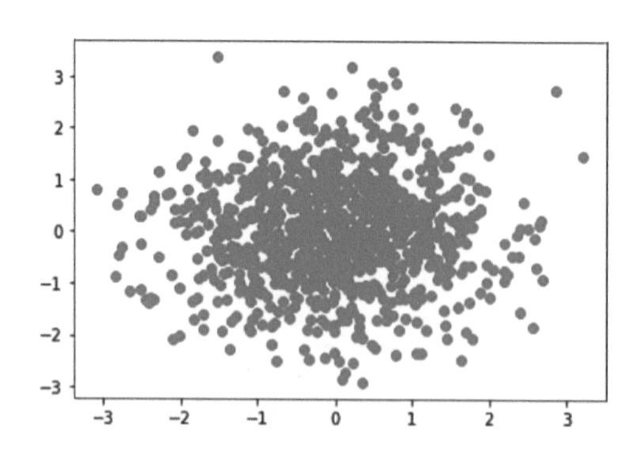

共分散行列の非対角成分は，2 つの変数の間の相関を表します．例えば，次のように非対角成分に 0.5 のような非ゼロの値を設定すると，2 変数間に弱い相関が生まれます．

```
# 多次元ガウス分布を定義
mu = [0, 0]
Sigma = [[1.0, 0.5],
         [0.5, 1.0]]
mvn_dist = stats.multivariate_normal(mu, Sigma)

# 定義したガウス分布から 1000個のサンプルを生成（1000x2 の行列）
X = mvn_dist.rvs(1000)

# 散布図を描く
plt.scatter(X[:,0], X[:,1])
```

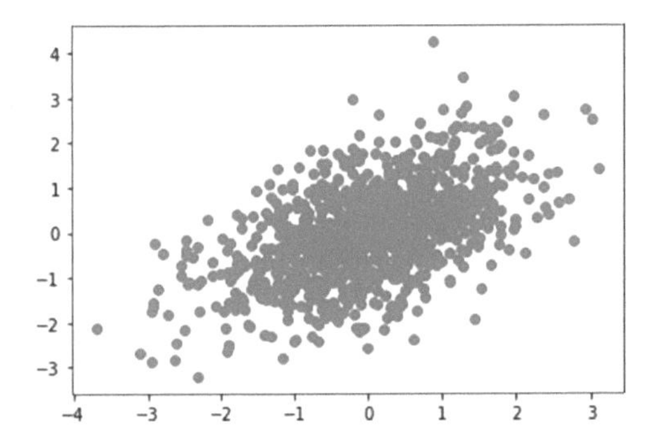

確率密度関数を等高線図によって描画します．

```
x1, x2 = np.mgrid[-3:3:.01, -3:3:.01]
pos = np.dstack((x1, x2))
plt.contourf(x1, x2, mvn_dist.pdf(pos))
```

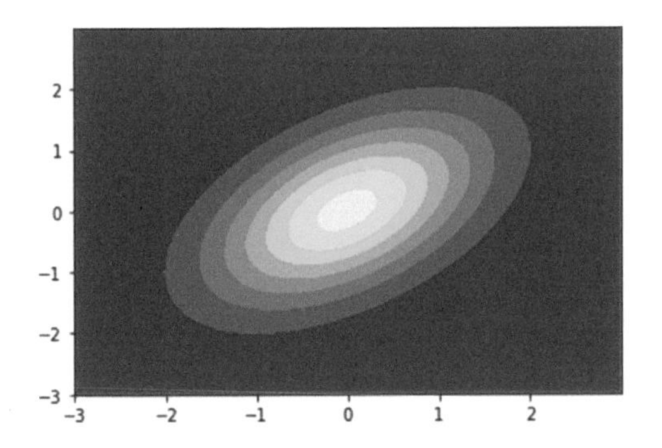

1.3.8 ベータ分布

ベータ分布（beta distribution）は $x \in (0,1)$ を満たす実数値を生成する分布です．パラメータは $\alpha \in \mathbb{R}^+$，$\beta \in \mathbb{R}^+$ の 2 つです．

$$\mathrm{Beta}(x \mid \alpha, \beta) = \frac{1}{\mathcal{B}(\alpha, \beta)} x^{\alpha-1}(1-x)^{\beta-1} \tag{1.37}$$

なお，$\mathcal{B}(\alpha, \beta)$ は分布を正規化するための定数値です．ベータ分布は次章でコイン投げを例題にして解説するベルヌーイ分布のパラメータ推定に用います．

まず，$\alpha = 0.1$，$\beta = 0.1$ としたベータ分布を定義し，サンプルを生成します．

```
# ベータ分布を定義
beta_dist = stats.beta(0.1, 0.1)

# 定義したベータ分布から 1000個のサンプルを生成
X = beta_dist.rvs(1000)

# ヒストグラムを描く
plt.hist(X, bins=10)
```

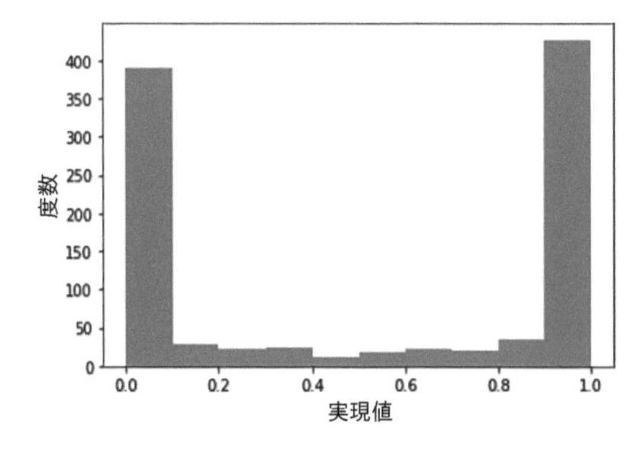

確率密度関数を描画します．ベータ分布の確率密度関数の定義域から，可視化範囲は 0 から 1 までとなります．

```
# 確率密度関数を描画する
ls = np.linspace(0, 1, 100)
plt.plot(ls, beta_dist.pdf(ls))
```

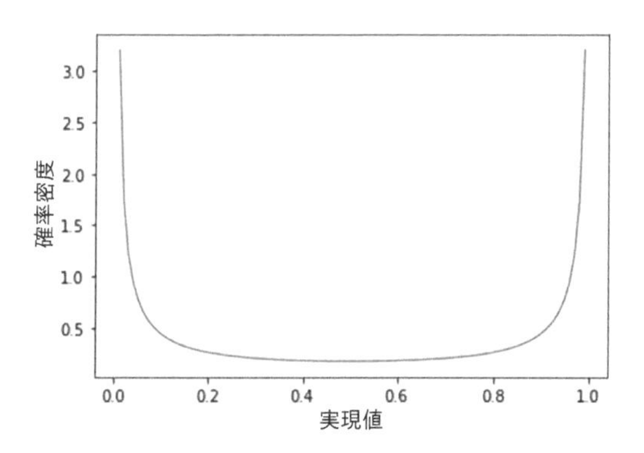

パラメータの値を変えてさまざまなベータ分布を可視化します．

```
# ベータ分布の定義域は (0, 1)
ls = np.linspace(0,1,100)

# 各パラメータを変えてベータ分布を描画してみる
alpha_list = [0.1, 1.0, 2.0]
beta_list = [0.1, 1.0, 2.0]
for alpha in alpha_list:
  for beta in beta_list:
    beta_dist = stats.beta(alpha, beta)
    plt.plot(ls, beta_dist.pdf(ls),
             label='alpha = ' + str(alpha) + ', beta = ' + str(beta))
    plt.legend()
```

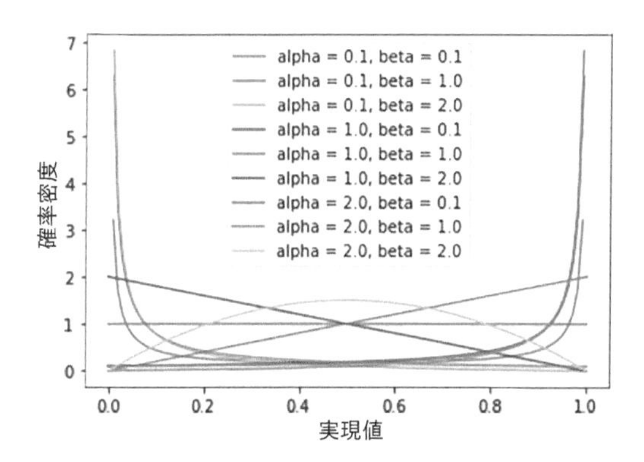

1.3.9 ディリクレ分布

ディリクレ分布（Dirichlet distribution）はベータ分布の多次元版であり，$\sum_{k=1}^{K} x_k = 1$ を満たすような実数値の k 次元ベクトル $\mathbf{x}$ を生成します．パラメータは各要素が $\alpha_k \in \mathbb{R}^+$ となるような K 次元の実数ベクトル $\boldsymbol{\alpha}$ です．

$$\mathrm{Dir}(\mathbf{x} \mid \boldsymbol{\alpha}) = \frac{1}{\mathcal{D}(\boldsymbol{\alpha})} \prod_{k=1}^{K} x_k^{\alpha_k - 1} \tag{1.38}$$

なお，$\mathcal{D}(\boldsymbol{\alpha})$ は分布を正規化するための定数値です．ベータ分布がコイン投げのパラメータ推定に利用されるのに対して，ディリクレ分布はサイコロ投げのパラメータ推定に利用できます．

$\boldsymbol{\alpha} = (0.5, 0.5, 0.5)^\top$ としたディリクレ分布を定義し，サンプルを生成します．なお，ここでは3次元のディリクレ分布を定義していますが，各サンプルで $x_3 = 1 - (x_1 + x_2)$ を必ず満たすので，x_1 と x_2 のみを2次元で可視化すれば十分でしょう．

```
1  # ディリクレ分布を定義
2  dir_dist = stats.dirichlet([0.5, 0.5, 0.5])
3
4  # 定義したディリクレ分布から 1000個のサンプルを生成
5  X = dir_dist.rvs(1000)
6
7  # 散布図を描く
8  plt.figure(figsize=(6, 6))
9  plt.scatter(X[:,0], X[:,1], alpha=0.1)
```

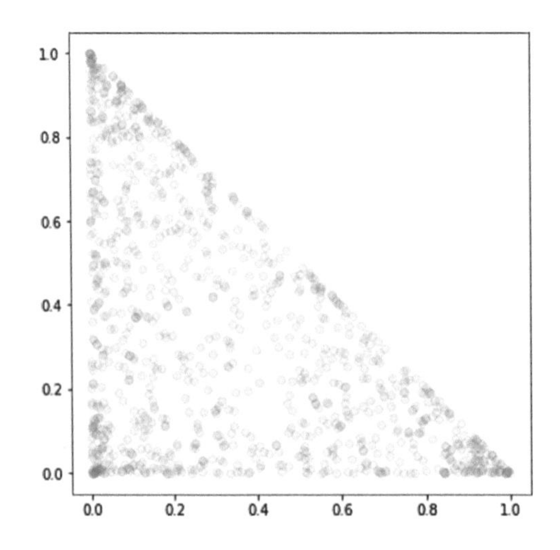

パラメータを変えてさまざまなディリクレ分布を作成し，得られるサンプルを可視化します．

```
1  # パラメータを変えてディリクレ分布を描画してみる
2  alpha_list = [[0.1, 0.1, 0.1], [1.0, 1.0, 1.0],
3                [5.0, 5.0, 5.0], [0.1, 1.0, 5.0]]
4
5  fig, axes = plt.subplots(2, 2, figsize=(12, 12))
```

```
6   for (i, ax) in enumerate(axes.ravel()):
7       alpha = alpha_list[i]
8       dir_dist = stats.dirichlet(alpha)
9       X = dir_dist.rvs(1000)
10      ax.scatter(X[:,0], X[:,1], alpha=0.1)
11      ax.set_title('alpha = ' + str(alpha))
```

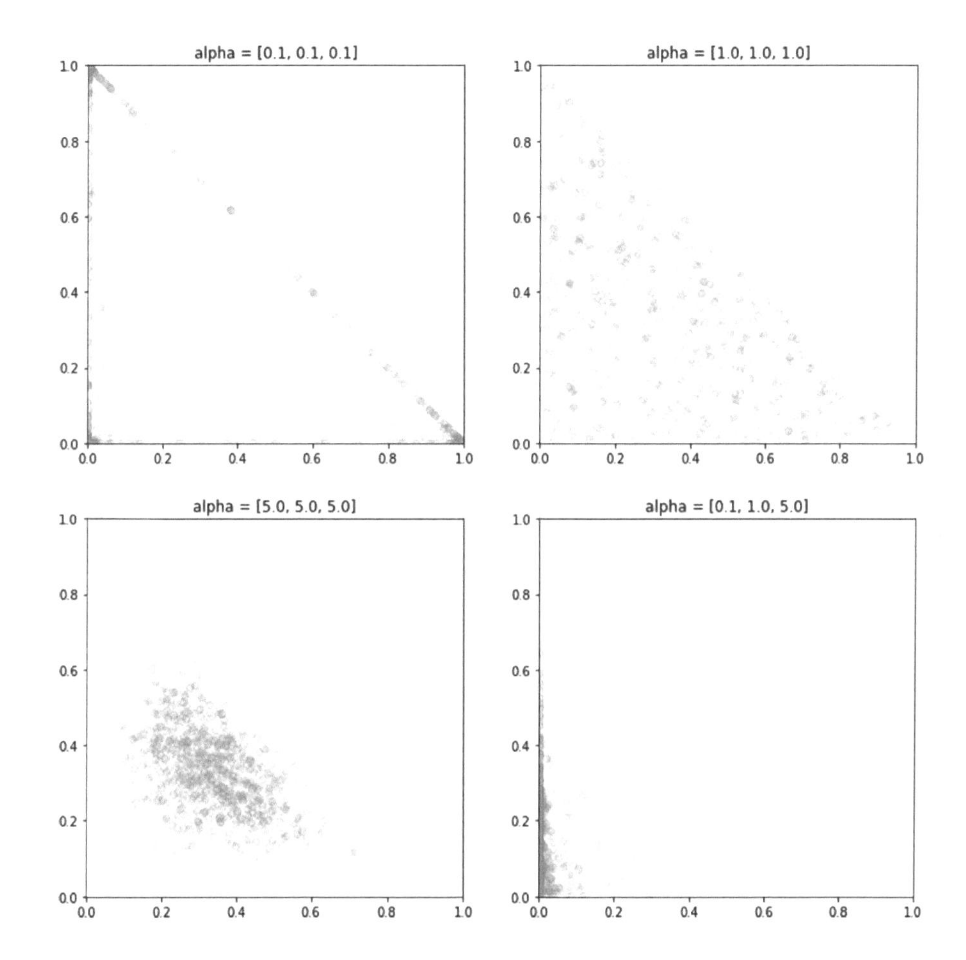

1.3.10 ガンマ分布

ガンマ分布 (gamma distribution) は $x \in \mathbb{R}^+$ を満たす実数値を生成する分布です．パラメータは形状パラメータ $\alpha \in \mathbb{R}^+$，スケールパラメータ $\theta \in \mathbb{R}^+$ の 2 つです．

$$\mathrm{Gam}(x \mid \alpha, \theta) = \frac{1}{\mathcal{G}(\alpha, \theta)} x^{\alpha-1} \exp(-x/\theta) \tag{1.39}$$

なお，$\mathcal{G}(\alpha,\theta)$ は分布を正規化するための定数値です．ガンマ分布はポアソン分布の平均パラメータの推定や，ガウス分布の標準偏差パラメータの推定に利用されます．また，$\alpha=1$ とした場合は**指数分布**（exponential distribution）と呼ばれます．

まず，$\alpha=1.0$，$\theta=1.0$ としたガンマ分布（指数分布）を定義し，サンプルを生成します．

```
# ガンマ分布を定義
alpha = 1.0
theta = 1.0
gamma_dist = stats.gamma(a=alpha, scale=theta)

# 定義したガンマ分布から 1000個のサンプルを生成
X = gamma_dist.rvs(1000)

# ヒストグラムを描く
plt.hist(X, bins=10)
```

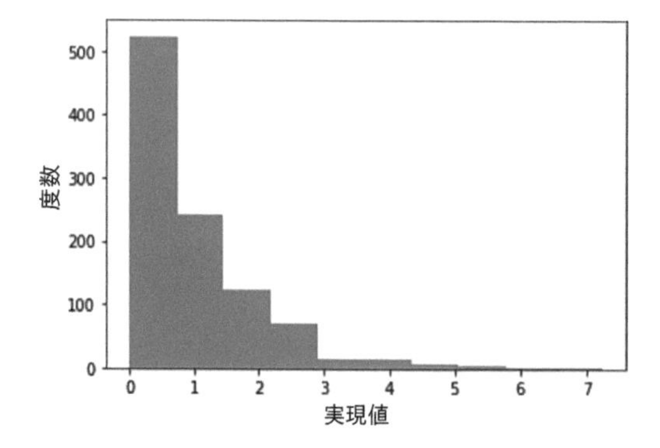

確率密度関数を描画します．ここでは可視化範囲を 0 から 3 までの範囲とします．

```
ls = np.linspace(0, 3, 100)
plt.plot(ls, gamma_dist.pdf(ls))
```

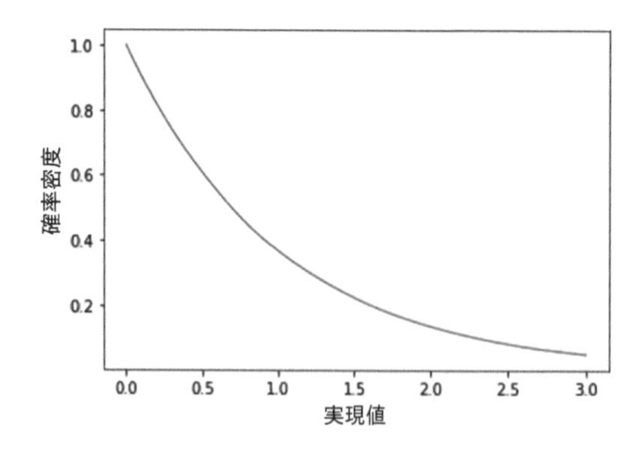

パラメータの値を変えてさまざまなガンマ分布を可視化します．

```
# ガンマ分布の定義域（5で打ち切り）
ls = np.linspace(0,5,100)

# パラメータを変えてガンマ分布を描画
alpha_list = [0.5, 1.0, 2.0]
theta_list = [0.5, 1.0, 2.0]
for alpha in alpha_list:
  for theta in theta_list:
    gamma_dist = stats.gamma(a=alpha, scale=theta)
    plt.plot(ls, gamma_dist.pdf(ls),
             label='alpha = ' + str(alpha) + ', theta = ' + str(theta))
plt.legend()
```

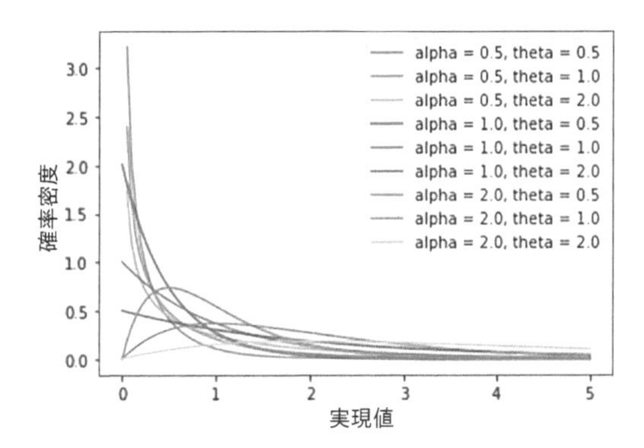

1.3.11　統計モデルの設計

機械学習では複雑なデータに対して予測やパターン認識を行います．したがって，機械学習では先ほど紹介した各確率分布を単体で使って解析することはあまりなく，多くの場合，組み合わせてより複雑な確率分布を設計してデータ解析を行います．本書では，データに仮定できる知識を整理したうえで，複数の確率分布や変数変換を組み合わせることによって設計された確率分布を特に**統計モデル**（statistical model）と呼ぶことにします．

単純なコインの出目を予測するモデルから，高次元の画像データを取り扱う複雑な深層学習モデルまで，すべてが統計モデルの一種として考えることができます．

1.3.12　混合モデル

簡単な例として，ここではデータのクラスタリング（データのまとまりを見つける教師なし学習手法）や分類（与えられたデータがどのカテゴリに属するかを判別する教師あり学習手法）などによく用いられる**混合モデル**（mixture model）の設計を考えてみます．

一番シンプルなモデルは，ベルヌーイ分布とガウス分布を組み合わせることによって作れます．デー

タ数を N とします．まず，各データに対して次のような変数 $\mathbf{Z} = \{z_1, z_2, \ldots, z_N\}$ がベルヌーイ分布から生成されると仮定します．

$$z_n \sim \mathrm{Bern}(0.3) \quad \text{for} \quad n = 1, 2, \ldots, N \tag{1.40}$$

さらに，変数 $\mathbf{X} = \{x_1, x_2, \ldots, x_N\}$ は，対応する $\mathbf{Z}$ に応じて次のように 2 種類の異なるガウス分布から発生すると仮定します．

$$x_n \sim \mathcal{N}(1.0, 0.5) \quad \text{if} \quad z_n = 0 \tag{1.41}$$

$$x_n \sim \mathcal{N}(-1.0, 1.0) \quad \text{if} \quad z_n = 1 \tag{1.42}$$

これを SciPy を使って書くと次のようになります（$N = 10000$ とします）．

```
1  # パラメータの設定
2  mu = 0.3
3  d1 = stats.norm(1.0, 0.5)
4  d2 = stats.norm(-1.0, 1.0)
5
6  # 変数の初期化
7  N = 10000
8  Z = np.zeros(N)
9  X = np.zeros(N)
10
11 # 各データをサンプル
12 for n in range(N):
13   Z[n] = stats.bernoulli(mu).rvs()
14   if Z[n] == 0:
15     X[n] = d1.rvs()
16   else:
17     X[n] = d2.rvs()
```

生成したデータ $\mathbf{X}$ をヒストグラムで描画すると，次のように単一のガウス分布とは異なった傾向を持つことがわかります．

```
1  plt.hist(X, bins=10)
```

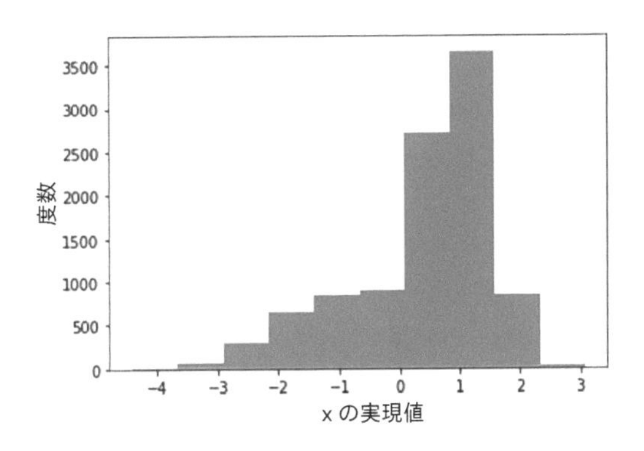

計算過程は割愛しますが，混合分布の確率密度関数は次のような重み付き和で計算可能です．

$$0.7\mathcal{N}(x \mid 1.0, 0.5) + 0.3\mathcal{N}(x \mid -1.0, 1.0) \tag{1.43}$$

このモデルの確率密度関数の値を計算する関数を作成します．

```
1  def mixture_pdf(mu, d1, d2, x):
2    return (1.0 - mu)*d1.pdf(x) + mu*d2.pdf(x)
```

確率密度関数を描画すると，2 つのガウス分布が混ざり合っているのが確認できます．

```
1  # 確率密度関数を描画する
2  ls = np.linspace(-3, 3, 100)
3  plt.plot(ls, mixture_pdf(mu, d1, d2, ls))
```

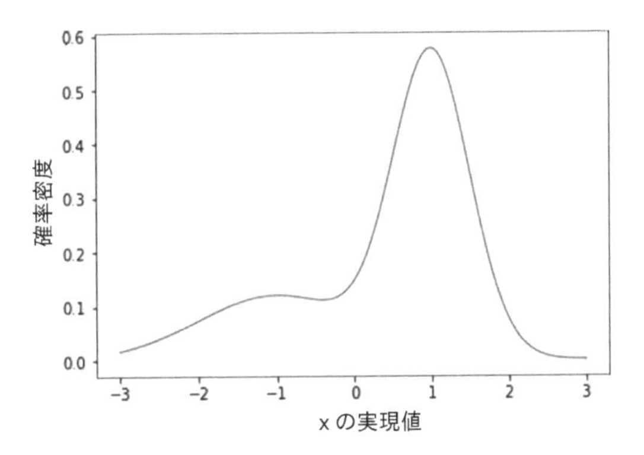

1.3.13 回帰モデル

さて，さまざまな確率分布を使ってデータのサンプリングを行いましたが，実は同じアイデアを使って関数を生成することも可能になります．ベイジアンモデリングでは，関数を生成する統計モデルのことを**回帰モデル**（regression model）と呼びます．後ほど明らかになりますが，ベイジアンモデリングにおいて回帰モデルを使った教師あり学習を行うことは，関数に対する事前分布を設計することに一致します．単純な線形回帰だけではなく，より複雑なニューラルネットワークモデルなどを考える際も同様です．

一番単純な方法は，データを生成する代わりに関数のパラメータを生成する方法です．もう1つの方法は，ノンパラメトリックベイズモデルであるガウス過程などを使うことによって関数の特性を直接記述する方法ですが，こちらに関しては第3章で解説します．

最初に，単純な1次関数を生成するモデルを考えてみましょう．1次関数は，係数 a と切片 b から次のように書くことができます．

$$y = ax + b \tag{1.44}$$

ここでは1次関数を生成するために，関数のパラメータ a および b に分布を与えます．ここでは，次のように適当な平均および標準偏差パラメータを設定したガウス分布によって，a および b が生成されると仮定します．

$$a \sim \mathcal{N}(0, 1.0) \tag{1.45}$$

$$b \sim \mathcal{N}(0, 1.0) \tag{1.46}$$

これによって，さまざまな傾きや切片を持つ1次関数が生成できます．例によって，コーディングによって確認してみましょう．ここでは $N = 10$ 個のさまざまな関数を生成します．

```
1  N = 10
2
3  ls = np.linspace(-3, 3, 100)
4  plt.figure()
5  for i in range(N):
6    a = stats.norm(0,1).rvs()
7    b = stats.norm(0,1).rvs()
8    plt.plot(ls, a*ls+b)
```

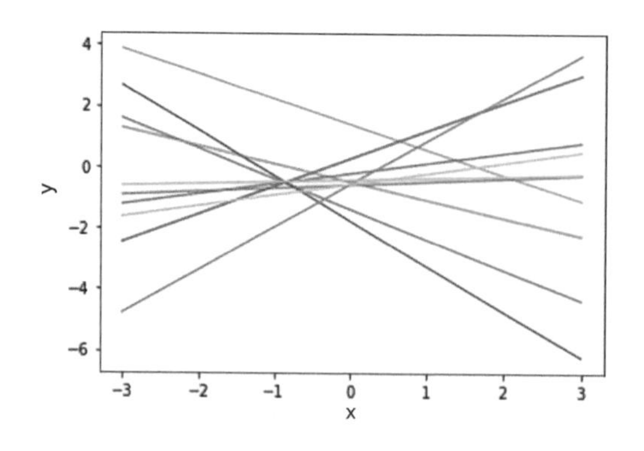

さまざまな傾きや切片を持つ直線が生成されました．もちろん，ガウス分布以外の分布を用いても構いません．例えば，正の値しかとらないガンマ分布を傾きパラメータに与える分布として採用したらどうなるでしょうか．

$$a \sim \mathrm{Gam}(1.0, 1.0) \tag{1.47}$$

```
1  plt.figure()
2  for i in range(N):
3    a = stats.gamma(1,1).rvs()
4    b = stats.norm(0,1).rvs()
5    plt.plot(ls, a*ls+b)
```

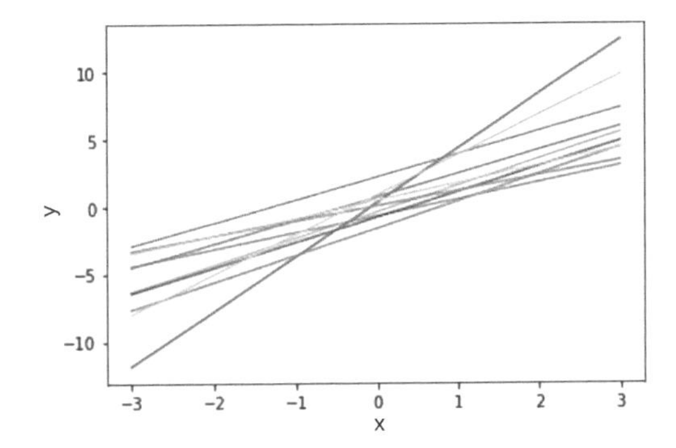

グラフから，傾きが正で右上がりの関数しか生成されなくなることが確認できます．このような分布の調整は，例えば想定している関数が右上がりの上昇傾向しか持たないなどの特性があらかじめわかっている場合，予測に使う関数の候補を絞り込むための有用な制約条件になります．

他にも，$y = ax + b$ のような定義式自体を修正することによって，より工夫を凝らした関数を生成することが可能です．例えば，次のような指数関数を予測に使うことはよくあり，これは**一般化線形モデル**（generalized linear model）でも用いられます．

$$y = \exp(ax + b) \tag{1.48}$$

この場合も，パラメータ a および b に適当な分布を設定します．

$$a \sim \mathcal{N}(0, 1.0) \tag{1.49}$$

$$b \sim \mathcal{N}(0, 1.0) \tag{1.50}$$

関数の生成をプログラムすることによって確認してみましょう．

```
plt.figure()
for i in range(N):
  a = stats.norm(0,1).rvs()
  b = stats.norm(0,1).rvs()
  plt.plot(ls, np.exp(a*ls+b))
```

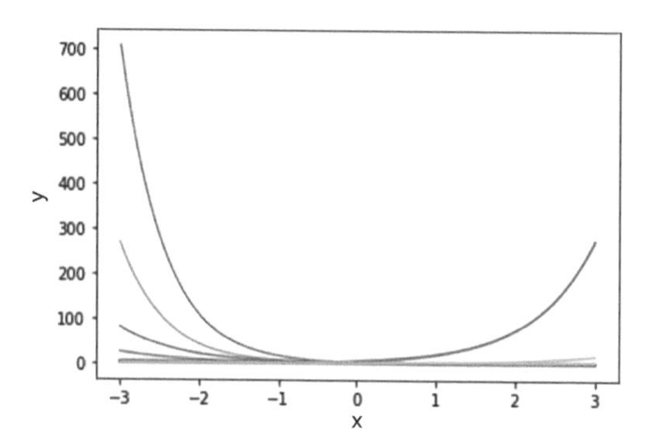

結果からわかるように，さまざまな指数関数が生成されるようになりました．解析したいデータの特性に応じて，1 次関数のような単純な線形回帰ではなく，このような非線形なモデルを使う場面も出てきます．

1.3.14 グラフィカルモデル

先ほど例としていくつか構築した統計モデルは，**グラフィカルモデル**（graphical model）と呼ばれるグラフを使って変数の関係性を視覚的に表すことができます．グラフィカルモデルは，特にモデルの構築段階でどのデータを使い，パラメータやデータ間でどのような依存関係を仮定して解析するのかを設計する際に非常に役に立ちます．

ここでは **DAG**（directed acyclic graph）と呼ばれる，内部にループ構造を持たない有向グラフによる表現を解説します．例として，次のような変数の関係性を持ったモデルを考えましょう．

$$p(x, y) = p(x)p(y \mid x) \tag{1.51}$$

これはいわゆる「風が吹けば桶屋が儲かる」のようなモデルです．つまり，風が吹いたかどうかを示す 2 値変数が x，桶屋が儲かったかどうかを示す 2 値変数が y です．式を見ていくと，まず $p(x)$ の確率で風が吹いたかどうかが決まり，その結果に基づいて $p(y \mid x)$ の確率で桶屋が儲かるかどうかが決まります．この依存関係をグラフィカルモデルで表すと図 1.1(a) のようになります．

多くの場合では，統計モデルでは多数のデータを取り扱います．例えば，桶屋が N 人存在すると考え，「風が吹いた」という 1 つの結果から N 個の独立した儲け $\mathbf{Y} = \{y_1, y_2, \ldots, y_N\}$ が生成されると仮定します．これを式で書くと次のようになります．

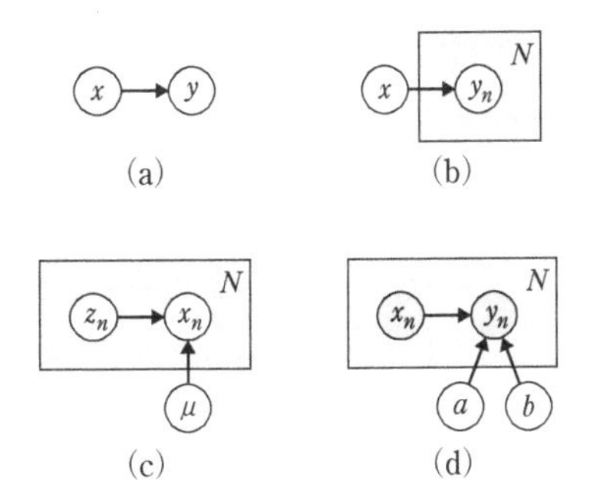

図 1.1　グラフィカルモデルの例

$$p(x, \mathbf{Y}) = p(x) \prod_{n=1}^{N} p(y_n \mid x) \tag{1.52}$$

式 (1.52) をグラフィカルモデルで表現すると，図 1.1(b) のようになります．任意の N 個のノードを書き並べることはできないので，**プレート表記**（plate notation）と呼ばれる枠を使い，変数が N 個存在していることを表現します．

なお，式 (1.52) で $p(x)$ を**事前分布**（prior distribution），$\prod_{n=1}^{N} p(y_n \mid x)$ を**尤度**（likelihood）と呼ぶことがあります．また，$\prod_{n=1}^{N} p(y_n \mid x)$ を x の関数とみなしたとき，これを**尤度関数**（likelihood function）と呼びます．また，条件付き分布

$$p(x \mid \mathbf{Y}) = \frac{p(x) \prod_{n=1}^{N} p(y_n \mid x)}{p(\mathbf{Y})} \tag{1.53}$$

は，**事後分布**（posterior distribution）と呼ばれます．

今までに簡単に紹介したモデルに関しても同様にグラフィカルモデルを描くことができます．図 1.1(c) は混合モデルのグラフィカルモデルです．まず潜在変数 $z_1, z_2, \ldots, z_N$ が生成され，あらかじめ与えられたパラメータ μ に基づいて $x_1, x_2, \ldots, x_N$ が生成されていることがわかります．図 1.1(d) は回帰モデルのグラフィカルモデルです．ここでは x_n および y_n を色で塗りつぶしていますが，これはこれらの変数がデータとして観測されていることを意味します．

1.4　近似推論手法

本節では事後分布の近似推論法であるマルコフ連鎖モンテカルロ法（MCMC）および変分推論法を説明します．

前節では統計モデルを導入しました．例えば回帰モデルの例では，係数パラメータに確率分布を設定することで，さまざまな関数を生成できることを確認しました．ただし，それだけではあまり実用性がありません．通常はあるデータが与えられた下で，そのデータの生成過程をうまく説明できるようなモデル（およびそのパラメータ）に関心がある場合が多いです．データが与えられた下でのパラ

メータの条件付き分布，すなわち事後分布の推論にあたり，シンプルなモデルでは解析的な導出が可能な場合もあります．一方，ベイズ推論が真価を発揮するより複雑なモデルにおいては，事後分布を解析的に求めることは難しく，パラメータの事後分布の近似推論が必要になります．

なお，本節にはやや難解な内容も含まれますが，ベイジアンモデリングを使ううえで推論手法の理論的な理解が必須というわけではありません．もし初見で理解が難しい箇所があった場合はいったん読み飛ばして，第2章以降の実際のモデリングに進んでいただければと思います．

1.4.1 マルコフ連鎖モンテカルロ法（MCMC）

マルコフ連鎖モンテカルロ法（Markov chain Monte Carlo methods, **MCMC**）は，パラメータの事後分布を明示的に求める代わりに，事後分布に従う乱数（以降，基本的に「サンプル」と呼びます）を得ることで分布の性質を確認する手法です．事後分布に従うサンプルを得ることで，例えば事後分布の平均値など関心がある統計量を求めることができます．MCMC の具体的なアルゴリズムを紹介する前に，まずマルコフ連鎖とモンテカルロ法について，それぞれ説明します．

1.4.2 マルコフ連鎖

確率変数の系列 $\mathbf{z}^{(i)},\ldots,\mathbf{z}^{(M)}$ において，1つ前の値（状態）$\mathbf{z}^{(t-1)}$ に基づき，次の値（状態）$\mathbf{z}^{(t)}$ が決まる場合，この系列を**（1次）マルコフ連鎖**（Markov chain）と呼びます．これは，確率変数の系列 $\mathbf{z}^{(i)},\ldots,\mathbf{z}^{(M)}$ について，$p(\mathbf{z}^{(t)} \mid \mathbf{z}^{(1)},\ldots,\mathbf{z}^{(t-1)}) = p(\mathbf{z}^{(t)} \mid \mathbf{z}^{(t-1)})$ が成り立つことを意味します．ここで，$p(\mathbf{z}^{(t)} \mid \mathbf{z}^{(t-1)})$ を**遷移確率**（transition probability）と呼びます．

具体的な例として，ある3つの町，A町，B町，C町の間での住民の移動ついて考えましょう．これらの町の住民は毎月引っ越しをしており，前月に住んでいた町に基づき，当月にいずれかの町に移動する確率が決まるものとします．A町にいた人が当月にA町，B町，C町に引っ越す確率をそれぞれ0.2, 0.3, 0.5とします．同様にB町，C町にいた人がそれぞれの町に引っ越す確率を定めます．遷移確率 $\mathbf{T}$ は表1.2のような行列形式で表すことができます．

表 1.2　遷移確率

		前月 $(t-1)$		
		A町	B町	C町
当月 (t)	A町	0.2	0.1	0.1
	B町	0.3	0.5	0.3
	C町	0.5	0.4	0.6

ある時点 t において住民が住んでいる町を確率変数 $z^{(t)}$ で表すと，例えば前月にA町に住んでいた人が当月にB町に移動する確率は $p(z^{(t)} = \mathrm{B} \mid z^{(t-1)} = \mathrm{A}) = 0.3$ となります．前述のとおり $p(z^{(t)} \mid z^{(1)},\ldots,z^{(t-1)}) = p(z^{(t)} \mid z^{(t-1)})$ と仮定しているため，$z^{(t)}$ の系列はマルコフ連鎖となります．

ここで，ある月における住民がそれぞれの町に住んでいる割合，すなわち住民の初期分布を $\boldsymbol{\pi}^{(0)}$ とします．例えば，$\boldsymbol{\pi}^{(0)} = (0.6, 0.3, 0.1)^\top$ とすると，次の時点において A 町に住んでいる人の割合は，$0.6 \times 0.2 + 0.3 \times 0.1 + 0.1 \times 0.1 = 0.16$ となります．B 町，C 町についても，同様に求めることができ，次の時点における住民の分布は $\boldsymbol{\pi}^{(1)} = \mathbf{T}\boldsymbol{\pi}^{(0)}$ と表せることがわかります．

住民の確率分布の求め方がわかったので，試しに 12 ヶ月後の分布を求めてみます．異なる 2 つの初期分布 $\boldsymbol{\pi}_1^{(0)} = (0.6, 0.3, 0.1)^\top$，$\boldsymbol{\pi}_2^{(0)} = (0, 0.9, 0.1)^\top$ を用いた場合の結果を図 1.2 に示します．

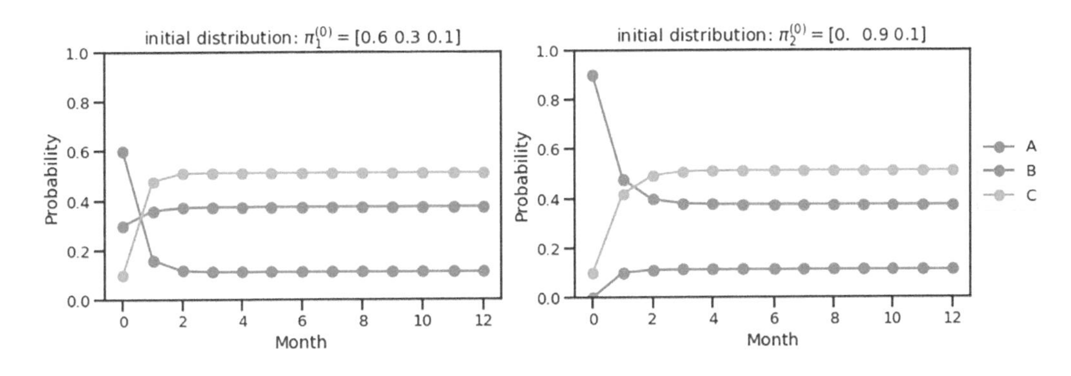

図 1.2　住民の分布の推移

いずれの場合も，住民の分布は速やかに収束し，A 町，B 町，C 町の住民の分布は，$\boldsymbol{\pi} = (0.111, 0.375, 0.514)^\top$ から変化しなくなります．このように，マルコフ連鎖において十分な期間の経過後，変化しなくなった確率分布 $\boldsymbol{\pi}$ を**定常分布**（stationary distribution）と呼びます．

また，初期値にかかわらず，定常分布に収束する性質を**エルゴード性**（ergodicity）といいます．本書で紹介する MCMC のアルゴリズムはエルゴード性を満たしており，初期値にかかわらずに収束することが理論上は保証されています．ただし収束にどの程度の時間がかかるかはまた別の問題になります．

1.4.3　モンテカルロ法

モンテカルロ法（Monte Carlo method）は乱数を用いた数値計算法の総称です．乱数とは，確率分布に従って生成されるランダムな値のことです．

例えば，**モンテカルロ積分**（Monte Carlo integration）では，以下により期待値の積分計算を近似できます．ここで，I は関数 $f(z)$ の確率分布 $p(z)$ の下での期待値です．また，$z_1, \ldots, z_M$ は確率分布 $p(z)$ に従う乱数です．この式は，$p(z)$ に関する積分計算を $p(z)$ から得た乱数を用いて近似できることを示します．乱数の数 M が大きいほど，近似は正確になります．

$$I = \int f(z)p(z)dz \approx \frac{1}{M}\sum_{m=1}^{M} f(z_m) \tag{1.54}$$

実際の例として，平均 0，標準偏差 1 のガウス分布 $\mathcal{N}(0,1)$（標準正規分布）の確率密度関数 $f(z)$ の $[-2,2]$ の区間での積分を計算してみましょう（図 1.3）．これは標準正規分布に従う確率変数が $\pm 2\sigma$ の範囲に入る確率を計算することに相当します．

$$P = \int_{-2}^{2} f(z)\mathrm{d}z \tag{1.55}$$

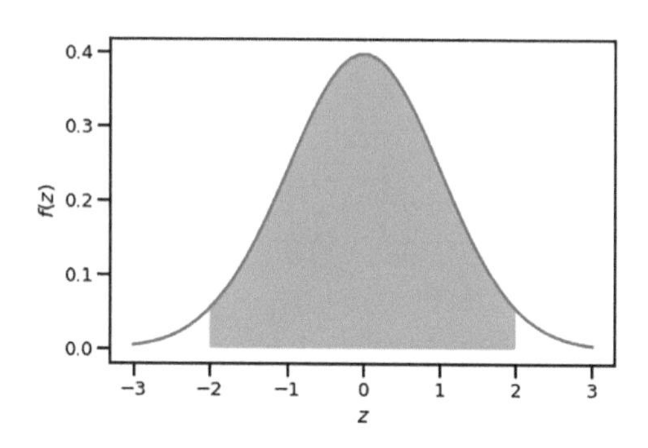

図 1.3　標準正規分布の確率密度関数（青色の領域の面積が求めたい積分値）

式 (1.54) で $p(z)$ を $[-2,2]$ での一様分布とすると，$p(z) = \frac{1}{4} \quad (-2 \leq z \leq 2)$ となるため，z_m を $p(z)$ に従う乱数として，

$$I = \int_{-2}^{2} f(z)\frac{1}{4}dz \approx \frac{1}{M}\sum_{m=1}^{M} f(z_m) \tag{1.56}$$

より，

$$P \approx \frac{4}{M}\sum_{m=1}^{M} f(Z_m) \tag{1.57}$$

で積分を近似計算できることがわかります．$M = 10^2, 10^3, 10^4, 10^5$ として実際に計算してみましょう．それぞれの M の値について，100 回計算を行い，推定値の平均とばらつきを確認します．

```
1  def montecarlo(M, trial=100, seed=1):
2      """M 個のサンプルによるモンテカルロ法を trial 回繰り返し，推定値の平均と標準偏差を返す"""
3      np.random.seed(seed)
4      x = np.random.uniform(-2, 2, (M, trial))
5      res = 4 * stats.norm(0, 1).pdf(x).mean(axis=0)
```

```
6         return res.mean(), res.std()
7 
8     # 求めたい積分値の真の値
9     ground_truth = stats.norm(0, 1).cdf(2) - stats.norm(0, 1).cdf(-2)
10    print(f'ground truth: {ground_truth:.4f}')
11 
12    M_list = [100, 1000, 10000, 100000]
13    fig, ax = plt.subplots()
14    for M in M_list:
15        m, s = montecarlo(M)
16        print(f'M = {M}, estimation: {m:.4f} ± {s:.4f}')
17        ax.scatter(M, m, c='b', marker='x')
18        ax.errorbar(M, m, s, capsize=3, c='b')
```

```
ground truth: 0.9545
M = 100, estimation: 0.9574 ± 0.0426
M = 1000, estimation: 0.9520 ± 0.0144
M = 10000, estimation: 0.9548 ± 0.0048
M = 100000, estimation: 0.9543 ± 0.0015
```

今回求めたい積分値，すなわち標準正規分布に従う確率変数が $\pm 2\sigma$ の範囲に入る確率は，解析的に算出でき 95.45%となります．図 1.4 の赤線がこの積分値の真の値，青のバツ印が 100 回の推論の平均値，エラーバーが推定値の標準偏差を表します．M が大きくなるほど推定値のばらつきが小さくなり，真の値からの誤差が小さくなっていく様子がわかります．

モンテカルロ積分は汎用的な方法ではあるものの，$f(z)$ が大きい領域（積分に寄与する領域）で $p(z)$ からのサンプルが多く得られないと，乱数の数 M をかなり大きくする必要があるため効率が悪いです．

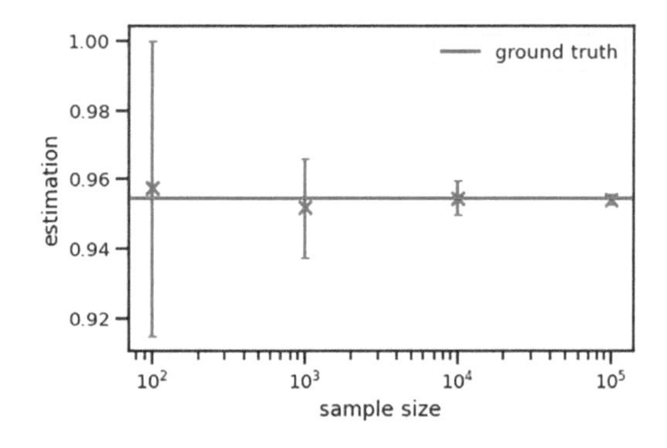

図 1.4　モンテカルロ積分による積分値の推定結果

1.4.4 MCMC のアルゴリズム

マルコフ連鎖の説明では，遷移確率が与えられた下で，定常分布を求めました．MCMC では興味のあるパラメータの事後分布（目標分布）が定常分布になるように，うまくマルコフ連鎖の遷移確率を設計し，目標分布からのサンプルを取得します．目標分布を $p^*(\mathbf{z})$ と表すと，任意の $\mathbf{z}, \mathbf{z}'$ について，以下を満たすような遷移確率 $T(\mathbf{z}, \mathbf{z}') = p(\mathbf{z}' \mid \mathbf{z})$ を用いると，マルコフ連鎖が目標分布に収束することが知られています．

$$p^*(\mathbf{z})T(\mathbf{z}, \mathbf{z}') = p^*(\mathbf{z}')T(\mathbf{z}', \mathbf{z}) \tag{1.58}$$

式 (1.58) は**詳細釣り合い条件**（detailed balance condition）と呼ばれます．詳細釣り合い条件は MCMC が目標分布に収束するための十分条件なので，厳密には詳細釣り合い条件を満たさない MCMC アルゴリズムも存在しますが，一般的に用いられているアルゴリズムはほぼ詳細釣り合い条件を満たしていると考えてよいです．

以下で基本的な MCMC アルゴリズムをいくつか紹介しますが，それらの違いは詳細釣り合い条件を満たす遷移確率の作り方にあります．

1.4.5 メトロポリス・ヘイスティングス法

ここでは，MCMC の最も基本的なアルゴリズムの 1 つである**メトロポリス・ヘイスティングス法**（Metropolis-Hastings algorithm, **MH 法**）(Hastings [1970]) について説明します．

詳細釣り合い条件を満たす遷移確率を直接設計することは困難です．そこで，メトロポリス・ヘイスティングス法では**提案分布**（proposal distribution）$q(\mathbf{z} \mid \mathbf{z}')$ を導入します．提案分布は適当に選んだ確率分布であるため，そのままでは詳細釣り合い条件を満たしません．そこで，提案分布から得られたサンプルをメトロポリス・ヘイスティングス基準と呼ばれる判定法に従い受容または棄却することで，詳細釣り合い条件が満たされるようになり，目標分布に従うサンプルを得ることができます．提案分布に従うサンプル（乱数）を用いた近似計算という意味で，モンテカルロ法の一種といえます．

メトロポリス・ヘイスティングス法のアルゴリズムは下記のとおりです．

1. 提案分布 $q(\cdot \mid \mathbf{z}^{(t)})$ から次のサンプル点の候補 $\mathbf{z}_*$ をサンプリングする．
2. 提案された点 $\mathbf{z}_*$ を式 (1.59) の確率で受容し（メトロポリス・ヘイスティングス基準），$\mathbf{z}^{(t+1)} = \mathbf{z}_*$ とする．提案が棄却された場合，$\mathbf{z}^{(t+1)} = \mathbf{z}^{(t)}$ とする．

$$p(\mathbf{z}^{(t+1)} \mid \mathbf{z}^{(t)}) = \min\left(1, \frac{\tilde{p}(\mathbf{z}_*)q(\mathbf{z}^{(t)} \mid \mathbf{z}_*)}{\tilde{p}(\mathbf{z}^{(t)})q(\mathbf{z}_* \mid \mathbf{z}^{(t)})}\right) \tag{1.59}$$

ここで，$\tilde{p}(\mathbf{z}_*)$ は正規化されていない事後分布を表しており，式 (1.53) 右辺の分子（事前確率×尤度）

に相当します．事後分布を解析的に求めることが難しいのは，式 (1.53) 右辺の分母 $p(\mathbf{Y})$ を求める際の積分計算が困難なためであり，分子についてはモデルが設計できれば簡単に計算できます．$\tilde{p}(\mathbf{z}_*)$ さえ求められれば事後分布からのサンプルが取得できることが MCMC による近似計算の利点になります．

メトロポリス・ヘイスティングス法の提案分布として用いられる確率分布はいくつかありますが，例えば 1 つ前のサンプル $\mathbf{z}^{(t)}$ を平均としたガウス分布 $\mathcal{N}(\mathbf{z}^{(t)}, \sigma\mathbf{I})$ が挙げられます．この手法はランダムウォーク MH 法と呼ばれ，提案分布からサンプルを得る過程を以下のように表現できます．なお，σ は**ハイパーパラメータ**（hyperparameter）です．本書では最適化アルゴリズムや近似推論手法に与える設定値をハイパーパラメータと呼ぶことにします．

$$\mathbf{z}_* = \mathbf{z}^{(t)} + \varepsilon \tag{1.60}$$

$$\varepsilon \sim \mathcal{N}(0, \sigma^2) \tag{1.61}$$

提案される値は，1 つ前の値に撹乱項 ε を加算したものとなります．ε が従う分布は一様分布とする場合もあります．なお，提案分布 $q(\cdot \mid \mathbf{z}^{(t)})$ が $\mathbf{z}^{(t)}$ に関して対称の場合，$q(\mathbf{z}^{(t)} \mid \mathbf{z}_*) = q(\mathbf{z}_* \mid \mathbf{z}^{(t)})$ となるため，式 (1.59) はより簡単な式となります．後ほどの実装では，以下の式 (1.62) を使っています．

$$p(\mathbf{z}^{(t+1)} \mid \mathbf{z}^{(t)}) = \min\left(1, \frac{\tilde{p}(\mathbf{z}_*)}{\tilde{p}(\mathbf{z}^{(t)})}\right) \tag{1.62}$$

1.4.6 ハミルトニアン・モンテカルロ法（HMC 法）

MH 法では提案する値を，目標分布とは関係なくランダムに生成していました．低次元の場合は，式 (1.61) のパラメータ σ を適切な値に設定すればうまくいきますが，高次元になると事後確率が高い部分から効率的にサンプルを得るのが難しくなります．

ハミルトニアン・モンテカルロ法（Hamiltonian Monte Carlo method, **HMC 法**）（Duane et al. [1987]）は（正規化されていない）確率密度関数の勾配を用いることで，効率的にサンプリングを行う MCMC の手法です．

MH 法との違いは，HMC 法では解析力学的なシミュレーションに基づき提案する値を取得する点です．HMC 法で提案された値は高次元の場合においても受容率が高くなることが期待されます．一方，上述のとおり勾配計算が必要になるため，サンプリング対象の変数が離散の場合には適用できないという欠点もあります．理論面の詳細な説明は長くなるため本書には記載しませんが，興味がある方は鎌谷研吾 [2020] などを参照してください．

イメージとしては以下のとおりです．まず，斜面におけるボールの運動を考えます．斜面は目標分布の負の対数確率密度で定められています．斜面上の任意の初期位置にボールをおき，ランダムな強さで弾きます．これは，ガウス分布 $\mathcal{N}(\mathbf{0}, \sigma^2\mathbf{I})$ に従う運動量 $\mathbf{p}$ をボールに与えることに相当します．しばらくの間，ボールを斜面上で転がし，一定の時間の経過後にボールを止めます．この際のボールの位置が次のサンプルの候補点になります．提案を受容するかどうかは，メトロポリス・ヘイスティングス基準で決めます．以降，ボールを弾き，一定時間の経過後に止め，位置を記録することを続ける，というのがHMC法のイメージになります（図1.5）．

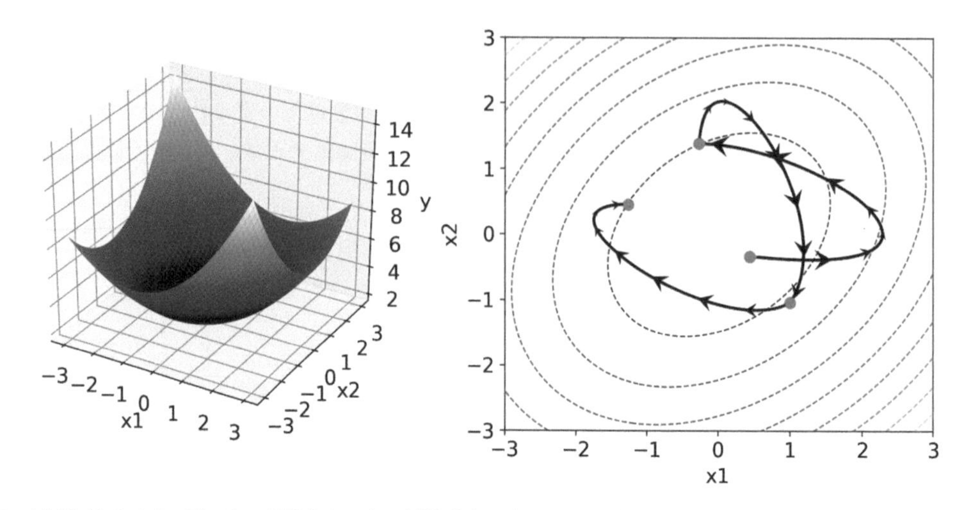

図 1.5　HMC法のイメージ．左：目標分布の負の対数確率で定められた斜面のイメージ．右：斜面上のボールの運動を上から見たイメージ．赤点の位置あるボールをランダムな方向に弾き，一定の時間だけ斜面上を転がし（黒線の軌跡）止める．これを繰り返すことでサンプル候補を順次取得する．

なお，ボールを斜面上で動かす際の軌道のシミュレーションには，**リープフロッグ法**（leapfrog method）と呼ばれる数値積分法を用います．リープフロッグ法では，時刻 ϵ 経過後のボールの位置と運動量を計算するステップを L 回繰り返すことで，時刻 ϵL 先のボールの位置 $\mathbf{z}_*$ および運動量 $\mathbf{p}_*$ を得ることができます．

ハミルトニアン・モンテカルロ法のアルゴリズムは以下のとおりです．

1. 運動量 $\mathbf{p} \sim \mathcal{N}(\mathbf{0}, \sigma^2\mathbf{I})$ をサンプリングする．
2. リープフロッグ法により現在の点 $(\mathbf{z}^{(t)}, \mathbf{p})$ から次のサンプルの候補 $(\mathbf{z}_*, \mathbf{p}_*)$ を得る．
3. 提案された点 $\mathbf{z}_*$ を式 (1.59) の確率で受容し（メトロポリス・ヘイスティングス基準），$\mathbf{z}^{(t+1)} = \mathbf{z}_*$ とする．提案が棄却された場合，$\mathbf{z}^{(t+1)} = \mathbf{z}^{(t)}$ とする．

HMC法で調整が必要なハイパーパラメータとしては，リープフロッグ法における ϵ, L があります．ϵ は小さすぎると $\mathbf{z}$ の更新量が小さくなり，目標分布の探索が不十分になる可能性があります．一方，大きすぎるとリープフロッグ法が不正確になり，棄却率が高くなってしまいます．また，L は小さすぎるとやはり目標分布の探索が不十分になる可能性があります．一方，大きすぎると1回のサンプリングごとに時間がかかりすぎてしまい計算効率が悪化します．PyMC3などの高レベルAPIのPPLではこれらのハイパーパラメータはモデルに合わせて適当な値に設定してくれます．一方，TFPのような低レベルAPIを利用する際は，ハイパーパラメータを自分で設定する必要があります．ただし，チューニングのステップで自動的にハイパーパラメータを調整するようなアルゴリズムを利用することもできます．

1.4.7 その他のMCMCアルゴリズム

NUTS（No U-Turn Sampler）(Hoffman and Gelman [2014]) はHMC法を改良したアルゴリズムで，StanやPyMC3でメインのアルゴリズムとして使われています．HMC法では斜面上でボールを運動させる際，ハイパーパラメータの設定によってはボールが元の位置の近くに戻ってきてしまうことがあります．NUTSではこの非効率な「Uターン」を避けるため，サンプリング中にステップ数Lを調整するといった工夫がなされています．

また，**レプリカ交換モンテカルロ法**（replica exchange Monte Carlo method）(Swendsen and Wang [1986]) は**パラレル・テンパリング**（parallel tempering）とも呼ばれ，HMC法と同じく物理学の分野で提案された手法です．レプリカ交換法では，「温度」という概念を導入することで，複数のピークを持つような事後分布から効率的にサンプリングができます．温度が高いほど，事後分布の異なるピークの間を行き来しやすくなり，幅広い領域を探索できます．レプリカ交換法では，温度が異なる複数のチェーン（レプリカ）でサンプリングを行い，チェーン間でサンプルを時々交換することで，複数の離れたピークを持つような目標分布からのサンプリングが可能になります．

1.4.8 MCMCの具体例

ここまで理論面の説明が続きました．次に，ベイズ推論においてMCMCを用いた例を見ていきます．PPLを用いた本格的なモデリングは次章以降で取り扱うため，ここではガウス分布の平均パラメータに関する推論という簡単な例でMCMCによる推論の具体的な進め方を確認します．

平均μ，標準偏差1.0のガウス分布からの100個のサンプルからなるデータ$\mathbf{X}=\{x_1,\ldots,x_{100}\}$が得られたとき，平均$\mu$の事後分布$p(\mu \mid \mathbf{X})$を推論してみましょう．平均$\mu$に関する事前知識はないとして，事前分布は平均0，標準偏差10のガウス分布とします．

$$x_n \mid \mu \sim \mathcal{N}(x_n \mid \mu, 1.0^2), \quad n=1,\ldots,100 \tag{1.63}$$

$$\mu \sim \mathcal{N}(\mu \mid 0, 10^2) \tag{1.64}$$

実はこの場合，μの事後分布もガウス分布となり，解析的に求めることができます．これは，μの事前分布として設定したガウス分布が，平均未知のガウス分布モデルに対する**共役事前分布**（conjugate prior）と呼ばれる特別な事前分布であるためです．尤度関数に応じた共役事前分布を設定すると，事後分布は事前分布と（パラメータが異なる）同じ種類の確率分布となります．

ここではあえて事後分布をMCMCにより近似推論して，解析解と比較してみます．MCMCのアルゴリズムとしては，メトロポリス・ヘイスティングス法を用います．今回の例はPPLを使わずとも簡単に実装できるため，NumPy によりスクラッチ実装してみます．

まずは推論対象とする人工データを生成します（図 1.6）．

```
# パラメータの設定
n_sample = 100
true_mean = 3.0
true_sd = 1.0

np.random.seed(1)

# 人工データの生成
data = np.random.normal(true_mean, true_sd, n_sample)

sns.distplot(data, kde=False)
```

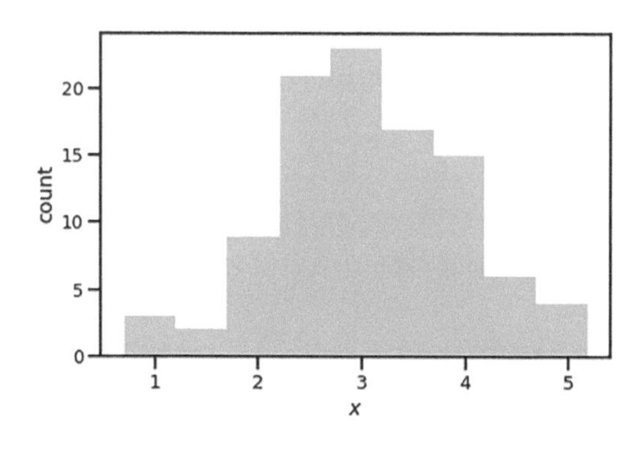

図 1.6　人工データ

続いて，メトロポリス・ヘイスティングス法を実装していきます．今回，推論対象のパラメータは μ ですが，これまでの記載と統一するため，$\mathbf{z} = \mu$ に記号を置き換えて表記しています．ランダムウォーク MH 法を採用するとして，提案分布 $q(\cdot \mid \mathbf{z}^{(t)}) = \mathcal{N}(\mathbf{z}^{(t)}, \sigma\mathbf{I})$ とします．σ は**ステップサイズ**（step size）などと呼ばれるハイパーパラメータです．ここでは $\sigma = 0.3$ とします．また $\mathbf{z}$ の初期値は $\mathbf{0}$ とします．

さらに，メトロポリス・ヘイスティングス基準に基づき，サンプルを受容するかどうかを決める際，正規化されていない事後分布 $\tilde{p}(\mathbf{z})$ を計算する必要があります．事前分布と尤度の積を計算すればよいのですが，そのまま計算するとかなり小さな値になってしまい，アンダーフロー[注6]してしまう可能性があるため，通常は対数値を計算します．この計算をする関数が，`unnormalized_log_posterior` になります．

注 6　数値が小さすぎてコンピュータで正確に計算できなくなること．

```
# メトロポリス・ヘイスティングス法
n_iter = 6000
step_size = 0.3
z_init = 0.0

# 現在のサンプルの値
z_current = z_init
# サンプルを保存するリスト
posterior = []
# 提案分布からのサンプルが受容された回数
n_accepted = 0

def unnormalized_log_posterior(z):
    """対数事後分布の計算"""
    likelihood = stats.norm(z, true_sd).logpdf(data).sum()
    prior = stats.norm(0, 10).logpdf(z)
    return prior + likelihood
```

これで準備が整いました．MCMC のサンプルサイズ は 6000 として，逐次的にサンプリングしていきます．まず，現在の z の値 `z_current` に基づき，提案分布から次のサンプルの `z_proposal` を得ます．そしてメトロポリス・ヘイスティングス基準に基づき，受容するかどうかを決め，受容する場合は提案されたサンプルを，受容しない場合は現在のサンプルをそのまま次の時点のサンプルとします．参考のため，提案サンプルが受容された割合である受容率（`acceptance ratio`）を出力しています．

```
np.random.seed(1)

for i in tqdm(range(n_iter)):
    # 撹乱項εは平均 0の一様分布に従うとする
    z_proposal = z_current + step_size * np.random.uniform(-1, 1)

    logp_current = unnormalized_log_posterior(z_current)
    logp_proposal = unnormalized_log_posterior(z_proposal)
    # [0, 1]の一様分布からのサンプル
    r = np.random.rand()
    # メトロポリス・ヘイスティングス基準に従い，提案された値を受容するかどうか判定
    # logp_proposal > logp_current なら必ず受容
    # logp_proposal < logp_current の場合は， np.exp(logp_proposal - logp_current)の確率で受容
    if np.exp(logp_proposal - logp_current) > r:
        n_accepted += 1
        z_current = z_proposal
    posterior.append(z_current)

print('acceptance ratio: {:.3f}'.format(n_accepted / n_iter))
```

```
acceptance ratio: 0.489
```

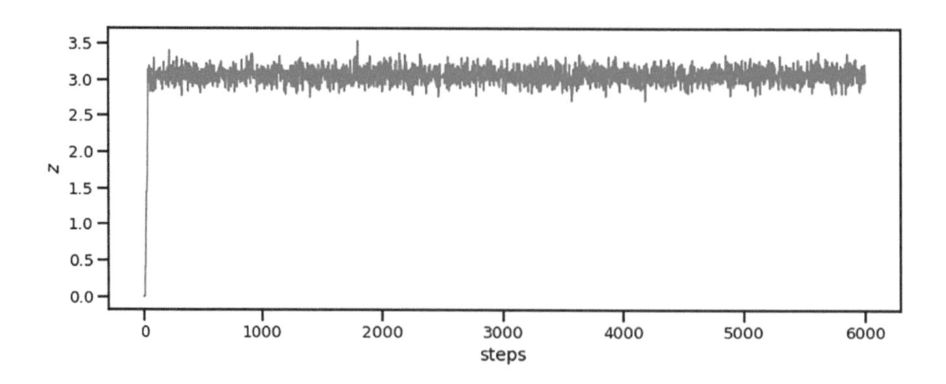

図 1.7　トレースプロット

MCMC の結果を可視化してみます．図 1.7 は MCMC の各ステップで得られたサンプルを結んだ折れ線プロットであり，**トレースプロット**（trace plot）と呼ばれます．トレースプロットを確認すると，最初の方のサンプルは初期値の影響がありますが，以降は 3 付近で安定して変動していることがわかります．MCMC の最初の方のサンプルは初期値の影響があり，まだ定常分布に達していないため，事後分布の分析には用いずに捨ててしまうのが一般的です．このような期間を**バーンイン期間**（burn-in）と呼びます（warm-up とも呼ばれます）．

```
1  # トレースプロットの描画
2  plt.figure(figsize=(10, 4))
3  plt.plot(posterior, lw=1.5)
4  plt.xlabel('steps')
5  plt.ylabel('$z$')
```

最初の 1000 ステップをバーンイン期間として除外し，改めてトレースプロットを作成します (図 1.8)．また，トレースプロットの横に得られたサンプルの分布を表示しています．トレースプロットからは，サンプルが一定の分布に従い，安定して変動しているため，MCMC は問題なく定常分布に収束したといえます．これが，MCMC により推定された事後分布ということになります．

```
1  n_burnin = 1000
2  x, y = np.arange(n_iter - n_burnin), posterior[n_burnin:]
3  
4  # seaborn で複数のプロットを組み合わせるためのクラス
5  g = sns.JointGrid()
6  # メインのプロット
7  sns.lineplot(x=x, y=y, linewidth=1, ax=g.ax_joint)
8  # y 軸に付属するプロット
9  sns.kdeplot(y=y, linewidth=2, ax=g.ax_marg_y)
10 g.ax_joint.set_xlabel('steps')
```

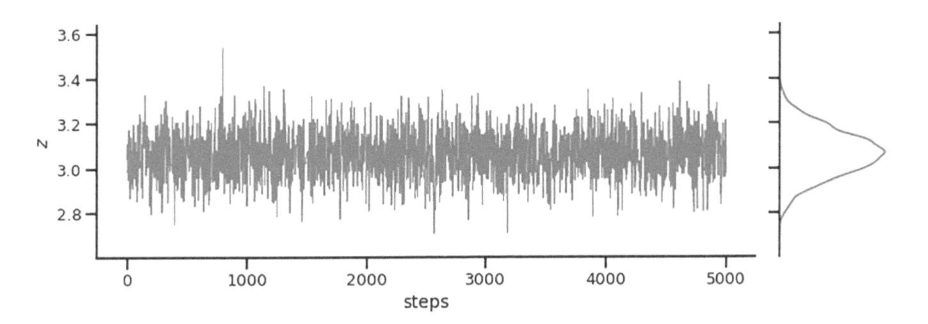

図 1.8　バーンイン期間を除外したトレースプロット（左）および事後分布の推定結果（右）

```
11  g.ax_joint.set_ylabel('$z$')
12  g.ax_marg_x.set_axis_off()
13  g.fig.set_figwidth(10)
14  g.fig.set_figheight(4)
```

MCMC がうまく収束しない例も見てみましょう．ステップサイズをあえて不適切な値に変えた場合のトレースプロットを確認してみます．ステップサイズが小さすぎる場合 (0.01)，受容率は高くなりますが，サンプルは少しずつしか変化しません（図 1.9 上）．また，ステップサイズが大きすぎる場合 (10.0)，見当違いな値が提案されることが多いため，受容率が極端に低くなってしまい，サンプルがなかなか変化しません（図 1.9 下）．いずれの場合も定常分布に収束したとはいえなさそうです．

```
1   def randomwalk_MH(x_init, step_size=0.3, n_iter=6000, n_burnin=1000):
2       x_current = x_init
3       posterior = []
4
5       for i in tqdm(range(n_iter)):
6           x_proposal = x_current + step_size * np.random.uniform(-1, 1)
7
8           r = np.random.rand()
9           logp_current = unnormalized_log_posterior(x_current)
10          logp_prop = unnormalized_log_posterior(x_proposal)
11          if np.exp(logp_prop - logp_current) > r:
12              x_current = x_proposal
13          posterior.append(x_current)
14
15      return posterior[n_burnin:]
16
17
18  # ステップサイズが小さすぎる場合
19  posterior_small_step = randomwalk_MH(0, 0.01, 4000, 1000)
20  # ステップサイズが大きすぎる場合
21  posterior_large_step = randomwalk_MH(0, 10, 4000, 1000)
22
23  # トレースプロット
```

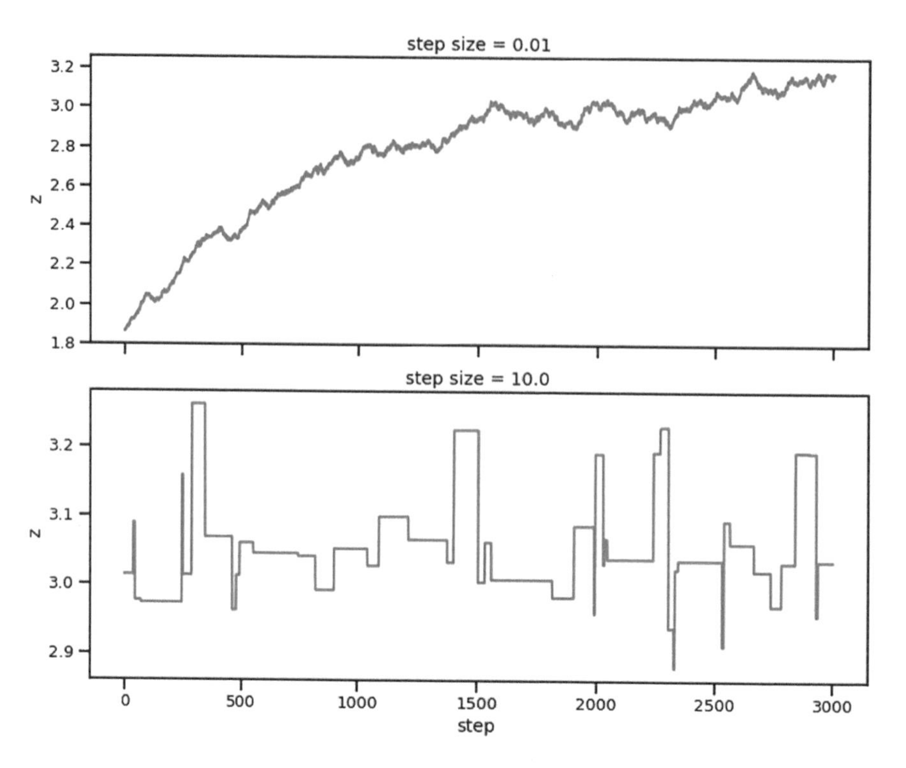

図 1.9　ステップサイズが小さすぎる場合 (0.01，上) と大きすぎる場合 (10.0，下) のトレースプロット

```
24  fig, axes = plt.subplots(2, 1, sharex=True, figsize=(10, 8))
25  ax = axes[0]
26  ax.plot(posterior_small_step)
27  ax.set_title('step size = 0.01')
28  ax.set_ylabel('z')
29
30  ax = axes[1]
31  ax.plot(posterior_large_step)
32  ax.set_title('step size = 10.0')
33  ax.set_xlabel('step')
34  ax.set_ylabel('z')
```

MCMC が収束しない場合，典型的にはサンプルの**自己相関**（autocorrelation）が高くなっています．自己相関とは，「元の時系列データ」と，「元の時系列データを一定量（ラグ，lag）だけずらしたデータ」との相関のことです．自己相関が高い場合，各ステップで得られたサンプルが以前のサンプルの影響を強く受けており，定常分布からの独立なサンプルとみなせなくなります．サンプルの自己相関を確認するために，**コレログラム**（correlogram）を描画してみましょう．コレログラムは横軸がラグ，縦軸が自己相関係数としたグラフです．ここでは，ベイズ推論の結果の可視化に使われる Python

パッケージである **ArviZ** を用います．

```
import arviz as az

fig, axes = plt.subplots(3, 1, figsize=(10, 10), sharex=True)
ax = axes[0]
az.plot_autocorr(np.array(posterior_large_step[n_burnin:]), ax=ax)
ax.set_title('step size = 0.01')
ax.set_ylabel('autocorr')

ax = axes[1]
az.plot_autocorr(np.array(posterior_small_step[n_burnin:]), ax=ax)
ax.set_title('step size = 10.0')
ax.set_ylabel('autocorr')

ax = axes[2]
az.plot_autocorr(np.array(posterior[n_burnin:]), ax=ax)
ax.set_title('step size = 0.3')
ax.set_xlabel('lag')
ax.set_ylabel('autocorr')
```

図1.10を確認すると，ステップサイズが0.3の場合はほとんど自己相関がないのに対し，ステップサイズが0.01や10.0の場合は自己相関が高くなっており，想定どおりの結果となっています．

また，MCMCが正しく収束したかどうかの判断として，複数の初期値でMCMCを実施し，結果を比較するのが一般的です．トレースプロットに複数の**チェーン**（chain）（MCMCで得られる一連のサンプル列）を描画し，これらがよく混ざり合っていることが好ましいです．ここでは，ランダムに選んだ3つの初期値でMCMCを行い，結果を重ねて表示してみます．トレースプロットは3つのチェーンがよく混ざり合っており（図1.11），事後分布もほぼ重なっているので（図1.12），やはり収束に問題はなさそうです．

```
# 3つのチェーンによるサンプリング
x_inits = np.random.uniform(-1, 1, 3)
posteriors = [randomwalk_MH(x_init) for x_init in x_inits]
posteriors = np.array(posteriors).transpose()

# トレースプロット
fig, ax = plt.subplots(figsize=(10, 4))
ax.plot(posteriors[:,0], lw=1.5, alpha=0.5)
ax.plot(posteriors[:,1], lw=1.5, alpha=0.5, ls='--')
ax.plot(posteriors[:,2], lw=1.5, alpha=0.5, ls='-.')
ax.set_xlabel('step')
ax.set_ylabel('z')

# 事後分布の可視化
fig, ax = plt.subplots()
sns.kdeplot(posteriors[:, 0])
```

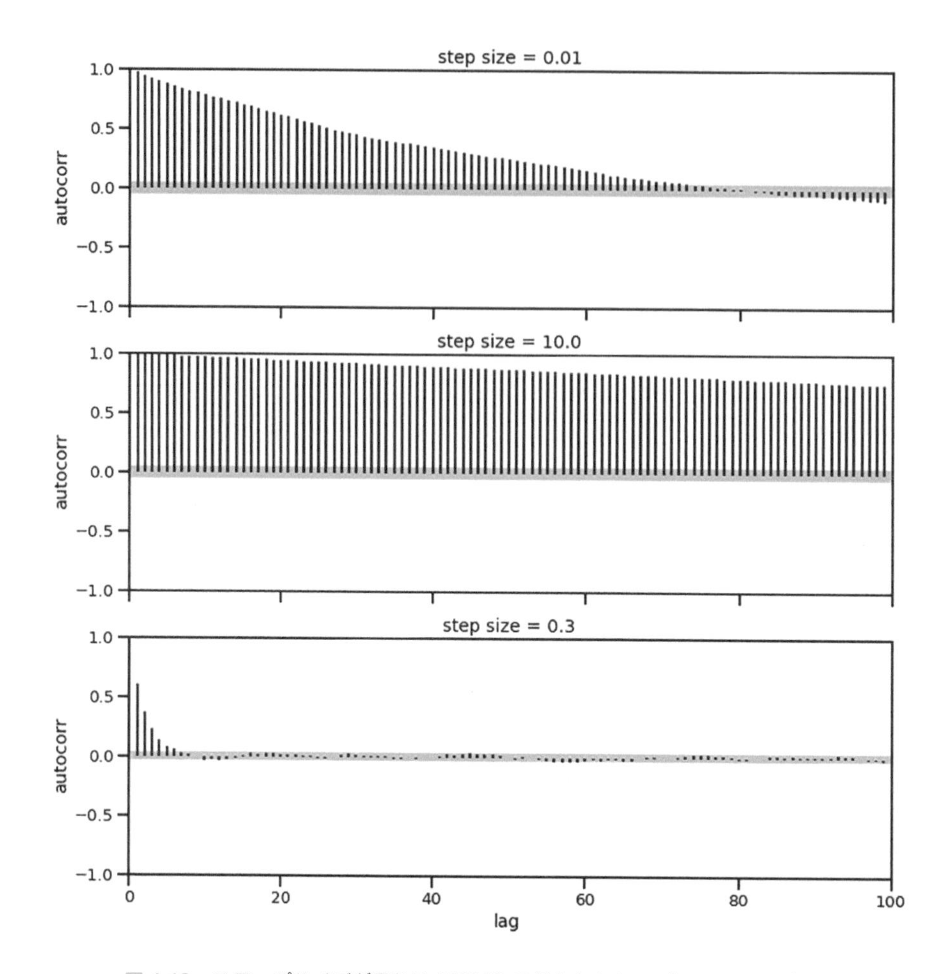

図 1.10　ステップサイズが異なる MCMC で得られたサンプルのコレログラム

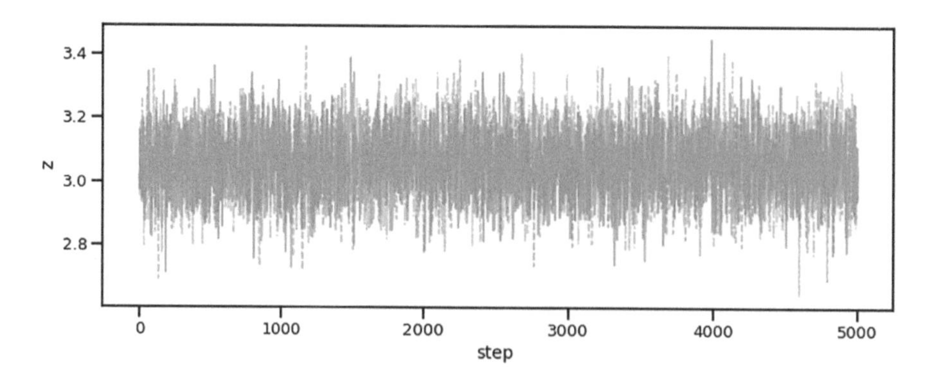

図 1.11　3 つのチェーンによる MCMC のトレースプロット

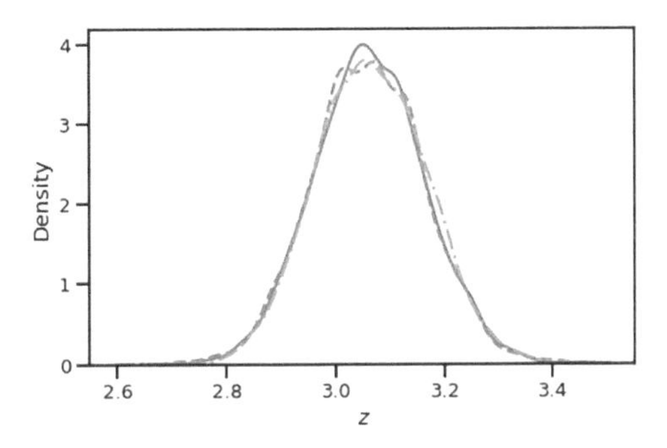

図 1.12　3 つのチェーンによる MCMC での事後分布の推論結果

```
17  sns.kdeplot(posteriors[:, 1], ls='--')
18  sns.kdeplot(posteriors[:, 2], ls='-.')
19  ax.set_xlabel('z')
```

さて，これまでトレースプロットなどの可視化により MCMC の収束を確認してきましたが，パラメータが多数の場合はすべてのプロットを確認することが難しいです．そのような場合は，$\hat{R}$ と呼ばれる統計量を確認することでも，収束の判断ができます．$\hat{R}$ は各チェーン内での分散と，チェーン間の分散を比較した指標であり，計算方法はいくつか提案されていますが，1 に近いほど好ましく，基本的には 1.1 以下ならばよいとされています．ArviZ を用いて $\hat{R}$ を算出したところ，1.00 となっており，収束に問題はなさそうです[注7]．

ただし，目標分布にピークが複数ある場合など，$\hat{R}$ による収束の判断が難しいケースもあります．

```
1  rhat = az.rhat(posteriors.transpose())
2  print(f'Rhat: {rhat:.3f}')
```

```
Rhat: 1.000
```

ここまで，MCMC が定常分布に収束していることの確認方法を説明してきました．次に，事後分布の推論結果を確認しましょう．前述のとおり，今回の問題では事後分布を解析的に求めることができるので，MCMC の結果と比較してみましょう．

今回のモデルでは，観測データはあるガウス分布に従い，そのガウス分布の平均パラメータの事前分布としてやはりガウス分布を設定していました．ガウス分布を分散の逆数である精度パラメータ λ で表すと，モデル式は以下のようになります．

$$x_n \mid \mu \sim \mathcal{N}(x_n \mid \mu, \lambda^{-1}), \quad n = 1, \ldots, N \tag{1.65}$$

$$\mu \sim \mathcal{N}(\mu \mid m, \lambda_\mu^{-1}) \tag{1.66}$$

注 7　ArviZ でデフォルトで計算されるのは，rank normalized split $\hat{R}$(Vehtari et al. [2021]) と呼ばれる指標です．古典的な $\hat{R}$ では収束を正しく判定できないケースがあるとして，2019 年に提案されました．

この場合，事後分布 $p(\mu \mid \mathbf{X})$ は以下のガウス分布になることが知られています (須山敦志, 杉山将 [2017]).

$$p(\mu \mid \mathbf{X}) = \mathcal{N}(\mu \mid \hat{m}, \hat{\lambda}_\mu^{-1}) \tag{1.67}$$

$$\hat{\lambda}_\mu = N\lambda + \lambda_\mu \tag{1.68}$$

$$\hat{m} = \frac{\lambda \sum_{n=1}^{N} x_n + \lambda_\mu m}{\hat{\lambda}_\mu} \tag{1.69}$$

今回のモデルは $\lambda = 1.0$，$\lambda_\mu = 0.1$，$m = 0$ の場合に相当します．MCMC により推論した事後分布と，上式を用いて計算した真の事後分布は図 1.13 のようになります．両者はほぼ重なっており，推論はうまくいっているといえそうです．

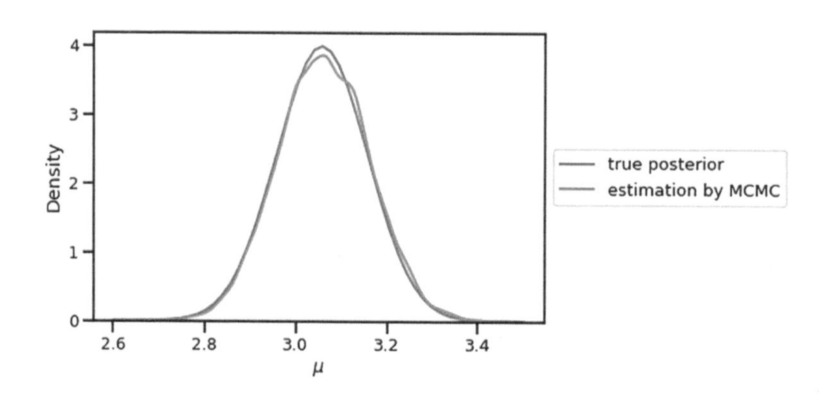

図 1.13　真の事後分布と MCMC で推論した事後分布の比較

1.4.9　変分推論法

MCMC による近似推論は広く使われているものの，計算コストの大きさに課題があります．MCMC のようにサンプリングを行うのではなく，最適化により近似推論を行うアプローチが**変分推論法**（variational inference method）です．変分推論法は一般的に MCMC よりも高速な推論が可能ですが，MCMC のように（無限にサンプリングすれば）必ず真の事後分布を正確に表現できるという保証はなく，推論の精度についてはまだ明らかになっていない面もあります．本節では変分推論法について説明します．

まず，パラメータや潜在変数など推論対象とする非観測の変数を $\mathbf{Z}$，観測データを $\mathbf{X}$ と表します．変分推論法では，事後分布 $p(\mathbf{Z} \mid \mathbf{X})$ を簡単な確率分布 $q(\mathbf{Z})$（近似分布）で近似します．簡単な確率分布 $q(\mathbf{Z})$ としては，例えばパラメータ $\boldsymbol{\xi}$ で表される任意の確率分布 $q(\mathbf{Z}; \boldsymbol{\xi})$ などを用います．ここで $\boldsymbol{\xi}$ は変分パラメータと呼ばれます．

近似分布 $q(\mathbf{Z};\boldsymbol{\xi})$ が真の事後分布 $p(\mathbf{Z}\mid\mathbf{X})$ をどれだけよく近似できているかは，**KL ダイバージェンス**（Kullback-Leibler divergence）により評価できます．KL ダイバージェンスは 2 つの確率分布が類似しているほど小さい値をとり，両者が完全に一致する場合に最小値である 0 をとります．そこで，$q(\mathbf{Z};\boldsymbol{\xi})$ と $p(\mathbf{Z}\mid\mathbf{X})$ の KL ダイバージェンスが最小になるように $\boldsymbol{\xi}$ を決めます[注8]．

$$q(\mathbf{Z};\boldsymbol{\xi}_{\mathbf{opt}}) = \underset{\boldsymbol{\xi}}{\operatorname{argmin}}\, D_{\mathrm{KL}}[q(\mathbf{Z};\boldsymbol{\xi})\|p(\mathbf{Z}\mid\mathbf{X})] \tag{1.70}$$

ただし，KL ダーバージェンスの定義は下記のとおりです．

$$D_{\mathrm{KL}}[q(\mathbf{Z};\boldsymbol{\xi})\|p(\mathbf{Z}\mid\mathbf{X})] = \mathbb{E}_q[\log q(\mathbf{Z};\boldsymbol{\xi})] - \mathbb{E}_q[\log p(\mathbf{Z}\mid\mathbf{X})] \tag{1.71}$$

ここで，$\mathbb{E}_q$ は q による期待値を意味し，例えば $\mathbb{E}_q[\log q(\mathbf{Z};\boldsymbol{\xi})]$ は次式の積分を表します．

$$\mathbb{E}_q[\log q(\mathbf{Z};\boldsymbol{\xi})] = \int q(\mathbf{Z};\boldsymbol{\xi}) \log q(\mathbf{Z};\boldsymbol{\xi}) \mathrm{d}\mathbf{Z} \tag{1.72}$$

式 (1.71) をさらに式変形すると，次式が得られます．

$$\log p(\mathbf{X}) = \mathcal{L}(\boldsymbol{\xi}) + D_{\mathrm{KL}}[q(\mathbf{Z};\boldsymbol{\xi})\|p(\mathbf{Z}\mid\mathbf{X})] \tag{1.73}$$

ただし，

$$\mathcal{L}(\boldsymbol{\xi}) = \mathbb{E}_q[\log p(\mathbf{Z},\mathbf{X})] - \mathbb{E}_q[\log q(\mathbf{Z};\boldsymbol{\xi})] \tag{1.74}$$

式 (1.73) で，対数周辺尤度 $\log p(\mathbf{X})$ は $q(\mathbf{Z};\boldsymbol{\xi})$ によらない定数です．つまり KL ダイバージェンスの最小化は，$\mathcal{L}(\boldsymbol{\xi})$ の最大化と同じことになります．式 (1.74) で表される $\mathcal{L}(\boldsymbol{\xi})$ は**エビデンス下界**（evidence lower bound, **ELBO**）と呼ばれます．変分推論法は ELBO を最大化することで，事後分布の近似推論を行う方法です．

なお，KL ダイバージェンスは 0 以上の値をとるため，

$$\log p(\mathbf{X}) \geq \mathcal{L}(\boldsymbol{\xi}) \tag{1.75}$$

となります．つまり，ELBO（エビデンス下界）は対数周辺尤度 (エビデンス)$\log p(\mathbf{X})$ より大きくなることはありません．

ここまで変分推論法の基本概念を説明しました．実際に変分推論法を行ううえでは，①近似分布 $q(\mathbf{Z})$ の決め方，②ELBO を最大化する方法，という 2 つの課題が残っています．

1.4.10 平均場近似

変分推論法では近似分布を単純な確率分布とすることで，計算を効率化できます．よく用いられる

注 8　一般に，2 つの分布 p, q に対して $D_{\mathrm{KL}}[q\|p] \neq D_{\mathrm{KL}}[p\|q]$ となります．

のは，**平均場近似**（mean-field approximation）と呼ばれる手法です (Bishop [2006])．平均場近似では，M 個の未観測変数の事後分布がそれぞれ独立だと考え，事後分布が下式のように分解できるとします．

$$q(\mathbf{Z}) = \prod_{m=1}^{M} q_m(\mathbf{z}_m) \tag{1.76}$$

各変数の確率分布 $q_m(\mathbf{z}_m)$ は何でもよく，例えば $\mathbf{z}_m$ が連続変数ならガウス分布，離散変数ならカテゴリ分布など変数の制約に合わせて適当に決めれば問題ありません．

平均場近似との組み合わせでよく使われるのが，各因子 $q_m(\mathbf{z}_m)$ について，ELBO を最大化するように順番に最適化していく手法です．これは，**座標上昇法**（coordinate ascent method）に基づく変分推論法といえます．

詳細は Bishop [2006] に記載がありますが，$q_m(\mathbf{z}_m)$ 以外の因子を固定した下で，ELBO を最大化する $q_m(\mathbf{z}_m)$ の最適解は下式で表せます．ここで，$\mathbf{Z}_{\setminus m}$ は $\mathbf{Z}$ の要素のうち，m 番目の要素 $\mathbf{z}_m$ を除いたすべての要素の集合を表しています．

$$\log q_m^*(\mathbf{z}_m) = \mathbb{E}_{q(\mathbf{Z}_{\setminus m})}[\log p(\mathbf{X}, \mathbf{Z})] \tag{1.77}$$

各因子 $q_m(\mathbf{z}_m)$ を適当に初期化したうえで，上式を順番に適用して各因子を最適化していくことで，ELBO を最大化する近似事後分布を得ることができます（局所最適解に収束することが保証されています）．

この手法は，上式の期待値計算が解析的に求められれば非常に効率がよいです．ただ，PPL での実装という観点では，ユーザーが任意に構築したモデルについて，期待値計算により効率的なアルゴリズムを導出することは難しいです．また，特にデータサイズが大きい場合は，より効率的な計算方法が必要になります．そこで，PPL では，一部のデータを使って ELBO の勾配を近似的に計算する確率的変分推論法が主に用いられます．

1.4.11 確率的変分推論法

深層学習などの機械学習アルゴリズムにおける最適化と同様に，ミニバッチによる勾配計算に基づいて ELBO を最大化するのが，**確率的変分推論法**（stochastic variational inference method, **SVI**）(Hoffman et al. [2013]) です．すべてのデータではなく，ランダムにサンプルした一部のデータ（ミニバッチ）のみ用いて勾配を計算することで，規模の大きいデータについても，効率的に推論を実施できます．ELBO の勾配の推定方法についてはいろいろな手法が提案されていますが，詳細については割愛します．例えば TensorFlow Probability では近似分布 q からいくつかのランダムサンプルを取得し，式 (1.74) の期待値計算をサンプルを用いた平均値の計算に置き換えて ELBO を推定し（モンテカルロ法），勾配計算により変分パラメータを最適化するアルゴリズムが実装されています．

1.4.12 変分推論法の具体例

MCMC の場合と同じく，ガウス分布の平均パラメータの事後分布を求める問題を考えます．PPL を用いた実装は次章以降で説明するため，ここではコードは省略し，変分推論法の結果のみ記載します．

モデル式を再掲します．観測値が従うガウス分布の平均パラメータ μ の事後分布 $p(\mu \mid \mathbf{X})$ を推論します．

$$x_n \mid \mu \sim \mathcal{N}(x_n \mid \mu, 1.0), \quad n = 1, \ldots, 100 \tag{1.78}$$

$$\mu \sim \mathcal{N}(\mu \mid 0, 10) \tag{1.79}$$

μ は連続変数なので，近似分布 $q(\mu; \boldsymbol{\xi})$ はガウス分布とするのが自然です．

$$q(\mu; \boldsymbol{\xi}) = \mathcal{N}(\mu \mid \xi_m, \xi_s) \tag{1.80}$$

この設定のもとで，勾配計算を利用し，符号反転させたELBOを最小化した結果が図1.14になります．勾配計算の際にモンテカルロ近似を用いる影響によりややランダムな変動がありますが，おおむね順調に収束しているようです．

変分推論法により推論した事後分布と，真の事後分布は図1.15のようになります．MCMCの場合と同じく，両者はほぼ重なっており，推論はうまくいっているといえそうです．

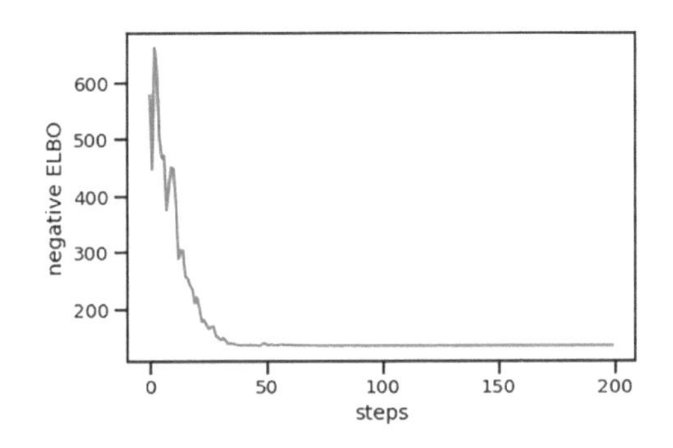

図1.14　変分推論法を実施した際のELBOの負値の推移

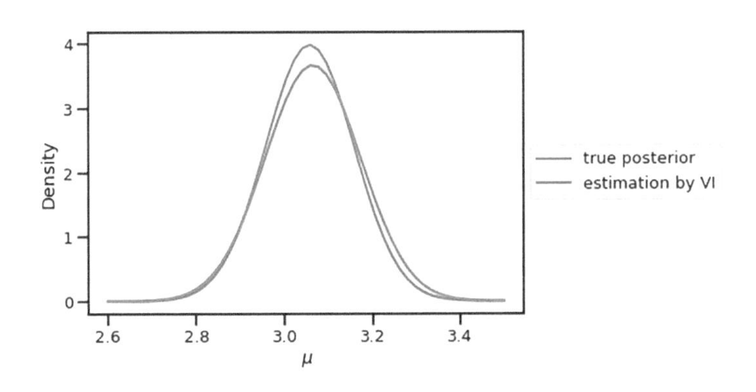

図1.15　真の事後分布と変分推論法で推論した事後分布の比較

第 2 章
確率的プログラミング言語（PPL）

確率的プログラミング言語（probabilistic programming language, **PPL**）とは，ベイジアンモデリングを実践するためのソフトウェアの総称です．ここでは，PPL が必要となった背景や，技術の基盤となる自動微分や最適化アルゴリズムについて解説します．さらに，本書でも利用する代表的な PPL をいくつか紹介します．

2.1 ベイジアンモデリングと PPL

PPL が登場することによって，ベイジアンモデリングによるデータ解析は飛躍的に簡易化しました．ここではその背景を説明するために，まず一般的なデータ解析のステップを解説し，さらにその中でのベイジアンモデリングによるアプローチの特徴と課題点を説明します．

2.1.1 データ解析の基本ステップ

一般的なデータ解析や予測手法の構築は次のようなステップになります．

1. 課題理解と仮説設定
2. データの収集・選定
3. データの前処理・加工
4. 探索的データ解析
5. モデル構築と検証
6. 結果に基づくアクションの実行

ステップ 1 では，現在の課題を明確化し，データ解析を駆使して明らかにしたい仮説や，機械学習による自動化サービスの実現可能性などに関する仮説を定義します．前者の例だと，マーケティングによる売上向上への効果の有無を検証したり，製造現場における機械故障の要因をデータから明らかにしたりするなどの課題が考えられます．後者では，EC サイトのユーザーの購買記録からおすすめの商品を自動推薦する技術の構築などが考えられます．いずれにしても，「問い」を明確に定義してから出発することが方向性を見失わないためにも重要です．よくある例として，「精度の高い顔認識アルゴリズムを作る」といった目標設定がなされる場合があります．しかし，これは問い形式の仮説になっていないため，目標としてはあまりよくありません．「X というサービスを実現するために十分な精度が得られるか」や，「Y というデータを追加することによって精度は向上するか」といった問い形式で仮説を設定する必要があります．これにより，達成目標が明確でないモデル開発に陥ることを防ぐことができます．なお，ここで定義された仮説は，後段のステップにいくと細分化されたり，戻って修正されたりすることもあります．

ステップ 2 では，仮説に答えるために必要なデータを収集し，そのうち解析に実際に利用するものを選定します．データを収集する前段階では，どのデータが今後重要になっていくかを判断しきれない場合もあるので，コストと相談しつつなるべく多くのデータを集めておくことが理想です．また，機械学習でサービスを構築する際などは，データ収集のプロセス自体が継続的に実行可能であるかを判断する必要もあります．

ステップ 3 では，後段のデータ解析を行いやすくするために，データの前処理や加工などを行います．これには複数のデータベースの結合や，表記ゆれの統一などがあります．基礎的なデータの妥当性が保証されていないと，後段から得られる結論がすべて無意味なものになってしまうことも十分にあり得るので，このステップは非常に重要です．

ステップ 4 は，データに対する理解を深めるためのステップです．ここでは，データ全体のサイズや，欠損状況，各カラムの統計量（最大値・最小値・平均値）などを把握します．主成分分析やクラスタリングなどの簡単な統計手法を使ってデータの全体傾向を把握する場合もあります．ただし「探索的」といっても，やみくもにデータを操作するわけではないことに注意してください．このステップで行われている解析は，「データサイズは現在のコンピュータリソースで解析可能な量か」，「後の解析が困難になるほど重要な情報が欠損していないか」，「想定外の異常な値は存在していないか」などといった，1 つ 1 つの小さな「問い」に答えている形になっていることに注意しましょう．

ステップ 5 では，モデルの構築と検証を行います．これまでの情報収集や探索的データ解析などで得られた知見なども参考にしながら，統計モデルの構築を行います．例えば，実現したいタスクとしてデータの分類であれば，ロジスティック回帰などの手法を選択・設計します．初期の段階から複雑なモデルを設計せずに，まずは応用例の多いシンプルなモデルを使うことが大事です．また，探索的データ解析などで得られたデータの特徴がどのように考慮されているかを明確にしておくことは重要です．例えば，ある商品の売上予測を考えたときに「年代別に売上は 30 代から 50 代が高く，20 代以下や 60 代以上では低い」という非線形な傾向がある場合，年齢を特徴量とした単純な線形モデルではこの特徴量をうまく活用できません．この場合，特徴量設計（データ前処理）を工夫するか，モデルを変えるなどの検討が必要になります．モデルの最終的な性能の評価は課題に依存しますが，基本的には予測性能などの指標を定量的に定義し，それに基づいてモデルの改善の是非を精査します．また，機械学習の実運用を考えた場合は，計算コスト（計算時間，メモリ使用量など）やモデルの拡張性，保守性といった観点も重要になります．

ステップ 6 では，探索的データ解析やモデル構築の評価結果をもとに，次のアクション（施策）を実行します．このステップは，データを静的に解析して示唆出しをする場合と，機械学習のように自動化を目的としたシステム開発を考える場合では，とるべきアクションは大きく異なっていきます．前者のような示唆出しの例としては，マーケティング効果の測定などが挙げられます．この場合，解析結果をもとに次に打つべき新たなアクションの選択を行うなどします．後者のようなシステム化の場合は，構築したモデルの本番環境への実装や保守運用面での課題点を整理します．また，どちらの場合でも，当初想定していた課題が解決されない場合は，モデルの再構築やデータの再収集，さらには課題の再設定などに立ち戻って，プロセス全体を何度も繰り返すことになります．

2.1.2 ベイジアンモデリングのアプローチ

前述したデータ解析のステップはベイジアンモデリングにおいても当てはまり，ステップ１の「課題理解と仮説設定」からステップ４の「探索的データ解析」までは，ほぼ同様の流れになる場合が多いでしょう．内容や用語に関して特に違いが出てくるのは，ステップ５の「モデル構築と検証」やステップ６の「結果に基づくアクションの実行」です．

ステップ５「モデル設計と検証」におけるベイジアンモデリングのアプローチを理解するにあたり重要となるのは，**モデリング**（modeling）と**推論**（inference）という２つの概念です．

モデリングでは，前ステップの課題理解や仮説設定，探索的データ解析などで得られた課題やデータの特性を整理し，それらを１つ１つ統計モデルとして表現する方法を考えます．表 2.1 では，マーケティングにおけるある商品群の需要予測や広告効果を検証するためのモデリングの一例を示しています．注意すべきポイントは，個々の仮定に対して別々のモデルを使用するのではなく，すべての仮定を盛り込んだ単一のモデルを導入し，包括的な予測や効果検証を行えることです．

表 2.1 商品販売数のモデリングの例

#	データに与える仮定	モデリングのアイデア
1	ある商品の販売数は１日０から数十個程度	ポアソン分布
2	広告施策によって販売数が変わる	回帰
3	広告効果は時間的に遅れる	遅延効果
4	金額が大きくなると広告効果の伸びは薄れる	非線形関数
5	商品種別ごとに傾向が異なる	階層ベイズ
6	ブームや季節性などの時間的なトレンドの影響を受ける	マルコフ性
7	特定の商品間で売上に関連がある	多変量モデル

モデルが設計できたら，次は実際にデータを与えて予測などを行う推論のプロセスに進みます[注1]．これは，第１章で解説した条件付き分布を求めることに対応します．多くの場合，複雑に設計されたモデルにおいて条件付き分布は簡単には求まりません．そのため，PPL では汎用的な推論アルゴリズムがすでに用意されています．表 2.2 に代表的な推論アルゴリズムを示します．それぞれの PPL に

注１　機械学習の分野では，パラメータの決定を学習，それに基づいた将来値やラベルの予測を推論と呼びます．ベイジアンモデリングでは推論は条件付き確率の計算一般を指します．したがって，学習も予測も推論の一形態です．

よって，サポートされている近似推論手法の種類や，計算速度，カスタマイズのしやすさなどが異なります．

表 2.2　代表的な推論アルゴリズム

分類	特徴	手法例
厳密推論	特定のモデルに対して，厳密な条件付き確率を計算する	確率伝播法
サンプリングベースの推論	条件付き分布から生成されたと仮定できるサンプルを抽出する	マルコフ連鎖モンテカルロ法，逐次モンテカルロ法
最適化ベースの推論	条件付き分布を別の分布によって近似表現する	変分推論法，ラプラス近似法

ベイジアンモデリングにおいても，モデルの評価方法にはさまざまな指針があり，予測精度やデータへの適合度，解釈性，計算コスト，拡張性，保守性などが重要になります．予測精度の評価に関しては，一般的な機械学習と同様に交差検証などを使った予測精度の定量化が行えます．また，周辺尤度の評価や，AIC，BIC，WAIC といったモデル選択の指標を用いる場合もあります．

ステップ 6 の「結果に基づくアクションの実行」においても，ベイジアンモデリング特有の利点を生かすことができます．ベイジアンモデリングにおける予測の特徴は，予測値を「点」ではなく確率分布として出力できることです．これによって，より実務的な要請に応じた適切な意思決定が行えるようになります．商品の販売数の予測を例にこれを考えてみましょう．ベイジアンモデリングでは予測を分布として表現するので，例えば「来月の販売数は少なくとも 10 個，平均的には 20 個，多かったとしても 50 個」のような不確実性を持った情報を得ることができます．したがって，平均のみを出力する場合と比べ，「50 個分の需要があっても対処できるように安全在庫を確保しておこう」といったリスクを考慮した意思決定ができます．

2.1.3　ベイジアンモデリングの課題点と PPL

従来，ベイズ統計のモデルや推論アルゴリズムは Python や Matlab，C，Julia などの汎用的な言語を用いて実装されてきました．データ解析のアルゴリズムをこれらの汎用言語の標準的な機能のみを使ってスクラッチから実装する場合，モデル設計自体の知識が必要なのはもちろんですが，その他にも条件付き分布を計算するための数理的なアルゴリズムの導出や，それを正しく実装し検証する必要性があります．しかし，これには次のような課題点が存在します．

1. 数理的知識が必要となる．
2. 実装するための手間や時間が非常にかかる．
3. アルゴリズムの実行効率（速度，メモリ）の改善が難しい．

1. の課題点は，モデル設計，計算設計，手法理解，解析結果の理解のすべてにおいて高度な数理的知識が必要となることです．高度な数学的知識がなくても，モデルの設計が直感的に行え，モデルや結果の共有が容易にできることが理想です．

2. の課題点は，設計したモデルを正確にコードに落とし込むために，注意深い実装と動作検証を行う必要がある点です．理想的には，人手によって設計されたモデルから自動的に計算アルゴリズムを導出するコンパイラのような機能があるとよいです．これによって，分析者は手計算のミスやバグ修正に時間を使うことなく，モデル設計や評価に集中できます．

3. の課題点は，大規模データや高度なモデルを扱う場合，結果を得られるまでに要する計算時間やメモリ量が膨大になる点です．従来では，計算効率を上げるためにモデル設計者自身がMCMCや変分推論法などのアルゴリズムや，それらの並列化を自ら数理的に導出し，丁寧に実装していく必要がありました．理想的には，データの規模やモデルの構造，利用可能な計算リソースに合わせて，ツールが自動的に高効率な並列化計算を行ってくれるのがよいでしょう．

現在のPPLは，まだ完全ではないものの，上記の課題点に関して一定の解決策を出しており，モデル構築サイクルを劇的に簡単化・効率化させることによって，より幅広い活用例を生み出すことに貢献しています．

2.2 自動微分・最適化アルゴリズム

2.2.1 自動微分

ニューラルネットワークのパラメータ最適化や，ベイジアンモデリングにおける近似推論など，機械学習においては勾配を利用した計算が必要になる場面が多いです．**自動微分**（automatic differentiation）は，こうした計算の際に役に立ちます．TensorFlow, PyTorch, JAXなど近年の機械学習フレームワークには自動微分の機能が備わっています．

コンピュータを用いた微分の計算方法としては，自動微分の他に，**数値微分**（numerical differentiation）や**数式微分**（symbolic differentiation）などが挙げられます．ただし，これらの手法は大規模なモデルには使いにくく，機械学習で必要になる多数のパラメータに対する勾配計算には不向きです．これに対し自動微分は，精度が高く計算効率もよいという特徴を持ちます (Baydin et al. [2018])．

自動微分は目的の関数を基本演算の組み合わせとみなし，各演算における微分の値を解析的に計算しながら，合成関数の微分の**連鎖律**（chain rule）により目的の微分値を求める手法です．$y = f(u)$, $u = g(x)$ すなわち $y = f(g(x))$ とすると，合成関数の微分は次で表現できます．

$$\frac{\mathrm{d}f}{\mathrm{d}x} = \frac{\mathrm{d}f}{\mathrm{d}u}\frac{\mathrm{d}u}{\mathrm{d}x} \tag{2.1}$$

自動微分には**前進法**（forward mode）と**後進法**（reverse mode）の2種類があります．前進法では入力変数から出力変数に向かって，順番に演算を実行しつつ，連鎖律を適用しながら微分の値も求めていきます．後進法では，まず入力から出力に向かって演算を実施し，変数の依存関係を記録しておいたのち，出力変数から逆方向にさかのぼりながら微分の値を計算していきます．ニューラルネットワークの学習の文脈では**誤差逆伝播法**（backpropagation）と呼ばれます．

機械学習で主に用いられるのは後進法です．これは，機械学習においては，多数のパラメータに対する損失関数の微分など，入力変数の次元 n が出力変数の次元 m よりもずっと大きいケースを扱うことが多いためです．$n \gg m$ の場合，後進法の方が計算効率がよいとされます．

2.2.2 最適化アルゴリズム

多くの機械学習モデルの学習では，**損失関数**（loss function）を最小化するようにパラメータを最適化します．なお，損失関数とはモデルによる予測と正解とのずれの大きさを計算するための関数です．損失関数をなるべく小さくすることでより好ましいモデルが得られることが期待できます．

また，ベイジアンモデリング関連では，例えば変分推論法において変分下界を最大化するのも最適化の例です．本節ではいくつかの**最適化アルゴリズム**（optimizer）について説明します．

2.2.3 勾配降下法

最も基本的な最適化アルゴリズムは**勾配降下法**（gradient descent method）です．勾配降下法では損失関数の勾配を利用して，最適化を行います．勾配は損失関数が局所的に最も増加する方向を示すため，勾配と逆の方向にパラメータを少しだけ動かせば損失関数が減少します．この手続きを何度も繰り返すことで，損失関数を最小化するようにパラメータを最適化できます．

最適化したいパラメータを $\mathbf{w}$ とすると，更新ステップは次で表せます．ただし，$\nabla_{\mathbf{w}} L(\mathbf{w})$ は損失関数 $L(\mathbf{w})$ の勾配，η は**学習率**（learning rate）と呼ばれるハイパーパラメータです．

$$\mathbf{w} \leftarrow \mathbf{w} - \eta \nabla_{\mathbf{w}} L(\mathbf{w}) \tag{2.2}$$

なお，勾配 $\nabla_{\mathbf{w}} L(\mathbf{w})$ はベクトル $\mathbf{w}$ の各成分による偏微分を並べたベクトルです．

$$\nabla_{\mathbf{w}} L(\mathbf{w}) = \left(\frac{\partial L(\mathbf{w})}{\partial w_1}, \frac{\partial L(\mathbf{w})}{\partial w_2}, \ldots, \frac{\partial L(\mathbf{w})}{\partial w_M} \right)^{\top} \tag{2.3}$$

実際は大規模なデータに対応できるようにするために，勾配計算の際にすべてのデータを用いるのではなく，一部のデータをサンプリングして勾配を計算し，パラメータを更新していく**確率的勾配降下法**（stochastic gradient descent method, **SGD**）がしばしば用いられます[注2]．

勾配降下法を用いた実際のコード例は2.6.2節で紹介します．

2.2.4 発展的なアルゴリズム

勾配降下法の問題点としては，適切な学習率を選択するのが難しいこと，どのパラメータについても同じ学習率を用いる前提になっていることが挙げられます．学習率は小さすぎると収束まで時間がかかる一方，大きすぎると極小値に収束しない懸念があります．また，パラメータごとに損失関数へ

注2　確率的勾配降下法には，ランダム性による摂動を加えることで局所最適解に陥るのを回避できる場合がある，という利点もあります．

の影響は異なるケースが多いと考えられ，同じ学習率を適用するのは無理があります．

これらの課題に対応するため，勾配降下法を発展させたアルゴリズムが多数提案されています．代表的な手法としてはモメンタム（Momentum），Adagrad，RMSprop，Adam などが挙げられます．特に近年，ニューラルネットワークなどの最適化でデファクト・スタンダードとして使われているのが **Adam**(Kingma and Ba [2014]) です．Adam は勾配の 1 次・2 次のモーメントの推定値を考慮することで，パラメータごとに学習率を調整しながら効率的に最適化することが可能です．

2.3 PyMC3 の概要

PyMC3 は PyMC Development Team により開発されている PPL です．PyMC3 の特徴は，簡単なコードでモデルの実装やパラメータの推論が可能という点です．また，Stan と異なり，離散変数を含むモデルでも推論可能です．推論アルゴリズムとしては，ハミルトニアン・モンテカルロ法（HMC 法）を発展させた手法である NUTS がメインですが，MCMC だけでなく変分推論法用の API も用意されており，**自動微分変分推論**（automatic differentiation variational inference, **ADVI**）などのアルゴリズムが利用可能です．

HMC 法では勾配計算が必要になることから，PyMC3 はバックエンドとして数値計算パッケージ Theano を採用し開発されてきました．ただし，Theano の開発がすでに終了したこと，従来の PyMC3 の仕組みでは XLA などのコンパイラ技術や TPU などの新しいプロセッサが利用できないことが課題でした．こうした背景があり，今後は JAX という新しい数値計算パッケージをバックエンドとして開発を進めていくことが発表されました[注3]．

ここではまず，PyMC3 のバックエンドの仕組みについて説明します．ただし，ユーザーがなるべく簡単にベイジアンモデリングを実行できるようにする，というのが PyMC3 の理念でもあり，バックエンドの実装の理解は必ずしも必要ではありません．そのため，特に関心がなければ 2.3.3 節まで読み飛ばしていただいても構いませんが，本書で解説する範囲を超える発展的な使い方をする際にはバックエンドの仕組みを知っていると役に立ちます．

2.3.1 Theano とは

Theano はカナダの MILA（montreal institute for learning algorithms）という研究機関が開発していた数値計算パッケージです．多次元配列に関する計算に用いられ，深層学習の黎明期に主流だったパッケージでしたが，TensorFlow, PyTorch など近年の深層学習パッケージの台頭により下火となり，2017 年に開発が終了しました．ただし，Theano の特徴である，計算グラフの構築・高次の自動微分などは近年の深層学習パッケージでも利用されています．Theano では変数を定義し，それらの計算を記述すると自動的に計算グラフが構築されます．計算グラフについては，2.6 節にて説明します．計算を記述した後，`theano.function` というメソッドを実行すると，計算グラフをもとに，内部的に C 言語のコードを生成・コンパイルし，それをラップする Python の関数が返されます．こう

注 3　https://pymc-devs.medium.com/the-future-of-pymc3-or-theano-is-dead-long-live-theano-d8005f8a0e9b

したコンパイルの仕組みにより，効率的な計算が可能になります．前述のとおりTheanoの開発はすでに終了していますが，PyMC Development TeamがTheano-PyMCという名称に変更したうえで開発を続けており，C言語の他に，JAXにコンパイルする機能が開発されています[注4]．

2.3.2 JAXとは

JAXはGoogleが開発している数値計算パッケージです．PythonやNumPyのコードで自動微分を行う機能や，GPUやTPUで実行できるようにコンパイルする機能を持ち，新しい機械学習用のパッケージとして注目を集めています．JAXを構成する要素として，①Autograd，②XLAの2つがあります．AutogradはGoogleの研究者らが開発していたパッケージで，PythonやNumPyと同じ文法で記述したコードで自動微分を可能にしてくれます．NumPyのラッパーである`autograd.numpy`モジュールを使って関数を定義し，`autograd.grad`関数を適用するだけで，勾配が計算できます．また，**XLA**（accelerated linear algebra）はGoogleが開発している線形代数用のコンパイラです．元々，TensorFlowでの計算を効率化する目的で開発されており，実行時コンパイル（Just-In-Time(JIT) compilation）により計算グラフを最適化することで，処理の高速化やメモリ使用量の削減を可能としています[注5]．AutogradにXLAによるコンパイル機能を追加したのがJAXです．

2.3.3 簡単なモデリングの例

簡単なモデルの推論を例として，PyMC3の具体的な使い方を確認しましょう．ここでは古典的なコイン投げ問題を例として，具体的なモデリング方法を説明します．コイン投げ問題では，コインを繰り返し投げた際の表と裏を記録したデータをもとに，コインに偏りがないか，すなわちコインの表と裏が出る確率が等しいかどうかを検証します．これはコインの表が出る確率をθとすると，$\theta = 0.5$といえそうかどうかを確認すればよいことになります．

ここでは，N回のコイン投げの結果を表す観測データがあるとして，表が出る確率θの事後分布を推定する問題を考えます．

まず，コイン投げのデータの生成プロセスを確率的に表現し，モデル式を検討します．ベイズ学習の枠組みでは，推定したいパラメータθの事前分布$p(\theta)$と尤度関数$p(\mathbf{Y} \mid \theta)$を用いて，事後分布$p(\theta \mid \mathbf{Y})$を推定します．

$$p(\theta \mid \mathbf{Y}) \propto p(\mathbf{Y} \mid \theta)p(\theta) \tag{2.4}$$

まず尤度関数$p(\mathbf{Y} \mid \theta) = \prod_{n=1}^{N} p(y_n \mid \theta)$について考えます．

「コインを1回投げる」という試行の結果は「表が出る」「裏が出る」の2通りです．ここでは便宜的に，表が出ることを「成功」と考え，その確率をθとします．「コインを1回投げる」試行は下記3点を満たすため，**ベルヌーイ試行**（Bernoulli trial）と呼ばれます．

注4　2021年11月現在，Aesaraという名称に変更されています（https://github.com/aesara-devs/aesara）．
注5　https://www.tensorflow.org/xla?hl=ja

1. 試行の結果は「成功」「失敗」の2通りである.
2. どの試行においても成功の確率 θ は常に一定である.
3. 試行の結果は互いに影響を与えない.

つまり，コインを N 回投げるという試行は，ベルヌーイ試行を N 回行うことに相当します．1回のベルヌーイ試行の結果を表す確率変数 $y \in \{0,1\}$ が従う確率分布がベルヌーイ分布です．ベルヌーイ分布は次式で表されます．

$$\mathrm{Bern}(y \mid \theta) = \theta^{y}(1-\theta)^{1-y} \tag{2.5}$$

n 番目の観測値 y_n がベルヌーイ分布に従うとすると，次式のように表現できます．

$$y_n \mid \theta \sim \mathrm{Bern}(y_n \mid \theta), \quad n = 1, \ldots, N \tag{2.6}$$

次に，パラメータ θ の事前分布を設定する必要があります．もし過去のデータなど何らかの知見があるならば，それを反映した事前分布を設定することもできますが，ここでは表が出る確率に関して何も事前知識がないとしましょう．パラメータ θ は表が出る確率を表すので $\theta \in [0,1]$ である必要があります．パラメータに関して特に知見がない場合，$[0,1]$ の範囲における一様分布 $\mathrm{Unif}(0,1)$ を設定するのが妥当でしょう．このようにパラメータに関する事前知識がないと想定した際の事前分布を，**無情報事前分布**（noninformative prior distribution）と呼びます[注6]．

$$\theta \sim \mathrm{Unif}(\theta \mid 0,1) \tag{2.7}$$

以上より，今回のモデルは以下のように定義できました．

$$\theta \sim \mathrm{Unif}(\theta \mid 0,1) \tag{2.8}$$
$$y_n \mid \theta \sim \mathrm{Bern}(y_n \mid \theta), \quad n = 1, \ldots, N \tag{2.9}$$

ベイズ推論ではパラメータの事後分布 $p(\theta \mid \mathbf{Y})$ を求めることに興味がありました．事後分布は次式のように表現できます．

$$p(\theta \mid \mathbf{Y}) = \frac{p(\mathbf{Y}, \theta)}{p(\mathbf{Y})} = \frac{p(\mathbf{Y} \mid \theta)p(\theta)}{\int p(\mathbf{Y} \mid \theta)p(\theta)\mathrm{d}\theta} \tag{2.10}$$

今回のコイン投げのような簡単な問題では，上式を用いて事後分布を直接計算することも可能です．一方，モデルが複雑になってくると，MCMC や変分推論法による事後分布の近似推論が必要になり

注6　連続変数について一様分布を事前分布とすると，単調関数により変数変換した際に無情報である保証がないため，厳密には無情報とはいえないとする考えもあります．単調関数による変数変換に対して不変な無情報事前分布として，Jeffreys prior が知られています（Jeffreys [1946]）．

ます．これらの近似推論手法では，同時分布 $p(\mathbf{Y}, \theta)$，すなわち，事前分布と尤度関数の積さえ計算できれば，事後分布を推論することができます．ここでは，PyMC3 の使い方を練習するために，あえて MCMC で事後分布を推論してみましょう．

2.3.4 PyMC3 によるモデリング

ここから，PyMC を用いたモデルの定義と事後分布の推論方法を確認していきましょう．

式 (2.9) のモデルを実装するコードは下記のとおりです．`Model` オブジェクトは**確率変数**（random variable, **RV**）の入れ物となるオブジェクトです．`with pm.Model()` から始まるブロックの中で確率変数を定義することで，確率変数が自動的にモデルに追加されていきます．Python の用語でいうと，`Model` オブジェクトはコンテキストマネージャ型のオブジェクトであり，`with` 文とともに用いることでコンテキストを開始できます．

続いて，`with` 文のブロックの中で，事前分布と尤度関数を定義しています．まず，パラメータ θ の事前分布は一様分布とするので，`pm.Uniform` を用います．1 つ目の引数は確率変数の名称で，通常は Python の変数名と同じにします．また，尤度関数，すなわち観測変数 y が従う確率分布はベルヌーイ分布としているため，`pm.Bernoulli` を用います．事前分布の定義との違いは，`observed` という引数で観測データを指定する点です．

```
1  import pymc3 as pm
2  
3  # 観測データ
4  y_obs = [1, 0, 0, 1, 1, 1, 0, 1, 1, 0]
5  
6  # モデルの定義
7  with pm.Model() as model:
8      # 推論対象とするパラメータの事前分布
9      theta = pm.Uniform('theta', lower=0, upper=1)
10     # 尤度関数（観測変数が従う確率分布）
11     # shape は省略可能
12     y = pm.Bernoulli('y', p=theta, shape=len(y_obs), observed=y_obs)
```

参考のため，実際にモデルに確率変数が紐づけられていることを確認しましょう．`model.basic_RVs` でモデルに関連づけられた確率変数を出力できます．

```
1  print(model.basic_RVs)
```

```
[theta_interval__ ~ TransformedDistribution, y ~ Bernoulii]
```

`y ~ Bernoulii` はよいとして，`theta_interval__ ~ TransformedDistribution` は何を表しているのでしょうか．これは，θ が内部的に変数変換されていることに関係します．θ にはとりうる値の範囲について，$\theta \in (0,1)$ という制約がありました．MCMC を行う際，変数の範囲に制約があると効率が悪くなってしまいます．例えば今回の場合では，0 以下や 1 以上の値が提案されると，必ず棄却されます．そこで，通常はサンプリング対象の変数が無制約になるように変数変換を行います．今回のケースではシグモイド関数の逆関数であるロジット関数により θ を無制約の変数 θ' に変換しています（式 (2.11)，図 2.1）．

$$\theta' = \log \frac{\theta}{1-\theta}, \quad \theta \in (0,1), \quad \theta' \in \mathbb{R} \tag{2.11}$$

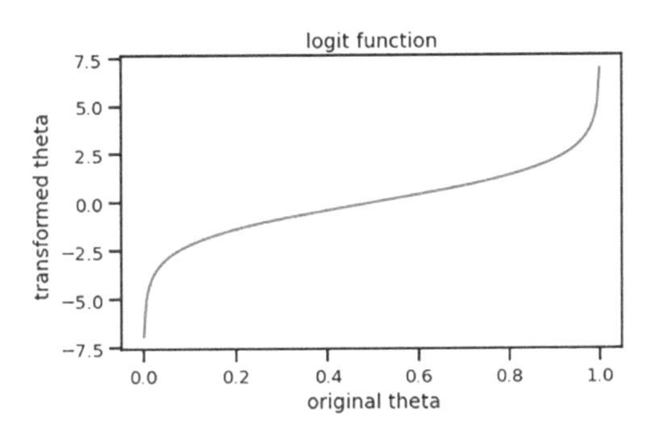

図 2.1　ロジット関数

MCMC で θ' のサンプルを得た後，シグモイド関数により，値に制約がある元の θ に変換できます（式 (2.12)）．

$$\theta = \frac{1}{1+\exp(-\theta')}, \quad \theta \in (0,1), \quad \theta' \in \mathbb{R} \tag{2.12}$$

ここでは，`theta` が変数変換された後の変数の名前が `theta_interval__` となっており，MCMC で実際にサンプリングする対象となっています．ただし，実用上は PyMC3 における内部的な変数変換を特に気にする必要はありません．

続いて，MCMC によりパラメータ θ の事後分布からのサンプルを取得します．PyMC3 では，`Model` コンテキストにおいて，`sample` メソッドを用いることで，MCMC が実行できます．`draws` は取得するサンプルサイズ，`tune` はバーンイン期間，`step` は MCMC のアルゴリズム，`chains` はチェーン数です．また，`return_inferencedata=True` とすることで，返り値が ArviZ というパッケージの `InferenceData` クラスになります．結果の可視化の際に便利なので，今回はこちらを利用します．

今回は説明のため `step=pm.NUTS()` として MCMC のアルゴリズムを明示的に指定していますが，`step` を与えなくても，最適なアルゴリズムを自動的に決めてくれます．連続変数の場合は，今回と同じく NUTS が適用されます．変数ごとに異なるアルゴリズムを適用することも可能です．例えばモデルに離散変数が含まれる場合，勾配計算に基づく NUTS は適用できないため，離散変数についてはメトロポリス・ヘイスティングス法（MH 法），連続変数には NUTS というように自動的に複数のアルゴリズムを組み合わせてくれます．

```
with model:
    # MCMC による推論
    trace = pm.sample(
        draws=6000, # サンプルサイズ
        tune=2000,  # バーンイン期間
        step=pm.NUTS(), # MCMC アルゴリズム
        chains=3, # チェーン数
        random_seed=1,
        return_inferencedata=True # ArviZ の InferenceData を返す
    )
```

MCMCで得られたサンプルの統計量とトレースプロットを確認してみます．ここでは，ArviZというベイジアンモデリングの推論結果の可視化用パッケージを用いています．

ArviZの`plot_trace`メソッドで出力したトレースプロットを見ると，3つのチェーンはよく交わっており（図2.2右），サンプルの分布もほぼ重なっているので（図2.2左），収束に問題がなさそうだとわかります．

また，ArviZの`summary`メソッドでは推論した事後分布に関する統計量や$\hat{R}$などを確認できます(表2.3)．パラメータθの事後分布の平均値は0.581と推定されています．$\hat{R}$も1.0となっており，やはり収束にも問題はなさそうです．なお，**HDI**は**最高密度区間**（highest density interval）を意味しますが，**信用区間**（credible interval）を表しているとの理解でおおむね問題ありません[注7]．例えばこの場合，θの94%信用区間が[0.322, 0.829]ですが，これは現在設計している同時分布$p(\mathbf{Y}, \theta)$と観測データの下では94%の確信度でθが区間[0.322, 0.829]に含まれていると推定されていることを表します[注8]．

今回は「10回中6回表が出た」という観測データを用いており，最尤推定(尤度$p(\mathbf{Y} \mid \theta)$が最大になるパラメータを推定値とする）での推定値は0.6になります．ベイズ推論の場合，尤度だけでなく事前分布も考慮しており，今回はデータ数が10件と少なく事前分布の影響が多少残っているために，0.581という推定値になっています．

```
az.plot_trace(trace)
az.summary(trace)
```

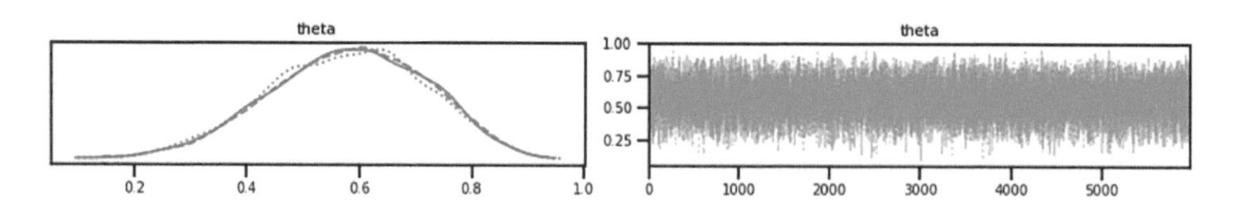

図2.2　トレースプロット

注7　厳密には信用区間の決め方にはいくつか流儀がありますが，HDIでは区間内のどの点における確率密度も区間外よりも高くなるように区間を設定しています．参考リンク：`https://easystats.github.io/bayestestR/articles/credible_interval.html`

注8　信用区間は頻度論における**信頼区間**（credible interval）とは違う概念であることに注意してください．

表 2.3　統計量

	mean	sd	hdi_3%	hdi_97%	mcse_mean	mcse_sd	ess_bulk	ess_tail	r_hat
theta	0.581	0.138	0.322	0.829	0.002	0.001	7890.0	11166.0	1.0

なお，前述のように，今回のコイン投げ問題における事後分布は解析的に算出できます．今回，パラメータの事前分布を $(0,1)$ の範囲における一様分布としました．実はこの確率分布はベータ分布 $\mathrm{Beta}(1,1)$ と等価な確率分布です．

事前分布をベータ分布，尤度関数をベルヌーイ分布とした場合，事後分布もベータ分布となります．これはベータ分布がベルヌーイ分布に対する**共役事前分布** (conjugate prior) であるためです．第1章で説明したとおり尤度関数に応じた共役事前分布を設定すると，事後分布は事前分布と同じ種類の確率分布になり，解析的に求めることができます．

事前分布 $p(\theta) = \mathrm{Beta}(\alpha, \beta)$ のとき，事後分布 $p(\theta \mid \mathbf{Y})$ は，

$$p(\theta \mid \mathbf{Y}) = \mathrm{Beta}(\hat{\alpha}, \hat{\beta}) \tag{2.13}$$

ただし，試行回数を N，成功回数を n として，

$$\hat{\alpha} = \alpha + n \tag{2.14}$$

$$\hat{\beta} = \alpha + N - n \tag{2.15}$$

となります．導出は (須山敦志, 杉山将 [2017]) などを参照してください．例えば，コインを10回投げ，表が6回出た場合，事前分布を $\mathrm{Beta}(1,1)$ とすると，事後分布は $\mathrm{Beta}(1+6, 1+10-6) = \mathrm{Beta}(7,5)$ となります．

図2.3のとおり，MCMCにより推定された事後分布（青の実線）と，解析的に求めた事後分布（オレンジの破線）はよく一致していることがわかります．

```
from scipy import stats
N, n = len(y_obs), np.sum(y_obs)
true_posterior = stats.beta(1 + n, 1 + N - n)

ax = az.plot_posterior(trace)
ax.lines[0].set_label('MCMC')

xx = np.linspace(*ax.get_xlim())
ax.plot(xx, true_posterior.pdf(xx), ls='--', color='orange', label='truth')
ax.legend()
```

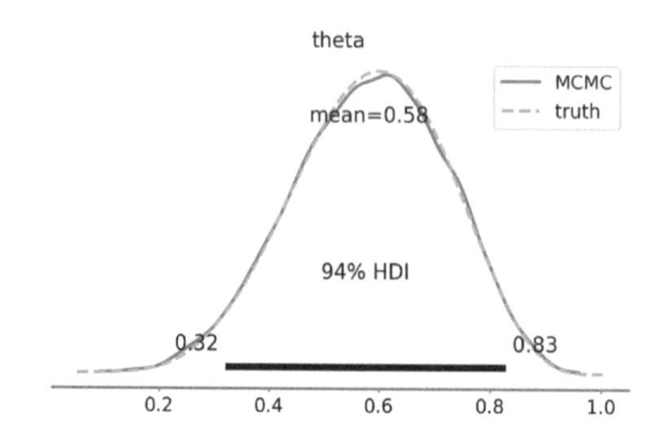

図 2.3　真の事後分布と MCMC で推論した事後分布の比較

2.4　Pyro の概要

バックエンドが PyTorch の PPL である Pyro について紹介し，簡易的に実装手順を確認していきます．

2.4.1　Pyro とは

Pyro は Uber AI により開発された PPL です．Pyro の特徴は，深層学習とベイジアンモデリングの長所を統合しており，柔軟で表現力豊かな確率モデリングを可能にしていることです．バックエンドは GPU を用いた高速演算が可能な深層学習フレームワークである PyTorch でサポートされていることから，大規模・高次元なデータセットにスケールすることが可能です．

Pyro は，以下の重要な原則に基づいて設計されています[注9]．

汎用性（universal）：計算可能であれば，いかなる確率分布でも表現可能．
拡張性（scalable）：大規模なデータセットにスケーリング可能．
最小限（minimal）：抽象化された最小限の構成要素で実装．
柔軟性（flexible）：必要に応じた自動化，制御が目標．

Pyro の推論計算方法については，HMC 法を改善した NUTS を含む，いくつかの一般的な確率論的推論アルゴリズムが実装されています．中でも主要な推論アルゴリズムは，勾配に基づく**確率的変分推論法**（stochastic variational inference method, **SVI**）です．Pyro は GPU を活用した高速なテンソル演算と PyTorch による自動微分により複雑な高次元のモデルに対応し，さらにミニバッチデータを用いた確率的勾配降下法により，大規模なデータセットに対応します．

注 9　https://pyro.ai

2.4.2 PyTorch とは

PyTorch[注10] とは Facebook の人工知能研究グループが開発した機械学習パッケージです．PyTorch は使いやすさと計算スピードの両立を目指しており，実行しながら動的にモデル構築をする define by run という方式を採用しているため，直感的な実装ができます．また，Tensor と呼ばれるクラスによる強力な GPU サポートを備えたテンソル演算や，自動微分システム上での深層ニューラルネットワークの構築が可能です．

2.4.3 簡単なモデリングの例

ここからは，PyMC3 と同様に，コイン投げ問題を通じてモデルの実装と推論方法を確認しましょう．Pyro の使い方を練習するために，あえて変分推論法でパラメータの事後分布を推論してみます．コイン投げは，ベルヌーイ試行（表か裏の 2 値を生成）であるため，ベルヌーイ分布でモデリングします．

$$\theta \sim \mathrm{Beta}(\theta \mid \alpha, \beta) \tag{2.16}$$

$$y_n \mid \theta \sim \mathrm{Bern}(y_n \mid \theta), \quad n = 1, \ldots, N \tag{2.17}$$

ここから，Pyro を用いたモデルの定義と事後分布の推論方法を確認していきましょう．まずは必要なパッケージをインポートします．

```
1  import torch
2  from torch.distributions import constraints
3  import pyro
```

今回はコインを 10 回投げたうち，6 回だけ表が出たとします．

```
1  # 観測データ
2  y = torch.tensor([1, 0, 0, 1, 1, 1, 0, 1, 1, 0], dtype=torch.float)
```

モデルの生成過程を関数で定義します．`pyro.sample` で記述した変数は，自動で確率変数と認識してくれます．パラメータ θ の事前分布について，今回はベータ分布と仮定するので，`pyro.distributions.Beta` を用います．次に尤度関数，すなわち観測変数 y が従う確率分布を設定します．尤度関数はベルヌーイ分布であるため，`pyro.distributions.Bernoulli` を用います．`pyro.plate` を用いると，θ に関して条件付き独立である複数サンプルをベクトルで得られます．`pyro.plate` を用いずに，確率変数を表が出た回数として二項分布である `pyro.distributions.Binomial` を用いてモデリングすることも可能です．他の PPL 同様に，事前分布の定義との違いを示す

注 10　https://pytorch.org/

ために，尤度にはobsキーワードで観測データを引数として指定します．ちなみにpyro.distibutionsクラスにもshapeの概念があり，2.5節のTensorFlow Probability同様に，異なる独立な確率分布の個数を表すbatch_shape，確率変数の次元を表すevent_shapeがあります．詳しくは5.1節で説明しますが，確率分布のパラメータに多次元のTensorを与えるとbatch_shapeに反映されます．pyro.distributionsクラスのto_event関数を使用することで，batch_shapeをevent_shapeに変換することが可能です．

```
# モデルの定義
def model(y):
    # 事前分布のパラメータ
    alpha = torch.tensor(1.0)
    beta = torch.tensor(1.0)

    # 推論対象とするパラメータの事前分布
    theta = pyro.sample('theta', pyro.distributions.Beta(alpha, beta))

    # 観測データの数だけ独立に生成
    with pyro.plate('sample', len(y)):
        # 尤度関数
        pyro.sample('obs', pyro.distributions.Bernoulli(theta), obs=y)
```

次に，変分推論法による近似推論を実施するコードを記述します．変分推論法では，事後分布を表現するために近似分布が必要になるのですが，Pyroでは，近似分布も関数の中で定義します．パラメータθは定義域が$\theta \in \{0, 1\}$であるため，今回近似分布にベータ分布を仮定します．pyro.distributions.Betaを使用します．ベータ分布のパラメータ すなわち変分パラメータであるαとβをpyro.paramでそれぞれ定義します．pyro.paramはそれぞれ，constraintキーワードでconstraints.positiveを引数として指定して，正の値に限定しています．

また，今回は近似分布を自分で記述しましたが，近似分布はPyroで用意されているAutoDiagonalNormalを使用すると，Pyroが自動でモデル式から確率変数を識別して，独立なガウス分布を近似分布としてそれぞれ設定してくれます．

```
# 近似分布の定義
def guide(y):
    # 最適化する変分パラメータ（正に制約）
    alpha_q = pyro.param('alpha_q', torch.tensor(5.0),
                         constraint=constraints.positive)
    beta_q = pyro.param('beta_q', torch.tensor(5.0),
                         constraint=constraints.positive)

    # 近似分布にベータ分布を仮定
    pred_p = pyro.sample('theta', pyro.distributions.Beta(alpha_q, beta_q))
    return pred_p
```

推論の実装は，PyTorch の最適化のように for 文でステップの繰り返し処理を自分で記述します．変分推論法では，ELBO を変分パラメータに関して最大化します．`optimizer` には Adam を設定します．Pyro が用意する `SVI` クラスにモデル式の関数，近似分布の関数，`optimizer`，損失関数として ELBO の負値を設定します．厳密には ELBO は近似分布からのサンプルを使って計算するため，ELBO の推定値になります．PyTorch バックエンドであるため，関数に渡すデータは，`torch.tensor` に変換している必要があります．

`svi.step` は勾配ステップで，変分パラメータを更新します．

```
1  # グローバル変数として格納されているパラメータを初期化
2  pyro.clear_param_store()
3
4  # optimizer の設定
5  optimizer = pyro.optim.Adam({'lr': 0.0005})
6
7  # SVI の設定（ELBO 計算に使う近似分布からのサンプル数を 30 に設定）
8  svi = pyro.infer.SVI(model, guide, optimizer, loss=pyro.infer.Trace_ELBO(num_particles=30))
9
10 # 最適化ループ
11 loss_list = []
12 for step in range(1000):
13     loss = svi.step(y)
14     loss_list.append(loss)
15
16 plt.plot(loss_list)
17 plt.xlabel('Iter Num')
18 plt.ylabel('Loss')
```

損失関数を確認すると，繰り返し回数が進むにつれて下がっていることが確認できます（図 2.4）．

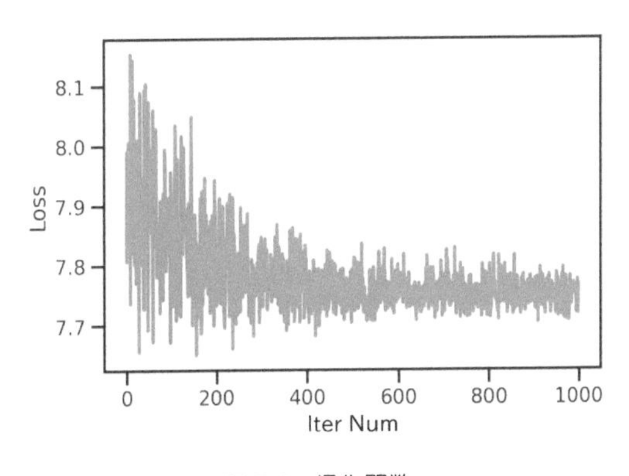

図 2.4　損失関数

最適化が完了したら，推論結果を確認していきます．まず，変分パラメータを確認します．パラメータはグローバル変数として管理されているため，pyro.param で変数名を渡せば確認できます．

```
1  # グローバル変数として管理されているパラメータを確認
2  for para_name in pyro.get_param_store():
3      print(para_name)
```

```
alpha_q
beta_q
```

pyro.param で変分パラメータ名を指定すれば，値を取得できます．近似分布はベータ分布であるため，変分パラメータを設定して，解析的に算出できる真の事後分布と比較してみます．直感的に比較しやすい平均と標準偏差を表示します．

```
1  # 近似分布の平均と標準偏差
2  alpha_q = pyro.param('alpha_q').detach().numpy()
3  beta_q = pyro.param('beta_q').detach().numpy()
4  variational_posterior = stats.beta(alpha_q, beta_q)
5  print('variational posterior mean: {:.3f}'.format(variational_posterior.mean()))
6  print('variational posterior std: {:.3f}'.format(variational_posterior.std()))
7
8  # 真の事後分布の平均と標準偏差
9  alpha_t = 1 + torch.sum(y)
10 beta_t = 1 + 10 - torch.sum(y)
11 true_posterior = stats.beta(alpha_t, beta_t)
12 print('true posterior mean: {:.3f}'.format(true_posterior.mean()))
13 print('true posterior std: {:.3f}'.format(true_posterior.std()))
```

```
variational param mu_q :  0.581
variational param sigma_q :  0.146
true posterior mean: 0.583
true posterior std: 0.137
```

次に近似分布と真の事後分布を可視化して，概形を比較してみます．

```
1  x_lin = np.linspace(0.0, 1.0, 100)
2  fig, ax = plt.subplots(figsize=(6, 4))
3  # 近似分布
4  ax.plot(x_lin, variational_posterior.pdf(x_lin), ls='--', color='blue', label='guide dist')
5  # 真の事後分布
6  ax.plot(x_lin, true_posterior.pdf(x_lin), ls='--', color='orange', label='true dist')
7  ax.legend()
8  ax.set_xlabel('$theta$');
```

変分推論法によって得られた近似分布の変分パラメータである平均値が $\theta = 0.581$ と推定でき，解析的に算出できる真の事後分布の平均値 $\theta = 0.583$ に近いことが確認できました（図 2.5）．また，近似分布の変分パラメータである標準偏差も真の事後分布の標準偏差と近いことが見てとれます．

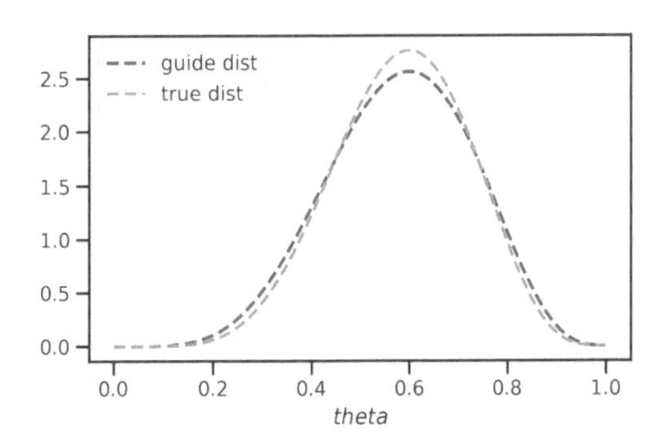

図 2.5 真の事後分布と近似分布

Pyroにはエフェクトハンドラーと呼ばれる`pyro.poutine`モジュールが用意されており，作成した確率モデルの生成過程を保存したり，確率変数の条件付けができたりします．エフェクトハンドラーを組み合わせて，自作の推論アルゴリズムを作成することが可能です，しかし，基本的には`pyro.poutine`モジュールはPyro内部で使用されるものであり，ユーザー自身が毎回`poutine`モジュールを使う必要があるわけではありません．詳しくはPyro公式ページ[注11]を参照ください．今回は変分推論法でPyroによる事後分布推定を実施しましたが，PyroにはMCMCによる推論計算も実装されています．しかしPyroのMCMCは計算速度が遅くなるケースが多いようです．次に紹介するPPLのNumPyroは高速なMCMCのアルゴリズムを提供しています．

2.5 NumPyroの概要

JAXバックエンドのPPLであるNumPyroについて紹介し，簡易的に実装手順を確認していきます．

2.5.1 NumPyroとは

NumPyro[注12]はUber AIにより開発中のPPLです．NumPyroはバックエンドがJAX（2.3.2節参照）になっており，Pyroと同じモデリング・推論インタフェースを持ちながら，NumPy互換性のある配列や演算を使って確率モデリングを書くことが可能です．JAXバックエンドであるため，自動微分やGPU/ TPU / CPUでの実行時のJITコンパイルはJAXに依存しています．

NumPyroの推論計算方法については，HMC法を改善したNUTSが実装されていますが，NUTSアルゴリズムがJAXのJITコンパイルに対応できるように工夫されています．そのため，大規模データセットに対して高速なMCMCサンプリングが可能になります．その他にも，基本的な変分推論法の実装と，自動微分変分推論（ADVI）も用意されています．

つまり，NumPyroはPyroと似たインタフェースを持ちながら，Pyroよりも高速なMCMCサン

注11 https://pyro.ai/examples/effect_handlers.html
注12 http://num.pyro.ai

プリングが可能になります．実際に Phan et al. [2019] によると，隠れマルコフモデルの推論計算において，CPU ベースで Pyro と比較して 340 倍，Stan と比較して 6 倍高速化できているようです．しかし，Pyro で利用可能なすべてのインタフェースが NumPyro で再現されているわけではないため，今後のさらなる開発に期待したいところです．

2.5.2 簡単なモデリングの例

ここからは，他の PPL と同じく，コイン投げ問題を通じてモデルの実装と推論方法を確認しましょう．

$$\theta \sim \mathrm{Beta}(\theta \mid \alpha, \beta) \tag{2.18}$$

$$y_n \mid \theta \sim \mathrm{Bern}(y_n \mid \theta), \quad n = 1, \ldots, N \tag{2.19}$$

ここでは，NumPyro の使い方を練習するために，NUTS で事後分布を推論してみましょう．まずは必要なパッケージをインポートします．`jax.numpy` は NumPy と同じような API が用意されており，JAX 上で配列計算ができます．

```
1  import jax
2  import jax.numpy as jnp
3  import numpyro
```

モデル式を実装するコードは下記のとおりです．NumPyro は Pyro と同じインタフェースを持つため，Pyro 同様の書き方で同じモデルを表現することが可能です．2.4.3 節と比較しても，事前分布のパラメータのデータ型が `torch.tensor` から `jnp.array` に変更されていること，そして `pyro.` が `numpyro.` に変更されているだけです．Pyro の書き方に慣れていると簡単に NumPyro で再現することが可能です．

```
1  # 観測データ
2  y = jnp.array([1, 0, 0, 1, 1, 1, 0, 1, 1, 0], dtype=float)
3
4  # モデルの定義
5  def model(y):
6      # 事前分布のパラメータ
7      alpha = jnp.array(1.0)
8      beta = jnp.array(1.0)
9
10     # 推論対象とするパラメータの事前分布
11     theta = numpyro.sample('theta', numpyro.distributions.Beta(alpha, beta))
12
13     # 観測データの数だけ生成
14     with numpyro.plate('sample', len(y)):
15         # 尤度関数
16         numpyro.sample('obs', numpyro.distributions.Bernoulli(theta), obs=y)
```

NUTSを用いたMCMCはnumpyro.inferに用意されているため，下記のように簡単に実装することが可能です．MCMCが収束していないとみなして捨てるバーンイン期間を表すnum_warmupは500，サンプルサイズnum_samplesは2000，チェーン数num_chainsは3に設定します．

```
# NUTSを指定
kernel = numpyro.infer.NUTS(model)
# MCMCの設定
mcmc = numpyro.infer.MCMC(kernel, num_warmup=500, num_samples=2000, num_chains=3)
```

MCMCによるサンプリングを実施するために，プログラムで乱数を発生させる必要があるのですが，NumPyroでは，乱数を利用する場合に疑似乱数生成器であるjax.random.PRNGKeyが必要になります．

mcmc.runでMCMCが実行できます．

```
# MCMCの実行
mcmc.run(jax.random.PRNGKey(seed=1), y=y)
```

MCMCで得られたサンプルの統計量を確認していきます．

```
az.plot_trace(mcmc)
```

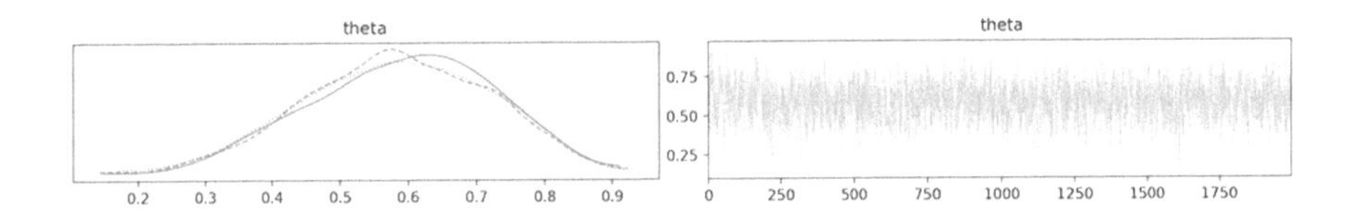

トレースプロットも安定しており，θの$\hat{R}$も1.1を下回っているため，収束していると判断します．

```
for var_info in az.rhat(mcmc).values():
    print(var_info.name, var_info.values.round(3), sep=' ')
```

```
theta 1.001
```

次に，MCMCで得られたサンプルを可視化します．

```
# MCMCサンプルを取得
samples = mcmc.get_samples()
# MCMCサンプルの可視化
ax = az.plot_posterior(samples)

```

```
6   x_lin = np.linspace(*ax.get_xlim())
7
8   # 真の事後分布
9   true_posterior = stats.beta(1 + np.sum(y), 1 + 10 - np.sum(y))
10  # 真の事後分布の可視化
11  ax.plot(x_lin, true_posterior.pdf(x_lin), ls='--', color='orange')
12
13  print('mcmc sample mean: {:.3f}'.format(samples['theta'].mean()))
14  print('mcmc sample std: {:.3f}'.format(samples['theta'].std()))
15  print('true posterior mean: {:.3f}'.format(true_posterior.mean()))
16  print('true posterior std: {:.3f}'.format(true_posterior.std()))
```

```
mcmc sample mean: 0.583
mcmc sample std: 0.137
true posterior mean: 0.583
true posterior std: 0.137
```

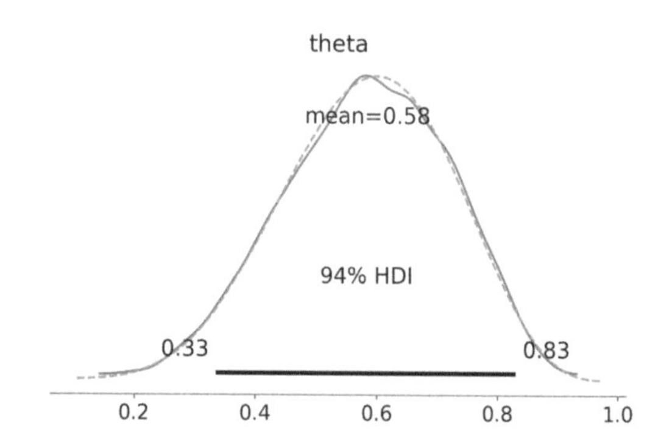

図 2.6 真の事後分布と MCMC によるサンプルを使った近似分布

MCMC で得られた θ の事後分布からのサンプルの平均値は $\theta = 0.583$ という推定値になっており，解析的に得られる真の事後分布の平均値が得られています．標準偏差も一致しています．そして図 2.6 のとおり，MCMC により推定された事後分布（青の実線）と，解析的に求めた場合の事後分布（オレンジの破線）では，概形がほぼ一致していることがわかります．

2.6 TensorFlow Probability の概要

TensorFlow Probability（TFP）は Google が開発している深層学習用のパッケージである TensorFlow をバックエンドとした PPL です．TFP の特徴としては，他の PPL に比べて低レベル API であること，TensorFlow のエコシステムの利用により，GPU や TPU を利用した高速な推論が可能なことが挙げられます．PyMC3 のような高レベル API の PPL に比べ，モデルの構築や近似推論の際に，多くのコードを記述する必要があります．例えば，高レベル API を提供する PyMC3 ではモデルに応じてMCMCのアルゴリズムやステップサイズなどのハイパーパラメータを自動で決めてくれます．また推論対象のパラメータの範囲に制約がある場合にも，自動で内部的に変数変換を行ってくれます．一方，TFPは低レベルAPIであるがゆえ，自分でこれらの細かい設定を記述する必要があります．その分，モデリングの柔軟性は高いです．初心者向けというよりも，エキスパート向けといえるでしょう．また，ベイジアンモデリングの仕組みを理解しながら実装したい方にもおすすめできます．

ここでは，まずTensorFlowの概要を紹介した後，TFPの使い方を説明します．

2.6.1 TensorFlowとは

TensorFlowは主に深層学習に用いられるPythonのパッケージです．TensorFlowの特徴としては，後述する「データフローグラフ」を用いた効率的な計算が可能なことや，同じプログラムをさまざまなハードウェア上で動かすことができる汎用性，分散処理をサポートする仕組みの充実などが挙げられます．

TensorFlowは**データフローグラフ**（dataflow graph）と呼ばれる有向グラフ（計算グラフ）を用いて計算を表現します．グラフのノードは加算（Add），行列積（MatMul）などの演算（operation）を表し，入出力となる値（tensor）が変換されていく流れを表現しています（図2.7）．

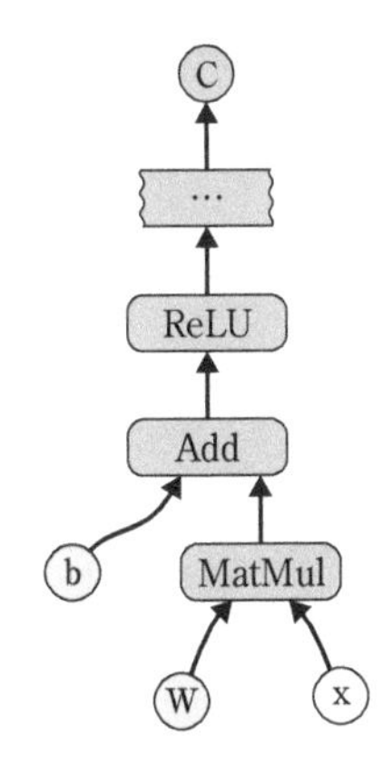

図2.7 データフローグラフのイメージ（Abadi et al. [2016] Figure2 より引用）

データフローグラフの構築と実行を分けることで，利用可能なデバイスに応じて最適化したうえで実行することが可能になります．例えばグラフの依存構造を利用することで，GPUが連続して処理可能な部分を明らかにし，高いGPU利用率を可能にしています．

TensorFlowは2019年に2.0をリリースしました．TensorFlow1.Xとの大きな違いはEager execution がデフォルトとなった点です．1.Xではグラフの構築と演算の実行が分かれていました（define and run）．前述のとおり，高速化しやすいメリットはあるものの，演算を定義した際にただちに実行されないのは，少し使いづらい面もありました．Eager execution はいわゆる命令的なプログラミング環境であり，グラフを構築せずに，ただちに演算が実行されます．言葉での説明だけだとイメージが湧きづらいと思うので，簡単なプログラムで確認してみましょう．

```
import tensorflow as tf
print('TensorFlow2:', tf.multiply(6, 7))

# Eager execution をオフにする
tf.compat.v1.disable_eager_execution()
print('TensorFlow1:', tf.multiply(6, 7))

# TF1 では演算の実行に Session クラスを使う必要がある
with tf.compat.v1.Session() as sess:
    print(sess.run(tf.multiply(6, 7)))
```

```
TensorFlow2: tf.Tensor(42, shape=(), dtype=int32)
TensorFlow1: Tensor("Mul:0", shape=(), dtype=int32)
42
```

TensorFlow2 の Eager execution の場合，掛け算（`tf.multiply(6, 7)`）を記述すると，ただちに演算が実行され，結果である 42 が返ってきます（`tf.Tensor` については後述）．一方，TensorFlow1.X では`"Mul: 0"`といった出力になります．この時点では計算グラフが構築されただけであり，掛け算は実行されません．演算を実行するには `Session` クラスを利用する必要があります．Eager execution は，初心者にも理解しやすい直感的なインタフェースであり，デバッグも容易になるという利点があります．

2.6.2 TensorFlow の使い方

TensorFlow では多次元の配列を tf.Tensor オブジェクトとして扱います．Tensor には NumPy の配列（アレイ）と同様に，データ型（`dtype`）と `shape` といった属性を持ちます．一方，NumPy の配列と違い，Tensor はイミュータブル（変更不可）です．

```
import tensorflow as tf

# Tensor の生成（constant と convert_to_tensor はほぼ同じ処理）
t = tf.constant([1., 2., 3.], dtype=tf.float32)
# t = tf.convert_to_tensor([1., 2., 3.], dtype=tf.float32)
print(t)

try:
    t[1] = 4.
except TypeError:
    print'Tensor はイミュータブル（変更不可）')
```

```
tf.Tensor([1. 2. 3.], shape=(3,), dtype=float32)
Tensor はイミュータブル（変更不可）
```

他にも，tf.ones，tf.fill などのメソッドにより，Tensor を作成できます．

```
1 print(tf.ones([3, 2])) # すべての要素が 1
2 print()
3 print(tf.fill([2, 3], 9)) # shape を指定して，スカラー値で埋める
```

```
tf.Tensor(
[[1. 1.]
 [1. 1.]
 [1. 1.]], shape=(3, 2), dtype=float32)

tf.Tensor(
[[9 9 9]
 [9 9 9]], shape=(2, 3), dtype=int32)
```

モデリングを行う際，Tensor の shape を調整する必要があることが多いです．NumPy の配列の場合と同じように，tf.newaxis などを用いて，axis を追加できます．

```
1  t = tf.ones(3)
2  print(t.shape)
3  print(t[tf.newaxis].shape) # 先頭のaxis を追加
4  print(t[None].shape) # None を使うこともできる
5  print(t[:, tf.newaxis].shape) # 2番目のaxis を追加
6
7  t2 = tf.ones((3,2))
8  print(t2[:, :, tf.newaxis].shape) # 3番目のaxis を追加
9  # "..."はPython の Ellipsis オブジェクト（省略記号）であり，
10 # この場合任意の数の次元を示す．次元数が不明の場合に便利
11 print(t2[..., tf.newaxis].shape)
```

```
(3,)
(1, 3)
(1, 3)
(3, 1)
(3, 2, 1)
(3, 2, 1)
```

tf.Variable は通常の Tensor と違いミュータブル（値の変更が可能）です．学習対象のパラメータを Variable としておくことで，パラメータの更新が可能になります．

Variable の作成，値の割り当て，更新は下記のように実行できます．

```
1 v = tf.Variable(1.)
2 print(v)
3
4 v.assign(2.)
5 print(v)
6
```

```
7   v.assign_add(3.)
8   print(v)
```

```
<tf.Variable 'Variable:0' shape=() dtype=float32, numpy=1.0>
<tf.Variable 'Variable:0' shape=() dtype=float32, numpy=2.0>
<tf.Variable 'Variable:0' shape=() dtype=float32, numpy=5.0>
```

前述のとおり，TensorFlow2 では Eager execution がデフォルトとなっており，演算を記述した際は計算グラフを構築せずに，ただちに演算が評価されます．一方，機械学習モデルの推論など大規模な計算を行う際は，計算グラフを利用した方が効率的に処理を実行できます．TensorFlow2 では **tf.function デコレータ**を用いることで，従来のグラフを用いた処理が可能です．

なお，Python におけるデコレータは入力として関数を受け取り，別の関数を返す関数です．普通の関数のように使える他，関数定義の前に@<デコレータ名>と記載することでも適用できます．tf.function は入力された関数を実行時にグラフに変換するためのデコレータです．

```
1   def original_function(x, y):
2     return tf.nn.relu(tf.matmul(x, y))
3
4   # デコレータは関数をラップする関数
5   function1 = tf.function(original_function)
6
7   # こちらの記述方法が一般的
8   @tf.function
9   def function2(x, y):
10    return tf.nn.relu(tf.matmul(x, y))
11
12  print(original_function)
13  print(function1)
14  print(function2)
```

```
<function original_function at 0x7effb7e29cb0>
<tensorflow.python.eager.def_function.Function object at 0x7effb7e2b250>
<tensorflow.python.eager.def_function.Function object at 0x7f00007d7a10>
```

次に，計算グラフの利用により，実際に速度向上が見られることを確認してみます．TensorFlow で深層学習モデルを構築する方法は本書における説明の対象外ですが，ここでは LSTM 層と全結合層からなる簡単なネットワークで実験してみます．

```
1   import timeit
2
3   class SimpleModel(tf.keras.Model):
4       """実験用のシンプルなモデル"""
5       def __init__(self):
6           super(SimpleModel, self).__init__()
7           self.lstm = tf.keras.layers.LSTM(10)
```

```
        self.dense = tf.keras.layers.Dense(32)

    def call(self, inputs):
        x = self.lstm(inputs)
        x = self.dense(x)
        return x

inputs = tf.random.normal([100, 20, 5])

# 計算グラフを利用しない場合
eager_model = SimpleModel()

# 計算グラフを利用する場合
graph_model = tf.function(SimpleModel())

print('Eager time: {:.2f} sec'.format(
    timeit.timeit(lambda: eager_model(inputs), number=1000)))
print('Graph time: {:.2f} sec'.format(
    timeit.timeit(lambda: graph_model(inputs), number=1000)))
```

```
Eager time: 8.83 sec
Graph time: 1.95 sec
```

このケースでは，計算グラフの利用により，計算時間がかなり短くなることがわかります．

計算グラフへの変換には，内部的に **AutoGraph** という機能が使われています．AutoGraph はPython の構文を用いてグラフを記述できる機能です．例えば，以下の関数では，`for` 文や `if-else` 文など，通常の Python の構文を用いていますが，こうした関数も問題なくグラフに変換することができます．内部的には Python のコードが TensorFlow の演算に変換されています．

```
@tf.function
def fizzbuzz(n):
  for i in tf.range(n):
    if i % 3 == 0:
      tf.print('Fizz')
    elif i % 5 == 0:
      tf.print('Buzz')
    else:
      tf.print(i)

fizzbuzz(tf.constant(10))
```

```
Fizz
1
2
Fizz
4
Buzz
Fizz
```

```
7
8
Fizz
```

次のコードで，Python コードが AutoGraph によりどのような TensorFlow の演算に変換されるかを出力することもできます．可読性はないので，あくまで参考です．

```
1 print(tf.autograph.to_code(fizzbuzz.python_function))
```

```
def tf__fizzbuzz(n):
    with ag__.FunctionScope('fizzbuzz', 'fscope', ag__.ConversionOptions(
        recursive=True, user_requested=True, optional_features=(),
        internal_convert_user_code=True)) as fscope:

        def get_state_2():
            return ()

        def set_state_2(block_vars):
            pass

        def loop_body(itr):
            i = itr

            def get_state_1():
                return ()

            def set_state_1(block_vars):
                pass

            def if_body_1():
                ag__.converted_call(ag__.ld(tf).print, ('Fizz',), None, fscope)

        ...
```

続いて，TensorFlow の重要な機能である自動微分について説明します．TensorFlow では `tf.GradientTape` を用いて勾配を計算できます．`tf.GradientTape` コンテキスト内では，`watch` メソッドで指定した Tensor に関する演算が記録され，後進法により勾配を算出できます．なお，`tf.Variable` などで作成された `trainable variable` は自動的に勾配計算用に演算が記録されます．

ここでは例として，下記の関数を微分してみましょう．

$$z = \frac{x^2}{4} + y^2 \tag{2.20}$$

```
1 def func(x, y):
2     return x**2 / 4 + y**2
3
4 x = tf.Variable([1.0])
```

```
5  y = tf.Variable([2.0])
6  with tf.GradientTape() as t:
7      # 追跡対象とするTensor を指定．この場合，x，y は Variable なので
8      # 自動的にwatch されるため，t.watch を記載しなくてもよい
9      t.watch([x, y])
10     z = func(x, y)
11
12 # 勾配の算出
13 t.gradient(z, [x, y])
```

続いて，勾配を可視化してみましょう．まず，今回対象とする関数を可視化すると図 2.8 のようになります．この斜面における傾きを表すのが勾配です．さまざまな x, y の組み合わせで勾配を計算し，ベクトルとして図示すると図 2.9 のようになります．矢印は（現在地からの微小な変動により）z が最も大きくなる方向を示しており，傾きの大きさを矢印の長さで表しています．なお，z が最小値をとる原点では勾配はゼロベクトルとなります．

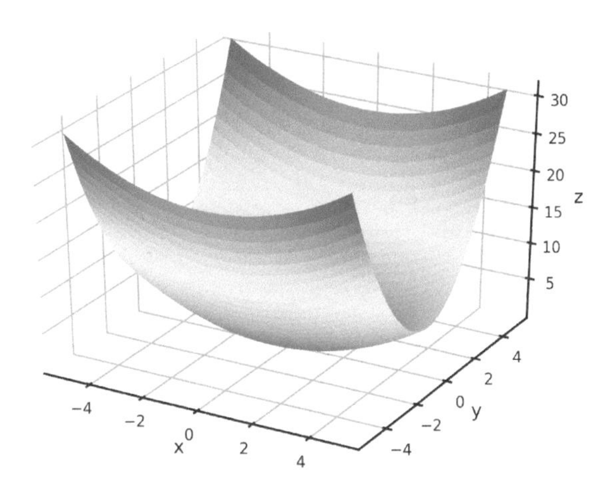

図 2.8　目的関数の可視化

```
1  # 目的関数を 3次元で可視化
2  from matplotlib import cm
3  fig = plt.figure(figsize=(8, 6))
4  ax = fig.add_subplot(projection='3d')
5
6  x_coord = y_coord = np.linspace(-5, 5)
7  XX, YY = np.meshgrid(x_coord, y_coord)
8  ZZ = func(XX, YY)
9
```

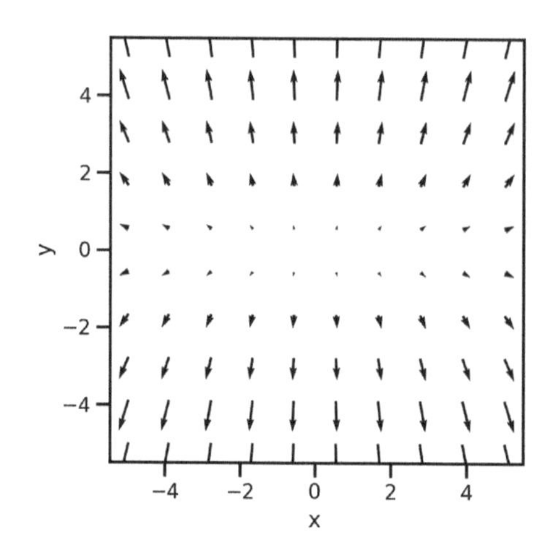

図 2.9 勾配の可視化

```
10  # surface plot で 3 次元のデータを可視化
11  surf = ax.plot_surface(XX, YY, ZZ, cmap=cm.coolwarm,
12                         linewidth=0, antialiased=False)
13
14
15  # 勾配をベクトルとして可視化
16  x_coord = y_coord = np.linspace(-5, 5, 10)
17  XX, YY = np.meshgrid(x_coord, y_coord)
18
19  x = tf.Variable(XX)
20  y = tf.Variable(YY)
21  with tf.GradientTape() as t:
22      z = func(x, y)
23
24  # 勾配の算出
25  x_grads, y_grads = t.gradient(z, [x, y])
26
27  fig = plt.figure(figsize=(5, 5))
28  # matplotlib.pyplot.quiver では矢印によりベクトルを可視化できる
29  plt.quiver(XX, YY, x_grads, y_grads)
```

tf.keras.optimizers モジュールには，ニューラルネットワークの学習に用いられる**確率的勾配降下法**（Stochastic Gradient Descent, **SGD**），Adam など各種最適化アルゴリズムが実装されています．

ここでは，SGD により先ほどの関数を最小化してみましょう．$x = y = 0$ で最小となるのは明らかですがあえて勾配を利用して最小化します．最適化アルゴリズムの minimize メソッドは勾配と学習率に基づき，Variable を更新します．図 2.9 の矢印と逆の方に少しずつ動かしていくことに相当します．

```python
# 初期値
x = tf.Variable([3.0])
y = tf.Variable([4.0])

# loss は引数がなく，最小化したい値を返す callable
loss = lambda: x**2 / 4 + y**2

epoch = 100
lr = 0.1
losses = []
locs = []

opt = tf.keras.optimizers.SGD(learning_rate=lr)
for _ in range(epoch):
    # minimize では loss の勾配を計算し，variable を更新する
    opt.minimize(loss, var_list=[x, y])
    losses.append(loss().numpy()[0])
    locs.append([x.numpy()[0], y.numpy()[0]])

print(f'optimized x: {x.numpy()[0]:.2e}')
print(f'optimized y: {y.numpy()[0]:.2e}')
```

```
optimized x: 1.78e-02
optimized y: 8.15e-10
```

100 回の繰り返し後には，ほぼ $x = y = 0$ となっており，確かに最適解を見つけることができました．関数の値 z の推移と，x, y の値の推移は図 2.10，2.11 のとおりです．

実際は複雑なニューラルネットワークの最適化は SGD では効率が悪いことも多く，Adam などの最適化アルゴリズムが用いられることが多いです[注13]．

2.6.3 TensorFlow Probability の使い方

続いて，TensorFlow Probability の基本概念と使い方を説明します．まずは統計モデルを構築する際の「部品」となる確率分布についてです．`tfp.distribution` モジュールには `Distribution` クラスを基底クラスとして数多くの確率分布が実装されています．ガウス分布，ポアソン分布などの基本的な確率分布に加え，線形ガウス状態空間モデルや PixelCNN など複数の確率分布を組み合わせた複雑なモデルの実装もあるのが特徴です．

```python
import tensorflow_probability as tfp
tfd = tfp.distributions
tfb = tfp.bijectors

# 標準正規分布
normal = tfd.Normal(loc=0., scale=1.)
```

注 13　各種最適化アルゴリズムの比較はこちらのリンク先のアニメーションがわかりやすいです．https://cs231n.github.io/neural-networks-3/

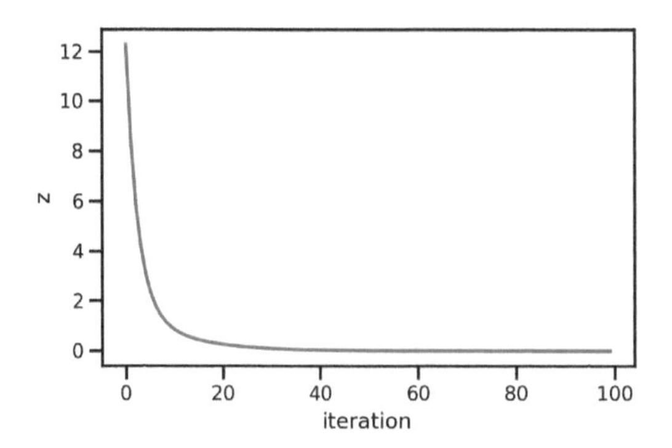

図 2.10　z の推移

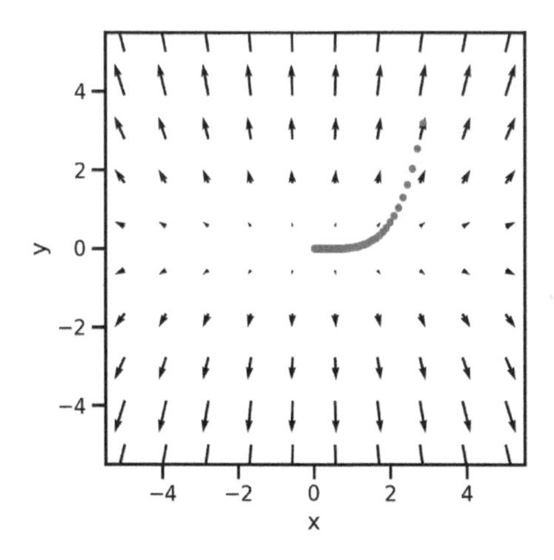

図 2.11　x, y の推移

```
7
8    # 乱数の取得：sample メソッド
9    samples = normal.sample(1000)
10   sns.distplot(samples)
11
12   # 対数確率の算出：log_prob メソッド
13   print(normal.log_prob(0.))
```

```
tf.Tensor(-0.9189385, shape=(), dtype=float32)
```

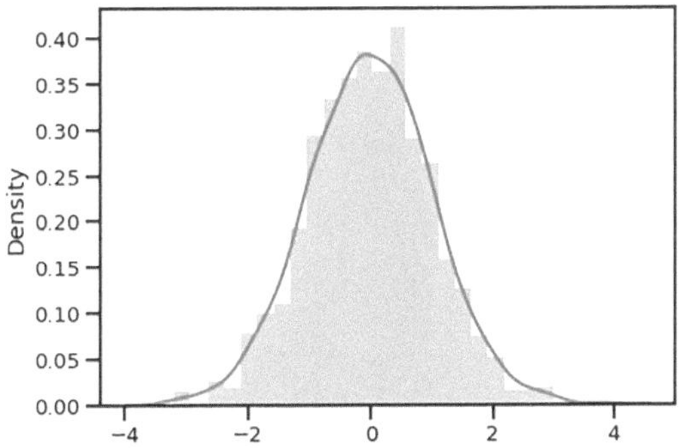

```
# 線形ガウス状態空間モデル
ndims = 2
step_std = 1.0
noise_std = 5.0

model = tfd.LinearGaussianStateSpaceModel(
    num_timesteps=100,
        transition_matrix=tf.linalg.LinearOperatorIdentity(ndims),
        transition_noise=tfd.MultivariateNormalDiag(
            scale_diag=step_std**2 * tf.ones([ndims])),
        observation_matrix=tf.linalg.LinearOperatorIdentity(ndims),
        observation_noise=tfd.MultivariateNormalDiag(
            scale_diag=noise_std**2 * tf.ones([ndims])),
        initial_state_prior=tfd.MultivariateNormalDiag(
            scale_diag=tf.ones([ndims])))

# 100時点分の 2次元の観測値が確率分布（モデル）からの 1つのサンプルとなる
y = model.sample()
for i in range(ndims):
    plt.plot(y[:, i])
```

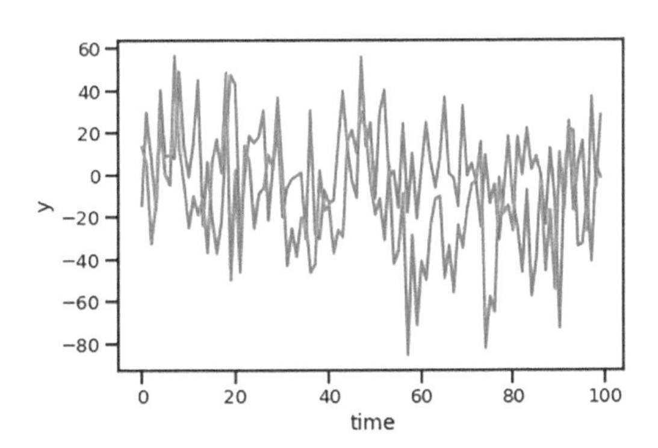

tfp.bijector モジュールに実装されている bijector は確率分布の変数変換に用いられます[注14]．確率分布を bijector で変換することで，さまざまな確率分布を表現できます．確率変数 X を $Y = g(X)$ に変換した際の，Y の確率密度関数 $f_Y(y)$ は下記のようになります．

$$X \sim f_X(x) \tag{2.21}$$

$$Y = g(X) \tag{2.22}$$

$$Y \sim f_Y(y) = f_X(g^{-1}(y)) \left| \frac{\mathrm{d}g^{-1}(y)}{\mathrm{d}y} \right| \tag{2.23}$$

$$\log f_Y(y) = \log f_X(g^{-1}(y)) + \log \left| \frac{\mathrm{d}g^{-1}(y)}{\mathrm{d}y} \right| \tag{2.24}$$

例えば，確率変数 X がガウス分布（正規分布）に従うとき，$\exp(X)$ は対数正規分布に従います．$\exp(X)$ への変換を tfp.bijectors.Exp クラスのインスタンスを用いて下記のように表現できます．

```
exp_bijector = tfp.bijectors.Exp()
# 変数変換したDistribution
log_normal = exp_bijector(tfd.Normal(0., .5))
print(type(log_normal))
```

```
<class 'tensorflow_probability.python.distributions.transformed_distribution.
TransformedDistribution'>
```

```
samples = log_normal.sample(1000)
xs = np.linspace(1e-10, np.max(samples), 200)
sns.distplot(samples, norm_hist=True, kde=False)
plt.plot(xs, log_normal.prob(xs), c='k', alpha=.75)
```

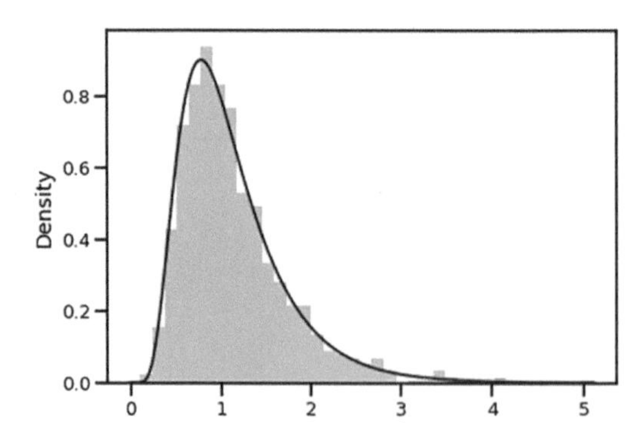

TFP を用いてモデリングする際に混乱しやすい，shape について説明します．TFP には以下の 3

注 14　bijector は一般的な用語ではありませんが，bijective（全単射）を由来とする造語と思われます．

つの shape の概念があります．

- batch_shape: パラメータが異なる複数の確率分布をまとめて扱う場合の確率分布の数（バッチサイズ）
- event_shape: 確率変数の次元
- sample_shape: 確率分布から取得するサンプルの数

このうち，batch_shape, event_shape は Distribution オブジェクトにひもづいています．また，sample_shape は sample メソッドを実行した際に決まります．

```
# パラメータのリストを渡すことで，異なる 2つのガウス分布をまとめて表現できる
# この場合，batch_shape になる
normal = tfd.Normal(loc=[-1., 1.], scale=[1., 1.5])
print(normal) # Batch: 2, Event: []

# sample_shape は一番左(外側)のaxis に追加される
# Sample: 10, Batch: 2, Event: []
print('shape of sampled Tensor:', normal.sample(10).shape)
```

```
tfp.distributions.Normal("Normal", batch_shape=[2], event_shape=[], dtype=float32)
shape of sampled Tensor: (10, 2)
```

event_shape は 1 つのサンプルに含まれる次元の数を表します．例えば，2 次元ガウス分布からのサンプルの場合，event_shape は 2 になります．batch_shape はパラメータが異なる複数の確率分布をまとめて取り扱う際に用いられます．例えば，$\mathcal{N}(1, 1)$, $\mathcal{N}(-1, 1)$ から独立に 1 つずつサンプルを取得する場合，batch_shape は 2 になります．

```
# 2次元ガウス分布
mvn = tfd.MultivariateNormalDiag(loc=[0., 0.], scale_diag = [1., 1.])
print('Batch_shape:', mvn.batch_shape)
print('Event_shape:', mvn.event_shape)
```

```
Batch_shape: ()
Event_shape: (2,)
```

```
normals = tfd.Normal(loc=[-1., 1.], scale=1.) # scale は broadcast され，[1., 1.]となる
print('Batch_shape:', normals.batch_shape)
print('Event_shape:', normals.event_shape)
```

```
Batch_shape: (2,)
Event_shape: ()
```

これらの Distribution オブジェクトから 1 つサンプルを取得すると，いずれも shape=2 の Tensor が返ってきます．batch_shape と event_shape は Distribution オブジェクトにおいて意味上区別されているだけであり，sample メソッドで得られる Tensor には両者の区別はありません．

```
print(mvn.sample().shape)
print(normals.sample().shape)
```

```
TensorShape([2])
TensorShape([2])
```

batch_shape, event_shape の違いは（対数）確率の評価の際に顕在化します．batch_shape=2 の場合は，2 つの異なるパラメータの確率分布をまとめて扱うことを意味します．そのため，2 次元の入力についてそれぞれ対応する分布での確率を評価し，2 つの値が返ってきます．一方，event_shape=2 の場合は，1 つのサンプルの次元が 2 であると考えるため，log_prob では 1 つの値が返ってきます．

```
# Event_shape=2の場合，Batch_shape=2の場合
print(mvn.log_prob(mvn.sample()))
print(normals.log_prob(normals.sample()))
```

```
tf.Tensor: shape=(), dtype=float32, numpy=-2.352064
tf.Tensor: shape=(2,), dtype=float32, numpy=array([-1.2268479, -1.0877028], dtype=float32)
```

tfd.Independent を用いることで，batch_shape を event_shape として解釈し直すことができます．reinterpreted_batch_ndims は右から何番目の batch_dimension を event_dimension に変換するかを指定します．

```
normals = tfd.Normal(loc=[-1., 1.], scale=1.)
print('Batch_shape:', normals.batch_shape)
print('Event_shape:', normals.event_shape)
print()

normals_ind = tfd.Independent(normals, reinterpreted_batch_ndims=1)
print('Batch_shape:', normals_ind.batch_shape)
print('Event_shape:', normals_ind.event_shape)
```

```
Batch_shape: (2,)
Event_shape: ()

Batch_shape: ()
Event_shape: (2,)
```

```
# tfd.Independent により event_shape に変換された次元については，
# 対数確率を評価する際にreduce_sum される
s = normals.sample()
tf.assert_equal(tf.reduce_sum(normals.log_prob(s)), normals_ind.log_prob(s))
```

実際にモデルを構築する際，ほとんどの場合で tfd.Independent を使うことになります．例えば線形回帰の対数尤度は以下のように表せます．N 個の異なる平均パラメータで定められたガウス分布

について対数確率の和をとっていますが，tfd.Independent により N を batch_dimension にすることで，この和を計算してくれることになります．

$$\ln p(\mathbf{Y}|\mathbf{X},\mathbf{w}) = \sum_{n=1}^{N} \ln \mathcal{N}(y_n|\mathbf{w}^\top \mathbf{x}_n, \sigma_y^2) \tag{2.25}$$

同じように event_shape を操作するためのクラスとして，tfd.Sample があります．tfd.Independent はパラメータが異なる確率分布からの独立なサンプルを取り扱ったのに対し，tfd.Sample は，同じ確率分布からの独立なサンプル（独立同分布）を取り扱う際に用います．例えば同じコインを 10 回投げるような場合を考えると，下記のように表現できます．

```
1  bernoulli = tfd.Bernoulli(probs=0.5)
2  # 同一の確率分布から複数のサンプルをひとまとめにする
3  bernoulli_samples = tfd.Sample(bernoulli, sample_shape=10)
4  print(bernoulli_samples)
```

```
tfp.distributions.Sample("SampleBernoulli", batch_shape=[], event_shape=[10], dtype=int32)
```

```
1  s = bernoulli_samples.sample()
2  print('shape of single sample:', s.shape)
3
4  # 複数サンプルについて，対数確率の和が算出される
5  print(bernoulli_samples.log_prob(s))
```

```
shape of single sample: (10,)
tf.Tensor(-6.931472, shape=(), dtype=float32)
```

2.6.4 簡単なモデリングの例

ここまで TFP の基本事項を説明しました．ここからは，他の PPL と同じく，コイン投げ問題を通じてモデルの実装と推論方法を確認しましょう．

モデル式を再掲します．

$$\begin{aligned} \theta &\sim \mathrm{Unif}(\theta \mid 0, 1) \\ y_n \mid \theta &\sim \mathrm{Bern}(y_n \mid \theta), \quad n = 1, \ldots, N \end{aligned}$$

MCMC を行ううえで，まず同時分布 $p(y,\theta) = p(y \mid \theta)p(\theta)$ を定義する必要があります．

TFP で同時分布を表現する基底クラスは，tfp.distributions.JointDistribution になります．JointDistribution にはサブクラスがいくつかあり，それぞれモデルの書き方が少し異なります．今回は PyMC3 に近い書き方ができる JointDistributionCoroutine を利用します．なお，これまでと同様にベルヌーイ分布を用いてモデルを記述することもできますが，本節では簡単のため二

項分布を用います．ベルヌーイ試行を N 回繰り返した際の成功回数を x 回とすると，観測値が従う確率分布は二項分布 $\mathrm{Bin}(N, x)$ となります．

```
# コインを 10回投げ, 6回表が出たとする
N = 10
x = 6

# JointDistribution を用いて同時分布を定義
Root = tfd.JointDistributionCoroutine.Root
def model():
    # 事前分布はRoot で囲う
    p = yield Root(tfd.Unif(0, 1))
    x = yield tfd.Binomial(total_count=N, probs=p)

# 同時分布を表すDistribution オブジェクト
binom_model = tfd.JointDistributionCoroutine(model)

# 参考：普通のDistribution と同じように, sample や log_prob メソッドを利用可能
# p_s, x_s = binom_model.sample()
# binom_model.log_prob(p_s, x_s)

# 観測データ（表が出た回数）を与え, パラメータを引数として対数事後確率を算出する関数を定義する
def beta_binom_logp(p):
    return binom_model.log_prob(p, x)


# 参考：JointDistribution を用いない場合, 以下のように記述することもできる
# def beta_binom_logp(p):
#     prior = tfd.Uniform(0, 1)
#     likelihood = tfd.Binomial(total_count=N, probs=p)
#     return prior.log_prob(p) + likelihood.log_prob(x)
```

対数事後確率を算出する関数が定義できれば，MCMC を実行できます．今回はハミルトニアン・モンテカルロ法 (HMC 法) を用います．下記コードはやや長いですが，MCMC を実行する際に必要な以下の設定を行っています．

- サンプルサイズ (num_results)： 事後分布からのサンプルをいくつ取得するか．
- バーンイン期間 (num_burnin_steps)：MCMC がまだ収束していないと判断し，捨てるサンプルの数．
- パラメータの初期値 (current_state)：適当な値を設定．
- 遷移核 (kernel)注15: MCMC のアルゴリズム．

注 15 遷移核（transition kernel）は遷移確率とほぼ同義です．

なお，今回はパラメータがとりうる値に制約があるため，注意が必要です．MCMCを効率的に実施するためには，制約のない空間でパラメータをサンプリングする必要があります．そこで，bijectorによる変数変換を用いて，制約のない空間で得られたサンプルを変換し，制約を満たすようにする必要があります．tfp.mcmc.TransformedTransitionKernelはbijectorによる変数変換を行うためのクラスです．ここでは，$\theta \in [0, 1]$の制約があるため，シグモイド関数による変換を利用します．

```
num_results = 6000
num_burnin_steps = 2000

# tf.function でデコレートすることで，計算グラフがコンパイルされ，高速に実行される
@tf.function(autograph=False, experimental_compile=True)
def do_sampling():
    return tfp.mcmc.sample_chain(
        num_results=num_results,
        num_burnin_steps=num_burnin_steps,
        # パラメータの初期値
        current_state=[
          # 複数チェーンでサンプリングしたい場合，初期値のリストを与える
          tf.constant([0.5, 0.5, 0.5],  name='init_p')
        ],
        # ハミルトニアン・モンテカルロ法を用いる．step size というハイパーパラメータの調整が必要になるが，
        # SimpleStepSizeAdaptation でラップすることで，推論の過程で自動的に調整してくれる
        # 今回のパラメータは [0,1]の範囲に制約されているため，TransformedTransitionKernel を利用し，
        # tfb.Sigmoid を適用することで，制約を満たすようにする
        kernel=tfp.mcmc.SimpleStepSizeAdaptation(
            tfp.mcmc.TransformedTransitionKernel(
                tfp.mcmc.HamiltonianMonteCarlo(
                    # 先ほど定義した対数事後確率
                    target_log_prob_fn=beta_binom_logp,
                    step_size=0.1,
                    num_leapfrog_steps=5
                    ),
            bijector=[tfb.Sigmoid()]),
            num_adaptation_steps=int(num_burnin_steps * 0.8)),
        seed=1)

# states は事後分布からのサンプル， kernel results はサンプルの受容・棄却の履歴など
# MCMC の各ステップの情報が含まれる
states, kernel_results = do_sampling()

# 提案の受容率
acceptance_rates = kernel_results.inner_results.inner_results.is_accepted.numpy().mean(axis=0)
print('Acceptance rate: {0:.1%} {1:.1%} {2:.1%}'.format(*acceptance_rates))
```

```
Acceptance rate: 78.1% 78.2% 76.4%
```

MCMCで得られたサンプルの統計量とトレースプロットを確認してみます（図2.12，表2.4）．ここでは，ベイジアンモデリングの推論結果の可視化用パッケージであるArviZを用いています．パラ

メータ θ の事後分布の平均値は 0.583 と推定されました.

```
1  trace = format_trace(states, var_name=['p'], chain_dim=1)
2  display(az.summary(trace))
3  az.plot_trace(trace)
```

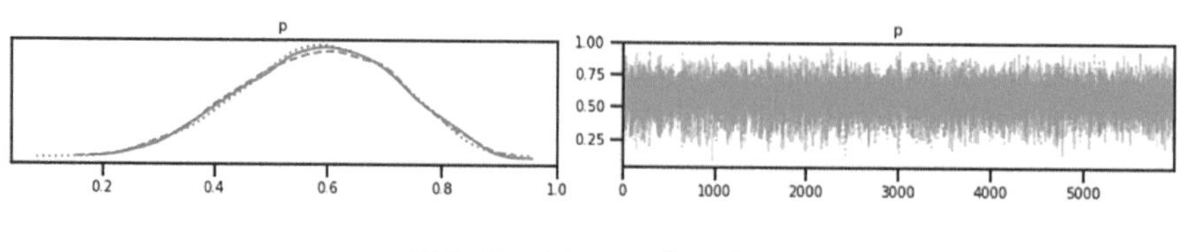

図 2.12　トレースプロット

表 2.4　統計量

	mean	sd	hdi_3%	hdi_97%	mcse_mean	mcse_sd	ess_bulk	ess_tail	r_hat
p	0.583	0.137	0.323	0.828	0.001	0.001	22930.0	4385.0	1.0

図 2.13 のとおり, MCMC により推定された事後分布（青の実線）と, 解析的に求めた事後分布（オレンジの破線）はよく一致していることがわかります.

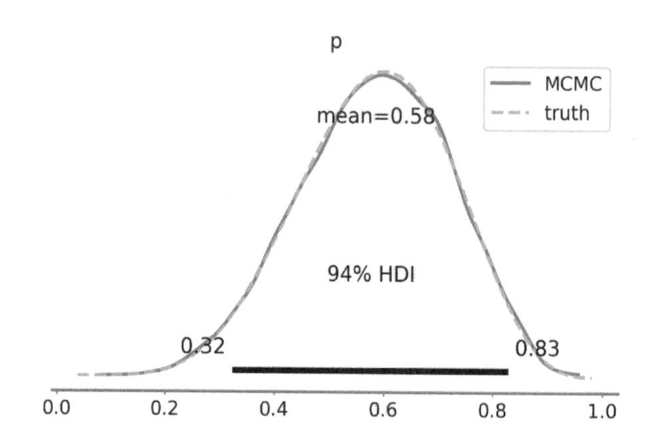

図 2.13　真の事後分布と MCMC により推論した事後分布の比較

2.7 GPyTorchの概要

GPyTorch注[16]は，PyTorch上で実装された**ガウス過程**（Gaussian process）に特化したパッケージです．ガウス過程は確率過程の一種で，ノンパラメトリックベイズモデルです．回帰や分類，教師なしの潜在変数モデルなどに用いられます．その他のPPLでもガウス過程を構築することは可能ですが，GPyTorchはガウス過程に特化しており，より実用的です．

GPyTorchでは，PyTorchでニューラルネットワークを自分で構築することと同様に，ガウス過程モデルを構築するための必要なツールが用意されており，ガウス過程のモデリングにおいて，容易にカスタマイズすることが可能です．

GPyTorchは以下の実現を目指して開発されています．

1. GPUによる大幅な高速化．
2. スケーラビリティと柔軟性を追求した最新のアルゴリズムの実装．
3. 深層学習フレームワークとの容易な統合．

ガウス過程の最大の問題点として計算量が挙げられます．予測分布注[17]の計算には，一般に$\mathcal{O}(N^3)$の計算オーダーとなりますが，GPyTorchの特徴として，既存の多くのGP推論手法とは異なり，blackbox matrix-matrix multiplication（BBMM）推論(Gardner et al. [2021])を用いています．これによって，計算量を実質的に$\mathcal{O}(N^2)$に減らしており，GPUによる高速化の恩恵を受けることも可能になっています．また，PyTorchモジュールをGPyTorchのモデルにシームレスに統合することや，Pyroと連携することも可能です．

具体的な使い方については3.6節で紹介します．ガウス過程に特化したパッケージとしては，その他にGPy注[18]やGpflow注[19]などがあります．

注16 https://gpytorch.ai/
注17 回帰モデルの際に解説しますが，目的変数を予測するための確率分布を指します．
注18 http://sheffieldml.github.io/GPy/
注19 https://www.gpflow.org/

第 3 章

回帰モデル

本章では 1.3 節で簡単に紹介した，入力である**説明変数**（explanatory variable）と出力である**目的変数**（objective variable）の定量的な関係を表すモデルである**回帰モデル**（regression model）を扱います．

3.1 線形回帰モデル：線形単回帰モデル

本節と次の 3.2 節では，回帰モデルとして最も初歩的なモデルである**線形回帰モデル**（linear regression model）を扱います．本節ではまず，入力 x_n が 1 次元の場合の**線形単回帰モデル**（linear simple regression model）から始めます．

3.1.1 モデル概要

線形回帰モデルとは，入力 $\mathbf{x_n}$ と実数値出力 y_n を以下のように表現するモデルです．ε_n は誤差で，平均 0 のガウス分布に従うと仮定します．

$$\begin{aligned} y_n &= \mathbf{w}^\top \boldsymbol{\phi}(\mathbf{x_n}) + \varepsilon_n \\ &= \sum_{m=1}^{M} w_m \phi_m(\mathbf{x_n}) + \varepsilon_n \end{aligned} \tag{3.1}$$

$$\varepsilon_n \sim \mathcal{N}(0, \sigma_\varepsilon^2) \tag{3.2}$$

$\phi_i : \mathbb{R}^D \to \mathbb{R}$ が要素となるベクトル $\boldsymbol{\phi}(\cdot)$ を用いています．

$$\boldsymbol{\phi}(\mathbf{x_n}) = [\phi_1(\mathbf{x_n}), \phi_2(\mathbf{x_n}), \ldots, \phi_M(\mathbf{x_n})]^\top \tag{3.3}$$

$\mathbf{w} \in \mathbb{R}^M$ は係数パラメータを表します．今回は入力を実数値 $\mathbf{x_n} \in \mathbb{R}^D$ と仮定しますが，離散変数の場合もあります．出力は原則として実数値 $y_n \in \mathbb{R}$ です．

特徴量ベクトルの設定は自由です．例えば，ベクトル $\boldsymbol{\phi}(\cdot)$ を $\boldsymbol{\phi}(x_n) = (x_n^3, x_n^2, x_n, 1)^\top$ とすれば，3 次の多項式モデルを仮定することも可能です．

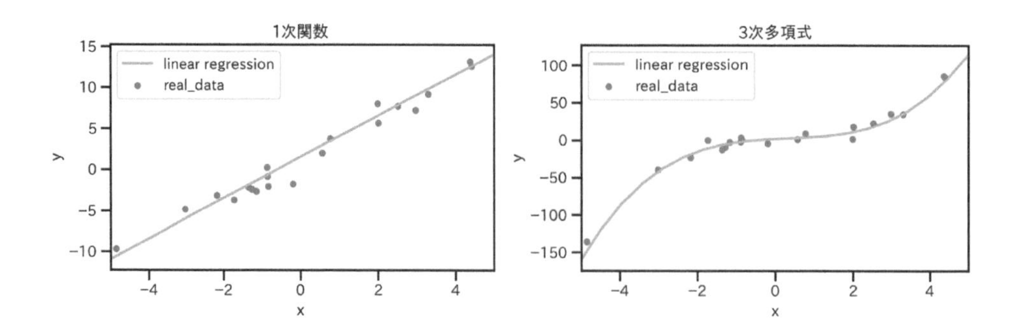

図 3.1 線形回帰の例

本章では簡単のため，1 次関数を考えます．バイアス項も考慮するために，ベクトル $\boldsymbol{\phi}(\cdot)$ を $\boldsymbol{\phi}(x_n) = [x_n, 1]^\top$ とします．よって，x_n が 1 次元の場合，線形回帰モデルによる x と y の関係は図 3.1 のように xy グラフ上で直線を引くことになります．

入力 $\mathbf{x}_n \in \mathbb{R}^D$ の次元が 1 次元 $D = 1$ の場合は線形単回帰モデルと呼び，多次元 $D \geq 2$ の場合は**線形重回帰モデル** (linear multiple regression model) と呼びます．まず簡単のため，入力が 1 次元だけの場合（$x_n \in \mathbb{R}$）である線形単回帰モデルから始めます．x_n は実数とし，パラメータは傾き $w_1 \in \mathbb{R}$ とバイアス（切片）$w_2 \in \mathbb{R}$ の 2 つです．

w_1 と w_2 にガウス分布の事前分布を導入します．これによってベイズ線形単回帰モデルとなります．誤差は平均が 0 のガウス分布とします．

$$y_n = w_1 x_n + w_2 + \varepsilon_n \tag{3.4}$$

$$w_1 \sim \mathcal{N}(0, \sigma_{w_1}^2) \tag{3.5}$$

$$w_2 \sim \mathcal{N}(0, \sigma_{w_2}^2) \tag{3.6}$$

$$\varepsilon_n \sim \mathcal{N}(0, \sigma_y^2) \tag{3.7}$$

線形回帰モデルのグラフィカルモデルは図 3.2 のとおりです．

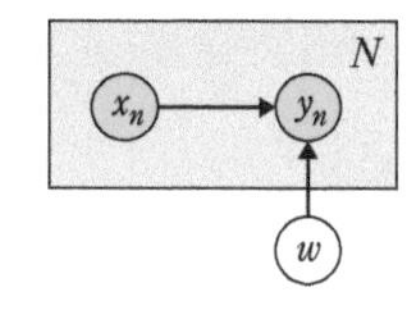

図 3.2 線形回帰モデルのグラフィカルモデル

3.1.2 実装

線形単回帰モデルの仮定に従った人工データを生成します．図 3.3 のように入力 x と出力 y の直線の関係に誤差が加わったデータが生成されています．データ点数は 4 点と少なめにします．

```
# 真のパラメータ
true_w1 = 1.5
true_w2 = 0.8

# サンプルデータ
N = 4
x_data = np.random.uniform(-5, 5, size=N)
y_data = true_w1 * x_data + true_w2  + np.random.normal(0., 1., size=N)

# データの描画
x_plot_data = np.linspace(-5, 5, 100)
y_plot_data = true_w1 * x_plot_data + true_w2

plt.scatter(x=x_data, y=y_data, marker='o', label='sample data')
plt.plot(x_plot_data, y_plot_data, color='black', label='assumption')
plt.xlabel('x')
plt.ylabel('y')
plt.legend();
```

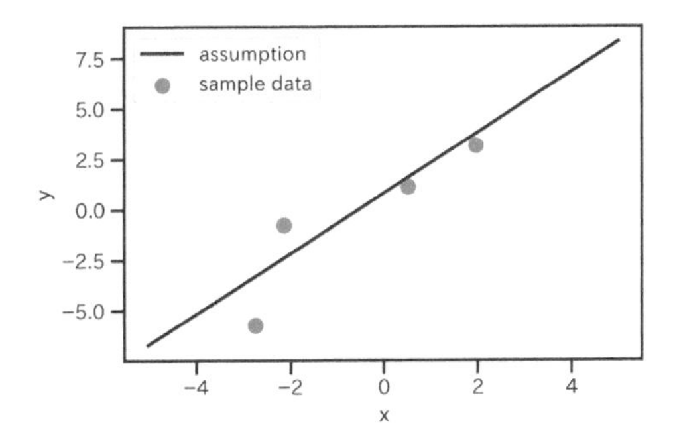

図 3.3 学習に使用する人工データ

ベイズ線形単回帰モデルを PyMC3 で構築していきます．

```
import pymc3 as pm
```

まず，pm.Data で説明変数 x を設定します．これによって検証時にデータを入れ替えることが可能になります．パラメータである傾き w_1 とバイアス w_2 の事前分布 $p(w_1), p(w_2)$ にガウス分布 pm.Normal

を設定しています．説明変数 x とパラメータ w_1 と w_2 で線形モデルを構築しています．誤差はガウス分布を仮定するため，pm.Normal の mu に線形モデルを設定しています．observed 引数に観測データ y を設定します．

```
# モデルの定義
with pm.Model() as model:
    # 説明変数
    x = pm.Data('x', x_data)
    # 推論パラメータの事前分布
    w1 = pm.Normal('w1', mu=0.0, sigma=10.0)
    w2 = pm.Normal('w2', mu=0.0, sigma=10.0)
    # 尤度関数
    y = pm.Normal('y', mu=w1*x+w2, sigma=1.0, observed=y_data)
```

w_1 と w_2 の事後分布 $p(w_1 \mid \mathbf{X}, \mathbf{Y})$，$p(w_2 \mid \mathbf{X}, \mathbf{Y})$ を推定します．ベイズ線形回帰モデルは $p(w_1 \mid \mathbf{X}, \mathbf{Y})$，$p(w_2 \mid \mathbf{X}, \mathbf{Y})$ の解析解を導出することも可能ですが，今回は PyMC3 の MCMC を使って近似的に推論します．具体的には NUTS を使って，事後分布からのサンプルを得ます．サンプルサイズ（draws）は 3000，バーンイン期間（tune）は 1000，チェーン数（chains）は 3 です．

```
with model:
    # MCMC による推論
    trace = pm.sample(draws=3000, tune=1000, chains=3, random_seed=1, \
    return_inferencedata=True)
```

得られた事後分布からのサンプルを可視化してみます．トレースプロットから確認します．

```
az.plot_trace(trace)
```

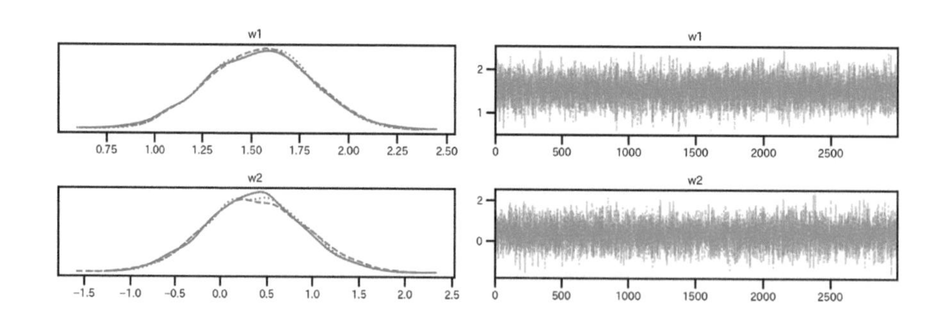

事後分布 $p(w_1 \mid \mathbf{X}, \mathbf{Y}), p(w_2 \mid \mathbf{X}, \mathbf{Y})$ からのサンプルをそれぞれ可視化しています．2 つのパラメータは両方とも 3 つのチェーンの結果はほぼ一致しており，$\hat{R}$ も 1.1 未満であるため，MCMC の収束は問題ないといえます．

```
for var_info in az.rhat(trace).values():
    print(var_info.name, var_info.values.round(3), sep=' ')
```

```
w1 1.001
w2 1.001
```

```
az.plot_posterior(trace, hdi_prob=0.9)
```

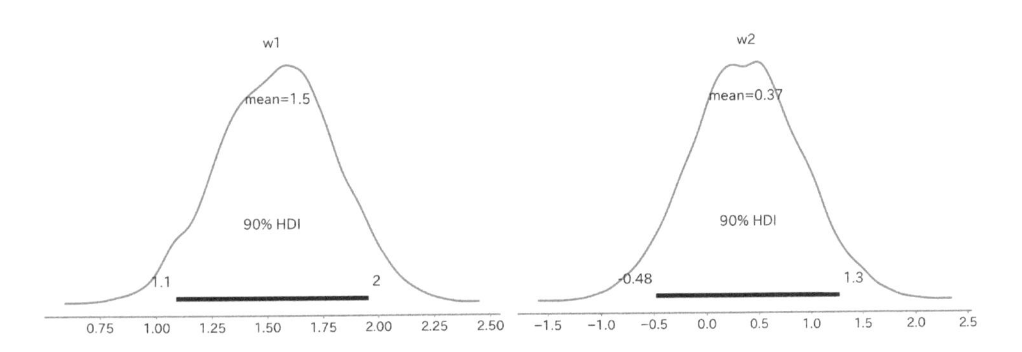

図 3.4 事後分布からのサンプル

$p(w_1 \mid \mathbf{X}, \mathbf{Y}), p(w_2 \mid \mathbf{X}, \mathbf{Y})$ からのサンプルの平均値は，それぞれ $1.50, 0.37$ でした．データ点数が 4 点と少なくノイズも加わっているため，真値である $w_1 = 1.5$，$w_2 = 0.8$ とサンプルの平均値は一致していませんが，両方事後分布の 90 %の信用区間には含まれています．

次に，予測分布を可視化してみましょう．得られた傾きとバイアスの事後分布 $p(w_1 \mid \mathbf{X}, \mathbf{Y}), p(w_2 \mid \mathbf{X}, \mathbf{Y})$ からのサンプルを用いて，線形単回帰モデルの出力分布 $p(y_{\mathrm{new}} \mid w_1, w_2, x_{\mathrm{new}})$ のサンプルを生成してみます．検証用データの説明変数を pm.set_data で設定することで，モデル構築時に pm.Data で設定したデータを入れ替えることができます．確率モデルのブロック内で sample_posterior_predictive 関数を使用することで，検証用データに対する予測分布のサンプルを得ます．

```
# 検証用データ
x_new = np.linspace(-5, 5, 10)

with model:
    # 検証用データを推論したモデルに入力
    pm.set_data({'x': x_new})

    # 予測分布からサンプリング
    pred = pm.sample_posterior_predictive(trace, samples=1000, random_seed=1)
```

```
10
11  y_pred_samples = pred['y']
12
13  # 予測分布からのサンプルを描画
14  for i in range(1000):
15      plt.plot(x_new, y_pred_samples[i,:], lw=1, alpha=0.01, color='g', zorder=i)
16
17  plt.scatter(x=x_data, y=y_data, marker='o', label='sample data', zorder=i+2)
18  plt.xlabel('x');plt.ylabel('y');plt.xlim(-5,5)
19  plt.legend();
```

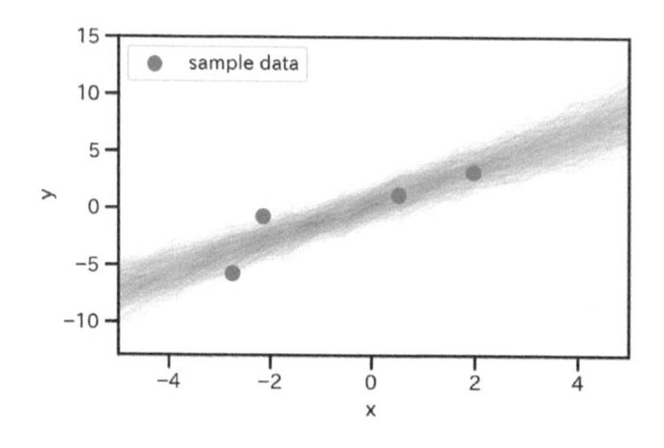

図 3.5　予測分布からのサンプル

緑線が x_{new} を入力とした y_{new} の予測分布から得られる 1000 点のサンプルです．サンプル値がばらついており，予測の不確実性を表現できています．

3.2　線形回帰モデル：線形重回帰モデル

次に入力 x が 2 次元以上の場合である**線形重回帰モデル**（multiple linear regression model）について，推論を行います．

3.2.1　モデル概要

線形重回帰モデルは，入力 $\mathbf{x} \in \mathbb{R}^D$ において次元が $D \geq 2$ である線形回帰モデルです．今回は可視化の都合から，2 次元の入力 $\mathbf{x} \in \mathbb{R}^2$ による線形重回帰モデルを構築します．後ほど PyMC3 において行列計算でモデリングするため，ベクトルを用いてモデル式を記述します．

$$
\begin{aligned}
y_n &= \mathbf{w}^\top \boldsymbol{\phi}(\mathbf{x}_n) + \varepsilon_n \\
&= [w_1, w_2, w_3] \begin{bmatrix} x_{n,1} \\ x_{n,2} \\ 1 \end{bmatrix} + \varepsilon_n
\end{aligned}
$$

$$= w_1 x_{n,1} + w_2 x_{n,2} + w_3 + \varepsilon_n \quad (3.8)$$

$$\mathbf{w} \sim \mathcal{N}(\mathbf{0}, \sigma_w^2 \mathbf{I}) \quad (3.9)$$

$$\varepsilon_n \sim \mathcal{N}(0, \sigma_\varepsilon^2) \quad (3.10)$$

この場合，入力となるベクトルはバイアス項を含めた $\boldsymbol{\phi}(\mathbf{x}) = [x_1, x_2, 1]^\top \in \mathbb{R}^3$ です．係数パラメータは 3 次元ベクトル $\mathbf{w} = [w_1, w_2, w_3]^\top \in \mathbb{R}^3$ になっています．係数パラメータ $\mathbf{w}$ に事前分布を導入して，ベイズ線形重回帰モデルとします．今回は，係数パラメータの事前分布であるガウス分布の共分散行列を対角行列とすることで各次元が独立となるように設定していますが，事前に知識がある場合，相関を持たせることも可能です．

3.2.2 実装

線形重回帰モデルの仮定に従った人工データを生成します．今回もデータ点数は 4 点と少なめにします．生成データは (x_1, x_2, y) の 3 次元空間の座標になります．

```
# 2次元
dim = 2
# データ数は 4
N = 4
# 真のパラメータ
true_w = np.array([-1.5, 0.8, 1.2]).reshape([3,1])

# サンプルデータ
x_data = np.random.uniform(-5, 5, [N, dim])
# バイアスの次元を追加
bias = np.ones(N).reshape([N,1])
x_data_add_bias = np.concatenate([x_data, bias], axis=1)
y_data = np.dot(x_data_add_bias, true_w) + np.random.normal(0.0, 1.0, size=[N,1])
```

PyMC3 におけるベイズ線形重回帰モデルの実装です．モデル式中の $\mathbf{w}^\top \mathbf{x}$ の箇所は行列計算で記述します．係数パラメータ $\mathbf{w}$ の事前分布 $p(\mathbf{w})$ に平均がゼロベクトルで各次元が独立である多変量ガウス分布を仮定します．

```
# モデルの定義
with pm.Model() as model:
    # 説明変数
    x = pm.Data('x', x_data_add_bias)
    # 推論パラメータの事前分布
    w = pm.Normal('w', mu=0.0, sigma=10.0, shape=3)
    # 尤度関数（ravel で shape を(4,1)から (4,)に変換）
    y = pm.Normal('y', mu=w.dot(x.T), sigma=1.0, observed=y_data.ravel())
```

係数パラメータ $\mathbf{w}$ の事後分布 $p(\mathbf{w} \mid \mathbf{X}, \mathbf{Y})$ を推論します．ベイズ線形重回帰モデルも係数パラメー

タの事後分布 $p(\mathbf{w} \mid \mathbf{X}, \mathbf{Y})$ の解析解を導出することも可能ですが，ここではMCMCで近似的に推定します．具体的にはNUTSで係数パラメータの事後分布からのサンプルを得ます．サンプルサイズ（draws）は3000で，バーンイン期間（tune）を1000，チェーン数（chains）を3と設定します．

```
with model:
    # MCMCによる推論
    trace = pm.sample(draws=3000, tune=1000, chains=3, random_seed=1, \
    return_inferencedata=True)
```

係数パラメータ $\mathbf{w}$ の事後分布 $p(\mathbf{w} \mid \mathbf{X}, \mathbf{Y})$ からのサンプルを得ました．$\mathbf{w}$ は3次元ベクトルであるため，次元ごとに3つのサンプリング結果を可視化しています．

```
az.plot_trace(trace)
```

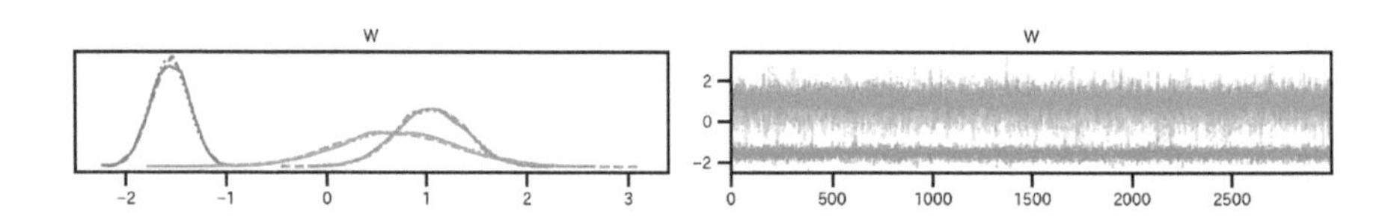


```
for var_info in az.rhat(trace).values():
    print(var_info.name, var_info.values.round(3), sep=' ')
```

```
W [1.00 1.00 1.00]
```

それぞれのchainの結果はほぼ一致しており，$\hat{R}$ も1.1未満であるため，MCMCの収束は問題ないといえます．

```
az.plot_posterior(trace, hdi_prob=0.9)
```

データ数が4点と少なく，ノイズも加わっているため，真値である $\mathbf{w} = [w_1, w_2, w_3]^\top = [-1.5, 0.8, 1.2]^\top$ とサンプルの平均値が一致していませんが，それぞれ事後分布の90％信用区間に含まれています．

次に，得られた係数パラメータ $\mathbf{w}$ の事後分布 $p(\mathbf{w} \mid \mathbf{X}, \mathbf{Y})$ から，$\mathbf{x}_{\mathrm{new}} \in (-5, 5)^2$ に対応するベイズ線形重回帰モデルの予測分布を可視化します．今回は可視化の見やすさのために，線形重回帰モデルの出力分布 $p(y_{\mathrm{new}} \mid \mathbf{w}, \mathbf{x}_{\mathrm{new}})$ の予測値 $y_{\mathrm{new}}^{(t)} \sim p(y_{\mathrm{new}} \mid \mathbf{w}, \mathbf{x}_{\mathrm{new}})$ を1000点サンプリングし，10, 25, 50, 75, 90パーセンタイルに対応した値をそれぞれ可視化することにします．

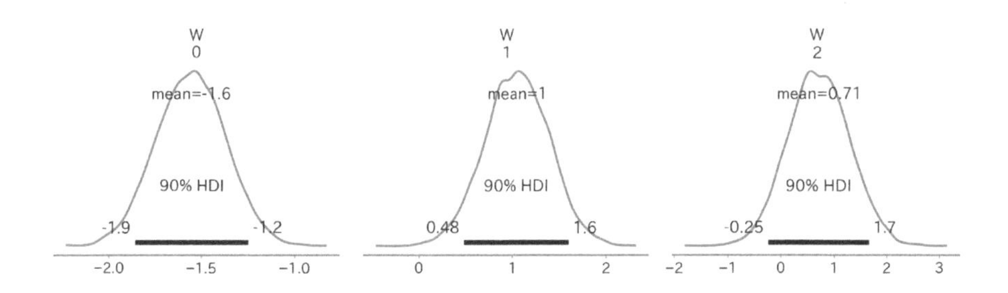

図 3.6 事後分布からのサンプル

```
# 検証用データの作成
x_linspace = np.linspace(-5, 5, 10)
X1, X2 = np.meshgrid(x_linspace, x_linspace)
X_new = np.concatenate([X1.ravel()[:,np.newaxis], X2.ravel()[:,np.newaxis]], axis=1)
# バイアスの次元を追加
X_new_add_bias = np.concatenate([X_new,  np.ones(100)[:,np.newaxis]], axis=1)

with model:
    # 検証用データをモデルへ入力
    pm.set_data({'x': X_new_add_bias})
    # 予測分布からサンプリング
    pred = pm.sample_posterior_predictive(trace, samples=1000, random_seed=1)

y_pred_samples = pred['y']

# パーセンタイルごとの超平面を取り出す
Y_10_pred = np.percentile(y_pred_samples, 10, axis=0).reshape(10,10)
Y_25_pred = np.percentile(y_pred_samples, 25, axis=0).reshape(10,10)
Y_50_pred = np.percentile(y_pred_samples, 50, axis=0).reshape(10,10)
Y_75_pred = np.percentile(y_pred_samples, 75, axis=0).reshape(10,10)
Y_90_pred = np.percentile(y_pred_samples, 90, axis=0).reshape(10,10)

cmap = plt.get_cmap("tab10")
# 3D 描画用関数
def make_3Dplot(ax, elev, azim):
    surf1 = ax.plot_surface(X1, X2, Y_10_pred, alpha=0.3, color=cmap(7.5),label='10%')
    surf2 = ax.plot_surface(X1, X2, Y_25_pred, alpha=0.3, color=cmap(6),label='25%')
    surf3 = ax.plot_surface(X1, X2, Y_50_pred, alpha=0.3, color=cmap(5),label='50%')
    surf4 = ax.plot_surface(X1, X2, Y_75_pred, alpha=0.3, color=cmap(4),label='75%')
    surf5 = ax.plot_surface(X1, X2, Y_90_pred, alpha=0.3, color=cmap(2.5),label='90%')
    ax.scatter(x_data[:,0], x_data[:,1], y_data, alpha=1.0, color='black', s=40)
    ax.view_init(elev=elev, azim=azim)
    ax.set_xlabel('x1', fontsize=16)
    ax.set_ylabel('x2', fontsize=16)
    ax.set_zlabel('y', fontsize=16)

    surf1._facecolors2d = surf1._facecolors3d
```

```
38        surf1._edgecolors2d = surf1._edgecolors3d
39        surf2._facecolors2d = surf2._facecolors3d
40        surf2._edgecolors2d = surf2._edgecolors3d
41        surf3._facecolors2d = surf3._facecolors3d
42        surf3._edgecolors2d = surf3._edgecolors3d
43        surf4._facecolors2d = surf4._facecolors3d
44        surf4._edgecolors2d = surf4._edgecolors3d
45        surf5._facecolors2d = surf5._facecolors3d
46        surf5._edgecolors2d = surf5._edgecolors3d
47        ax.legend()
48
49
50    fig = plt.figure(figsize=(12, 5))
51    ax = fig.add_subplot(121, projection='3d')
52    make_3Dplot(ax, 20, 20)
53
54    # 別角度から見えるように角度を変えて可視化
55    ax = fig.add_subplot(122, projection='3d')
56    make_3Dplot(ax, 20, -20)
57    plt.tight_layout();
```

2次元の線形重回帰モデルであるため，1つの係数パラメータの組み合わせで，3次元空間 (x_1, x_2, y) 中の2次元平面を表現できます．

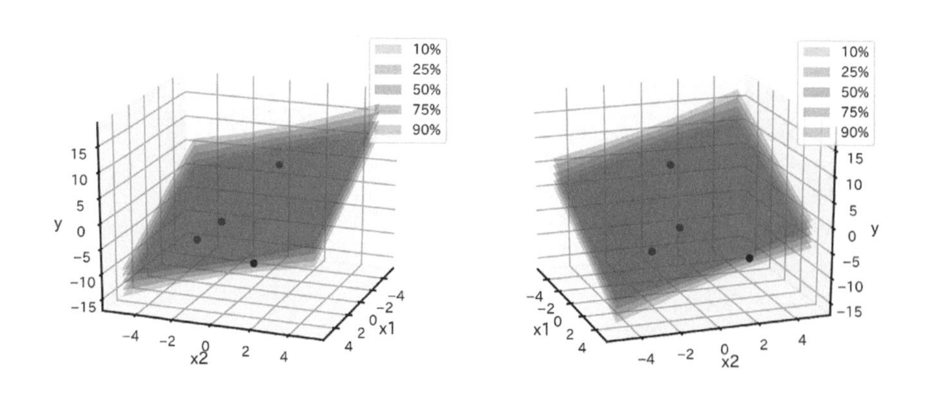

図 3.7　予測分布からのサンプルの各パーセンタイルに対応する超平面

図 3.7 の2次元平面のぶれ具合から，予測分布の不確実性が見てとれます．これは MCMC によるサンプルがばらついている，つまり事後分布 $p(\mathbf{w} \mid \mathbf{X}, \mathbf{Y})$ が幅を持っていることに起因します．

3.3　一般化線形モデル：ポアソン回帰モデル

本節では，線形回帰モデルの誤差の確率分布をガウス分布ではなく，他の確率分布に拡張した回帰モデルである**一般化線形モデル**（generalized linear model）を構築し，係数パラメータの推論および未観測データの予測を行います．

まず，誤差にポアソン分布を仮定することによって，自然数の観測データを扱うことができるポアソン回帰モデルを紹介します．

3.3.1 モデル概要

一般化線形モデルとは，確率分布と**逆リンク関数**（inverse link function）を組み合わせて，入力 x と出力 y の関係を表すモデルです．3.1 節では誤差の確率分布にガウス分布を仮定していましたが，これが妥当であるとは限りません．観測変数の確率分布にガウス分布以外を仮定するように回帰モデルを拡張したものが一般化線形モデルです．具体的には以下のように，入力 x の線形モデル $w_1x + w_2$ を逆リンク関数 f^{-1} で変換して，出力 y の確率分布 $p(y \mid \theta)$ のパラメータ θ とします．

$$y_n \sim p(y_n \mid \theta_n) \tag{3.11}$$

$$\theta_n = f^{-1}(w_1x_n + w_2) \tag{3.12}$$

逆リンク関数 f^{-1} は，**リンク関数**（link function）f の逆関数です．リンク関数は以下のように出力分布 $p(y \mid \theta)$ のパラメータ θ と線形モデル $w_1x + w_2$ の関係性を表す関数です．

$$f(\theta_n) = w_1x_n + w_2 \tag{3.13}$$

逆リンク関数を使うことで，線形モデル $w_1x + w_2$ をパラメータ θ の定義域に合わせて変換できます．$p(y \mid \theta)$ に設定する確率分布の種類に合わせて，適切な逆リンク関数を選択する必要があります．なお，出力 y の確率分布 $p(y \mid \theta)$ をガウス分布にして，リンク関数 f を恒等関数にすれば，誤差がガウス分布である 3.1 節の線形回帰モデルになります．

一般化線形モデルの例として，まずは**ポアソン回帰モデル**（Poisson regression model）を紹介します．入力 $x \in \mathbb{R}$ は 1 次元とします．ポアソン回帰モデルは，入力 $x \in \mathbb{R}$ と自然数（0 も含む）の出力 $y \in \mathbb{N}$ の関係を以下のように表すモデルです．

$$y_n \mid \lambda_n \sim \mathrm{Poi}(y_n \mid \lambda_n) = \frac{{\lambda_n}^{y_n} \exp(-\lambda_n)}{y_n!} \tag{3.14}$$

$$\lambda_n = \exp(w_1x_n + w_2) \in \mathbb{R}^+ \tag{3.15}$$

ポアソン分布のパラメータ λ は正の実数である必要があるため，リンク関数に対数関数 log，つまり逆リンク関数に指数関数 exp を使うことで，ポアソン分布のパラメータが正の実数であることを保証します．このように定義することで，ポアソン回帰モデルは，出力 y が，入力 x の（バイアス項を含む）線形結合を指数関数で変換した値をパラメータとするポアソン分布に従う回帰モデルになります．

グラフィカルモデルは線形回帰モデルと同様で，図 3.2 のとおりです．

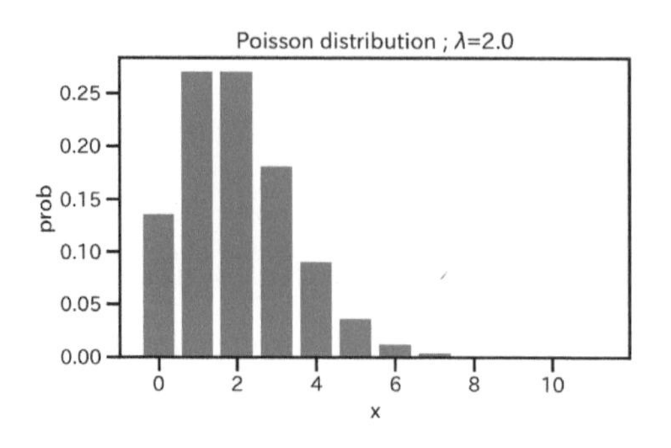

図 3.8　ポアソン分布．パラメータ $\lambda = 2.0$

3.3.2　実装

実際にポアソン回帰モデルを実装していきます．使用するデータとして，ポアソン回帰モデルの仮定に従った人工データを生成します（図 3.9）．データ数は 20 点とします．

```
# データ数
N = 20

# 真のパラメータ
true_w1 = 0.8
true_w2 = 1.2

# サンプルデータ
x_data = np.random.uniform(-3,3,N)
y_data = stats.poisson(mu = np.exp(true_w1*x_data + true_w2)).rvs()

x_plot_data = np.linspace(-3,3,100)
y_plot_data = stats.poisson(mu = np.exp(true_w1*x_plot_data + true_w2)).mean()
plt.scatter(x_data, y_data, marker='.', label='sample_data')
plt.plot(x_plot_data, y_plot_data, label='true_function', color='black', linestyle='--', alpha=0.5)
plt.xlabel('x')
plt.ylabel('y')
plt.legend();
```

それでは PyMC3 でポアソン回帰のモデル式を構築します．

```
import pymc3 as pm
```

PyMC3 には pymc3.glm という一般化線形モデルに特化した実装がありますが，今回はモデル構築の手順を理解するために，生成過程に従い確率分布を設定してモデリングします．まず，pm.Data に入力データ x を設定します．係数パラメータ w_1, w_2 の事前分布としてガウス分布 pm.Normal を仮定

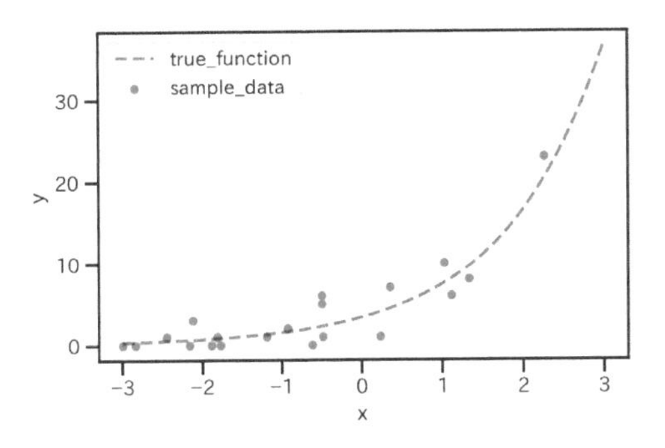

図 3.9　使用する人工データ

します．次に，尤度関数である pm.Poisson に逆リンク関数である指数関数で変換した線形モデルを設定します．observed 引数に観測データ y を設定します．

$$y_n \mid \lambda_n \sim \mathrm{Poi}(y_n \mid \lambda_n) = \frac{\lambda_n^{y_n} \exp(-\lambda_n)}{y_n!} \tag{3.16}$$

$$\lambda_n = \exp(w_1 x_n + w_2) \tag{3.17}$$

$$w_1 \sim \mathcal{N}(0, \sigma_{w1}^2) \tag{3.18}$$

$$w_2 \sim \mathcal{N}(0, \sigma_{w2}^2) \tag{3.19}$$

```
1  # モデルの定義
2  with pm.Model() as model:
3      # 説明変数
4      x = pm.Data('x', x_data)
5      # 推論対象のパラメータ事前分布
6      w1 = pm.Normal('w1', mu=0.0, sigma=1.0)
7      w2 = pm.Normal('w2', mu=0.0, sigma=1.0)
8      # 尤度関数
9      y = pm.Poisson('y', mu =pm.math.exp(w1*x+w2), observed=y_data)
```

係数パラメータ w_1 と w_2 の事後分布 $p(w_1 \mid \mathbf{X}, \mathbf{Y}), p(w_2 \mid \mathbf{X}, \mathbf{Y})$ を推論します．ポアソン回帰モデルの係数パラメータの事後分布は解析解が導出できないため，MCMC を用います．具体的には NUTS を使って，係数パラメータの事後分布からのサンプルを得ます．サンプルサイズ (draws) は 3000 で，バーンイン期間 (tune) を 1000，チェーン数 (chains) を 3 と設定します．

```
1  with model:
2      # MCMC による推論
3      trace = pm.sample(draws=3000, tune=1000, chains=3, random_seed=1, \
4      return_inferencedata=True)
```

推論結果を確認しましょう．事後分布 $p(w_1 \mid \mathbf{X}, \mathbf{Y}), p(w_2 \mid \mathbf{X}, \mathbf{Y})$ からのサンプリングをそれぞれ可視化しています．両方とも，3 つの chain の結果はほぼ一致しており，$\hat{R}$ も 1.1 未満であるため，MCMC の収束は問題ないといえます．

```
1  az.plot_trace(trace)
```

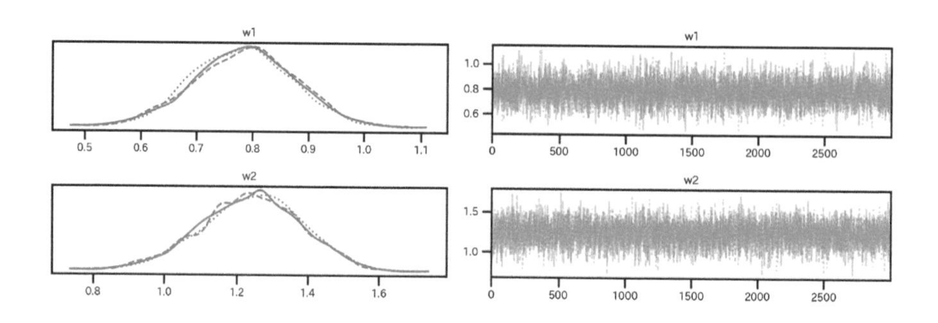


```
1  for var_info in az.rhat(trace).values():
2      print(var_info.name, var_info.values.round(3), sep=' ')
```

```
w1 1.002
w2 1.002
```

事後分布 $p(w_1 \mid \mathbf{X}, \mathbf{Y}), p(w_2 \mid \mathbf{X}, \mathbf{Y})$ からのサンプルの平均値はそれぞれ 0.787, 1.244 で，真値である 0.8, 1.2 と近い値になっており，ArviZ の plot_posterior で可視化してみると，90 %信用区間に真値が含まれていることが確認できます（図 3.10）．

```
1  az.plot_posterior(trace, hdi_prob=0.9);
```

得られたパラメータ事後分布 $p(w_1 \mid \mathbf{X}, \mathbf{Y}), p(w_2 \mid \mathbf{X}, \mathbf{Y})$ からのサンプル $w_1^{(t)}, w_2^{(t)} \sim p(w_1, w_2 \mid \mathbf{X}, \mathbf{Y})$ をいくつか使って，$x_{\mathrm{new}} \in \mathbb{R}$ を入力としたポアソン回帰モデル $p(y_{\mathrm{new}} \mid \log(\lambda^{(t)}) = w_1^{(t)} x_{\mathrm{new}} + w_2^{(t)})$ の予測結果を可視化してみましょう．pm.set_data にテストデータを設定して，pm.sample_posterior_predictive で予測分布からのサンプルを得ます．

```
1  # 検証用データ
2  x_new = np.linspace(-3, 3, 10)
3
4  with model:
5      # 検証用データをモデルへ入力
6      pm.set_data({'x': x_new})
7      # 予測分布からサンプリング
```

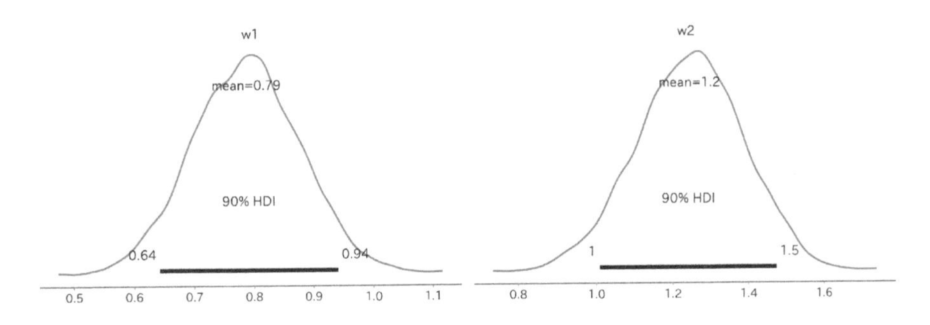

図 3.10　事後分布からのサンプル

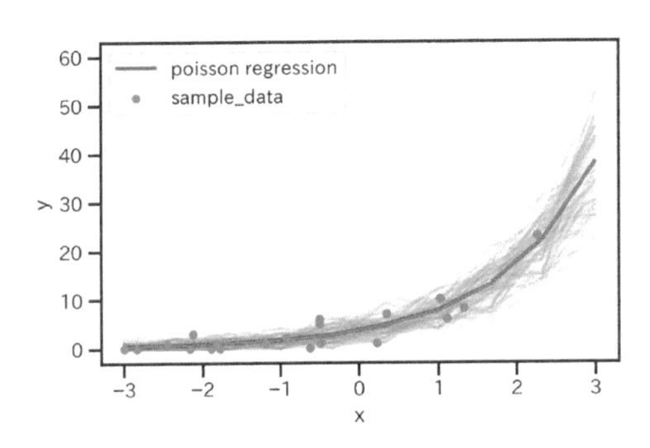

図 3.11　予測分布からのサンプル

```
8        pred = pm.sample_posterior_predictive(trace, samples=1000, random_seed=1)
9
10   y_pred_samples = pred['y']
11
12   # 予測分布からのサンプルを一部描画
13   for i in range(0, 1000, 10):
14       plt.plot(x_new, y_pred_samples[i,:], alpha=0.1, \
15       zorder=i+1, color='green')
16   # 予測分布からのサンプルの平均値を描画
17   plt.plot(x_new, y_pred_samples.mean(axis=0), alpha=1.0, label='poisson regression', zorder=i+1,
         color='red')
18   # データ点を描画
19   plt.scatter(x_data, y_data, marker='.', label='sample_data', zorder=i+2)
20
21   plt.xlabel('x')
22   plt.ylabel('y')
23   plt.legend()
24   plt.tight_layout();
```

各緑線がポアソン分布の予測分布からのサンプルで，赤線がサンプルの平均値です．MCMC によ

る事後分布 $p(w_1, w_2 \mid \mathbf{X}, \mathbf{Y})$ からのサンプルのばらつきが，ポアソン回帰モデルの予測分布の不確実性として反映されています．

3.4 一般化線形モデル：ロジスティック回帰モデル

次に，回帰モデルの誤差にベルヌーイ分布を仮定することによって，分類モデルとして扱うことができる**ロジスティック回帰モデル**（logistic regression model）を紹介します．

3.4.1 モデル概要

ロジスティック回帰モデルとは，1 次元入力の場合，入力 $x \in \mathbb{R}$ と 2 値の出力 $y \in \{0, 1\}$ の関係を以下のように表すモデルです．

$$y_n \mid \theta_n \sim \mathrm{Bern}(y_n \mid \theta_n) = {\theta_n}^{y_n}(1-\theta_n)^{1-y_n} \tag{3.20}$$

$$\theta_n = \mathrm{sigmoid}(w_1 x_n + w_2) \tag{3.21}$$

出力分布 $p(y \mid \theta)$ はベルヌーイ分布で，逆リンク関数はシグモイド関数が用いられます．シグモイド関数とは，ロジット関数の逆関数で次のように定義されます．

$$\mathrm{sigmoid}(\alpha) = \frac{1}{1+\exp(-\alpha)}, \quad \alpha \in \mathbb{R} \tag{3.22}$$

ロジット関数は以下のとおりです（図 3.12）．

$$\mathrm{logit}(\beta) = \log \frac{\beta}{1-\beta}, \quad \beta \in (0, 1) \tag{3.23}$$

逆リンク関数にシグモイド関数を使うことで，ベルヌーイ分布のパラメータが $\theta \in (0, 1)$ となることを保証します．

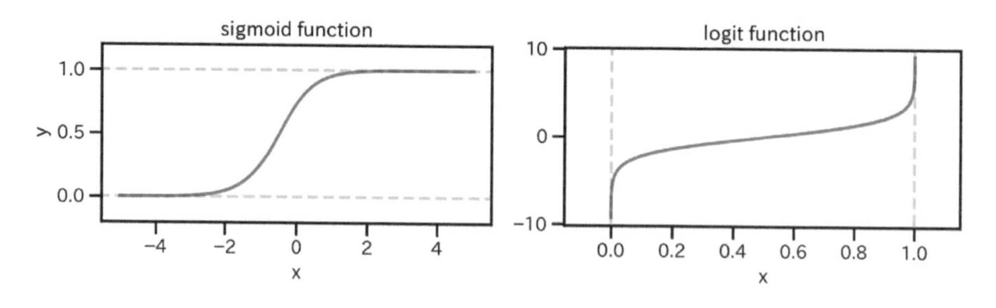

図 3.12 シグモイド関数（左）とロジット関数（右）

グラフィカルモデルは線形回帰モデルと同様で，図 3.2 のとおりです．

3.4.2 実装

実際にロジスティック回帰モデルを構築して推論をしてみます．今回は，アヤメの種類と特徴量に関するデータセットであるirisデータを使用します（図3.13）．入力$\mathbf{x} \in \mathbb{R}^2$が2次元である場合を例にとるため，このデータセットの中で，`sepal_length`と`sepal_width`を入力$\mathbf{x} \in \mathbb{R}^2$とし，出力$y$を植物の種類がsetosaかversicolorの2値分類として$y \in \{0, 1\}$とします．

```
1  # iris データセットの読み込み
2  iris_dataset = sns.load_dataset('iris')
3
4  # データ数
5  N = 50
6
7  # setosa と versicolor のみ抽出
8  iris_dataset_2species = iris_dataset[iris_dataset['species'].isin(['setosa', 'versicolor'])].copy()
9
10 # 使用するデータをサンプリング
11 iris_dataset_use = iris_dataset_2species.sample(N, random_state=1)
12
13 # 説明変数
14 x_data = iris_dataset_use[['sepal_length', 'sepal_width']].copy().values
15 # バイアス項の追加
16 x_data_add_bias = np.concatenate([x_data, np.ones((N,1))],axis=1)
17
18 # 目的変数
19 y_data = pd.Categorical(iris_dataset_use['species']).codes
20
21 # データをspecies で分割して可視化
22 x_data_set = x_data[y_data==0]
23 x_data_ves = x_data[y_data==1]
24
25 fig, ax = plt.subplots(figsize=(8, 4))
26 ax.scatter(x=x_data_set[:,0], y=x_data_set[:,1], color='darkred', marker='^',label='setosa')
27 ax.scatter(x=x_data_ves[:,0], y=x_data_ves[:,1], color='darkblue', marker='x', label='vesicolor')
28
29 ax.set_xlabel('x1')
30 ax.set_ylabel('x2')
31 ax.legend()
32 plt.tight_layout();
```

それではPyMC3でロジスティック回帰モデルのモデル式を構築します．

```
1  import pymc3 as pm
```

バイアス項を追加して，行列計算で記述します．係数パラメータ$\mathbf{w}$を3次元ベクトルにして，事前分布としてガウス分布を導入します．`pm.Bernoulli`クラスでは，引数として`logit_p`が用意されて

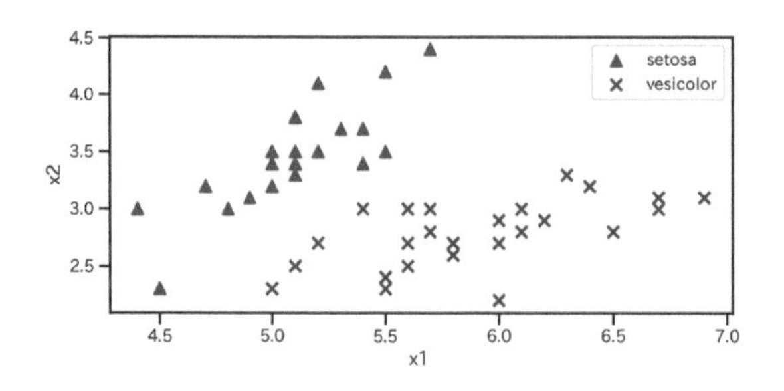

図 3.13 iris データ

おり，あらかじめリンク関数にロジット関数が使われることが想定されています．実装と整合性をとるために式 (3.25) ではリンク関数で記述しています．

$$y_n \mid \theta_n \sim \mathrm{Bern}(y_n \mid \theta_n) = {\theta_n}^{y_n}(1-\theta_n)^{1-y_n} \tag{3.24}$$

$$\begin{aligned}\mathrm{logit}(\theta_n) &= \mathbf{w}^\top \boldsymbol{\phi}(x_n) \\ &= [w_1, w_2, w_3]\begin{bmatrix} x_{n,1} \\ x_{n,2} \\ 1 \end{bmatrix} \\ &= w_1 x_{n,1} + w_2 x_{n,2} + w_3\end{aligned} \tag{3.25}$$

```
1  # モデルの定義
2  with pm.Model() as model:
3      # 説明変数
4      x = pm.Data('x', x_data_add_bias)
5      # 推論対象のパラメータ事前分布
6      w = pm.Normal('w', mu=0.0, sigma=1.0, shape=3)
7      # 尤度関数
8      y = pm.Bernoulli('y', logit_p =w.dot(x.T), observed=y_data)
```

係数パラメータ $\mathbf{w}$ の事後分布 $p(\mathbf{w} \mid \mathbf{X}, \mathbf{Y})$ を推定します．ロジスティック回帰モデルの係数パラメータの事後分布は解析解が導出できないため，NUTS を使って係数パラメータの事後分布からのサンプルを得ます．サンプルサイズ (draws) は 3000 で，バーンイン期間 (tune) を 1000，チェーン数 (chains) を 3 と設定します．

```
1  with model:
2      # MCMC による推論
3      trace = pm.sample(draws=3000, tune=1000, chains=3, random_seed=1, return_inferencedata=True)
```

推論結果を確認しましょう．係数パラメータ $\mathbf{w}$ の事後分布 $p(\mathbf{w} \mid \mathbf{X}, \mathbf{Y})$ からのサンプルを得ました．それぞれのチェーンの結果はほぼ一致しており，$\hat{R}$ も 1.1 未満であるため，MCMC の収束は問題ないといえます．

```
1  az.plot_trace(trace)
```

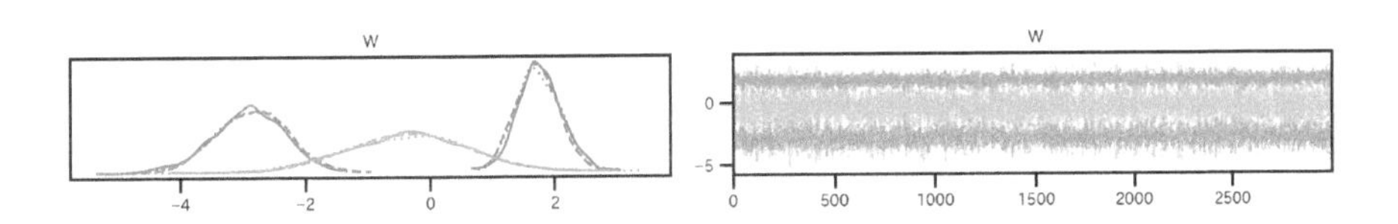


```
1  for var_info in az.rhat(trace).values():
2      print(var_info.name, var_info.values.round(3), sep=' ')
```

```
W [1.001 1.002 1.000]
```

次に，事後分布のサンプルを可視化します．事後分布 $p(w_1 \mid \mathbf{X}, \mathbf{Y}), p(w_2 \mid \mathbf{X}, \mathbf{Y}), p(w_3 \mid \mathbf{X}, \mathbf{Y})$ からのサンプルの平均値はそれぞれ $1.7, -2.9, -0.37$ と推論できました．

```
1  az.plot_posterior(trace, hdi_prob=0.9);
```

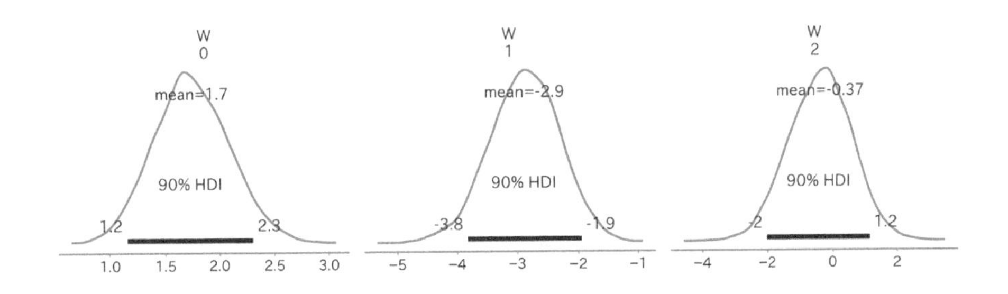

図 3.14　事後分布からのサンプル

ロジスティック回帰はデータの分類問題に使用されることが多いため，実際に得られたパラメータの事後分布 $p(\mathbf{w} \mid \mathbf{X}, \mathbf{Y})$ からのサンプル $\mathbf{w}^{(t)} \sim p(\mathbf{w} \mid \mathbf{X}, \mathbf{Y})$ を使って，分類の境界線となる $\theta = \mathrm{sigmoid}(\mathbf{w}^{(t)\top}\phi(\mathbf{x})) = 0.5$ となる $\mathbf{x} \in \mathbb{R}^2$ を可視化します．

```
# サンプルの取り出し（チェーン3つ分を結合）
w_mcmc_samples = trace.posterior['w'].values.reshape(9000,3)

# 次元ごとに取り出し
w1_samples = w_mcmc_samples[:,0]
w2_samples = w_mcmc_samples[:,1]
w3_samples = w_mcmc_samples[:,2]

fig, ax = plt.subplots(figsize=(8, 4))
# サンプルデータ
ax.scatter(x=x_data_set[:,0], y=x_data_set[:,1], color='darkred', marker='^',label='setosa')
ax.scatter(x=x_data_ves[:,0], y=x_data_ves[:,1], color='darkblue', marker='x', label='vesicolor')

N_new = 10
x1 = np.linspace(4.0, 7.2, N_new)
for i in range(0, 9000, 10):
    # x1 に対してθ=0.5となるx2
    x2 = - w3_samples[i] / w2_samples[i] - w1_samples[i] / w2_samples[i]*x1
    ax.plot(x1, x2, alpha=0.01, color='black')
ax.set_xlabel('x1')
ax.set_ylabel('x2');
ax.legend()
plt.tight_layout()
ax.set_xlim(4.0, 7.2);ax.set_ylim(2.0, 4.5)
```

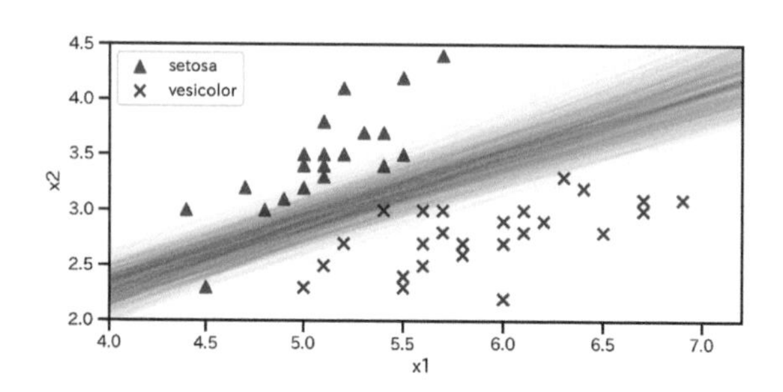

図 3.15　確率 0.5 になる境界線のサンプル

赤の三角印が 0 で，青のバツ印が 1 の iris データです．色の濃淡で境界線も不確実性を表現できています．

次に，得られたパラメータ事後分布 $p(\mathbf{w} \mid \mathbf{X}, \mathbf{Y})$ からのサンプル $\mathbf{w}^{(t)} \sim p(\mathbf{w} \mid \mathbf{X}, \mathbf{Y}), (t = 1, 2, \ldots, T)$ を使って，$\mathbf{x}_{\text{new}} \in \mathbb{R}^2$ を入力とするロジスティック回帰モデルの予測分布のサンプルを生成します．

$\mathbf{x}_{\text{new}} \in \mathbb{R}^2$ ごとに，予測分布から 3000 点サンプリングして平均値を可視化してみます．

```
# 2次元のグリッド状データ作成（100×100）
N_new = 100
x1_linspace = np.linspace(4.0, 7.2, N_new)
x2_linspace = np.linspace(2.0, 4.5, N_new)
x1_grid, x2_grid = np.meshgrid(x1_linspace, x2_linspace)
x_new = np.array([[x1, x2]  for x1, x2 in zip(x1_grid.ravel(), x2_grid.ravel())])
x_new_add_bias = np.concatenate([x_new, np.ones((N_new**2, 1))], axis=1)

with model:
    # 検証用データをモデルに入力
    pm.set_data({'x': x_new_add_bias})
    # 予測分布からサンプリング
    pred = pm.sample_posterior_predictive(trace, samples=3000, random_seed=1)

y_pred_samples = pred['y']

fig, ax = plt.subplots(figsize=(10, 4))
# 等高線図
contourf = ax.contourf(x1_grid, x2_grid, y_pred_samples.mean(axis=0).reshape(N_new,N_new), cmap=
    'plasma')
# サンプルデータ
ax.scatter(x=x_data_set[:,0], y=x_data_set[:,1], color='white', marker='^',label='setosa')
ax.scatter(x=x_data_ves[:,0], y=x_data_ves[:,1], color='black', marker='x', label='vesicolor')
ax.set_xlabel('x1')
ax.set_ylabel('x2')
ax.legend()
cbar = fig.colorbar(contourf, ax=ax)
cbar.set_label('prediction')
cbar.set_ticks(ticks=np.arange(0,1.1,0.2))
plt.tight_layout();
```

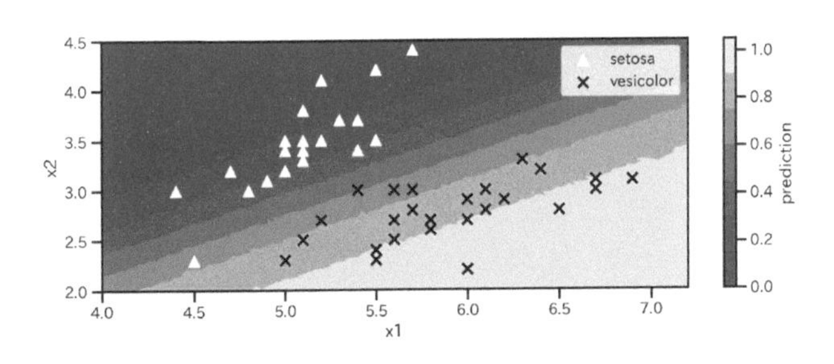

図 3.16　予測分布

見やすさのために色を変更して白の三角印が 0 で，黒のバツ印が 1 の iris データです．等高線図の色が予測値 θ_{new} の値を示しています．色が黄色になるほど 1.0 に近い確率になります．境界付近で予測分布からのサンプルの平均値がグラデーションのように変化していることが確認できます．

3.5 階層ベイズモデル

本節では，階層的にパラメータの事前分布を導入する**階層ベイズモデル**（hierarchical Bayesian model）を使って，係数パラメータの推論および未観測データの予測を行います．

3.5.1 モデル概要

一般的にベイズモデルにおいては係数などのパラメータに事前分布が設定されますが，階層ベイズモデルではその事前分布を定めるパラメータに対してさらに別の事前分布が設定されます．それによってモデリング対象のグループ差や個体差などを考慮できます．今回は，階層ベイズ線形回帰モデルを例に，モデリング対象のグループ差を許容したまま背後の共通パラメータを推論してみます．

地域別の部屋の面積（m^2）$x \in \mathbb{R}$ と家賃（円/月）$y \in \mathbb{R}$ の関係性を知りたいとします．基本的には，x と y の間に線形の関係性があることがわかっており，さらに出力 y の誤差がガウス分布に従い，その誤差の大きさも既知だとします．つまり，数式で表すと以下のような 1 次線形回帰モデルになり，誤差 ε_n が従うガウス分布の標準偏差 σ_y も既知ということになります．

$$y_n = ax_n + b + \varepsilon_n \tag{3.26}$$

$$\varepsilon_n \sim \mathcal{N}(0, \sigma_y^2) \tag{3.27}$$

しかし，部屋の面積 x と家賃 y の線形回帰モデルのパラメータである傾き a とバイアス b について，地域 i によってずれが生じることが判明しています．つまり，数式で表すと以下のようになります．

$$y_{i,n} = a_i x_{i,n} + b_i + \varepsilon_{i,n} \tag{3.28}$$

$$\varepsilon_{i,n} \sim \mathcal{N}(0, \sigma_y^2) \tag{3.29}$$

この地域 i の違いによる傾き a_i とバイアス b_i を考慮したうえで，それぞれのパラメータを推論してみます．

人工データを使用します．今回は，$K = 9$ の地域において，それぞれ取得できたデータ数だけの x と y の関係性を描画してみます．データは全地域分を合わせて 30 点と少なめです．地域によってはデータが 1 点しかない場合もあります．全地域のデータ点と真の関数を可視化してみます．地域 i ごとに色を変えて描画しています．地域ごとの傾きとバイアスのずれが原因で，すべてのデータが同じ 1 本の直線にのっているわけではなく，地域 i によって直線に多少ばらつきがあることが確認できます．

```
# データ読み込み
df_data = pd.read_csv('toy_data.csv')
# 真の係数パラメータの読み込み
df_coef = pd.read_csv('true_corf.csv')
```

```
5   # 説明変数
6   x_data = df_data['x'].values
7   # 目的変数
8   y_data = df_data['y'].values
9   # 地域グループ
10  group_idx = df_data['systemID'].values.astype(int)
11  # 地域ごとの傾きとバイアス
12  a_vector, b_vector = df_coef['a'].values, df_coef['b'].values
13
14  # 可視化用
15  x_linspace = np.linspace(20, 50, 100)
16
17  fig, ax = plt.subplots(figsize=(9, 6))
18  cm10 = plt.get_cmap('jet', 10)
19  for i in range(9):
20      # 真の関数可視化
21      ax.plot(x_linspace, a_vector[i]*x_linspace+b_vector[i], color=cm10(i+1), alpha=0.5)
22      # 学習データ可視化
23      ax.scatter(x_data[group_idx==i], y_data[group_idx==i], marker='.', color=cm10(i+1))
24
25  ax.set_xlabel(' 面積 ($m^2$) ');ax.set_ylabel(' 家賃 (円/月) ')
26  ax.set_title(' 地域毎の真の関数群とデータ点')
27  plt.tight_layout()
```

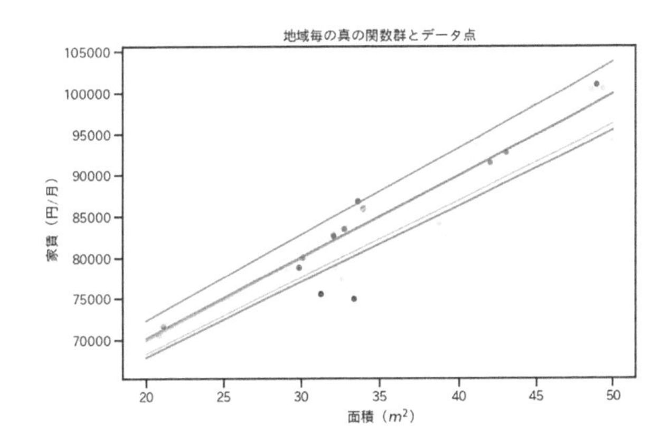

図 3.17　地域ごとの真の関数と使用する人工データ

もし地域 i ごとに，傾き a_i とバイアス b_i が異なるという理由で，9 つの地域別々にモデルを作成して推論すると，データが少ない地域の場合に正しくパラメータを推論できません．

実際に地域別にデータを分けて，線形回帰を 9 回実施した結果が図 3.18 です．地域によっては真の関数がうまく推定できている場合もありますが，多くが真の関数から外れた予測関数となっています．

極端な例として地域2では，データ点が1点のために傾きがほぼ0に推定されています．また地域9では，ノイズの影響で負の傾きの直線として推定されてしまいます．

```
1  from sklearn.linear_model import LinearRegression
2  
3  fig, ax = plt.subplots(figsize=(10, 10), ncols=3, nrows=3, \
4  sharex=True, sharey=True)
5  x_new = np.linspace(20, 50, 100)
6  
7  # 地域グループごとに処理
8      for i in range(9):
9      row_index = i//3
10     col_index  = i%3
11 
12     # 地域グループ取り出し
13     x_i = x_data[group_idx==i]
14     y_i = y_data[group_idx==i]
15     # 線形回帰
16     lr = LinearRegression()
17     lr.fit(x_i.reshape(-1,1), y_i.reshape(-1,1))
18     # 線形回帰可視化
19     y_linear_model = lr.predict(x_new.reshape(-1,1))
20     ax[row_index, col_index].plot(x_new, y_linear_model, color = 'green',\
21     linewidth = 1, label='推論')
22     # 真の関数可視化
23     y_true = a_vector[i]*x_new+b_vector[i]
24     ax[row_index, col_index].plot(x_new, y_true, color = 'red',\
25     linewidth = 1, label='真の関数')
26     # 学習データ可視化
27     ax[row_index, col_index].scatter(x_i, y_i, marker='.', s=25,\
28     zorder=2, label='データ')
29 
30     ax[row_index, col_index].set_title('地域_{}'.format(i+1))
31     if row_index==2:
32         ax[row_index, col_index].set_xlabel('面積（$m^2$）')
33     if col_index==0:
34         ax[row_index, col_index].set_ylabel('家賃（円/月）')
35 ax[0,0].legend()
36 plt.tight_layout()
```

a_i に強力な事前分布を設定すれば，このようなことは防げますが，最初から地域ごとに a_i も b_i もずれによって固有の値をとることが判明しているため，どのような事前分布を設定すればよいかがわかりません．

階層ベイズモデルでは，「地域 i によって線形モデルのパラメータである傾き a_i とバイアス b_i はだいたい同じような値をとり，多少のずれが生じる」という仮定をおくことができます．つまり，地域 i ごとに，傾き a_i とバイアス b_i がそれぞれ共通の何らかの確率分布 $p(a), p(b)$ に従っていると仮定します．

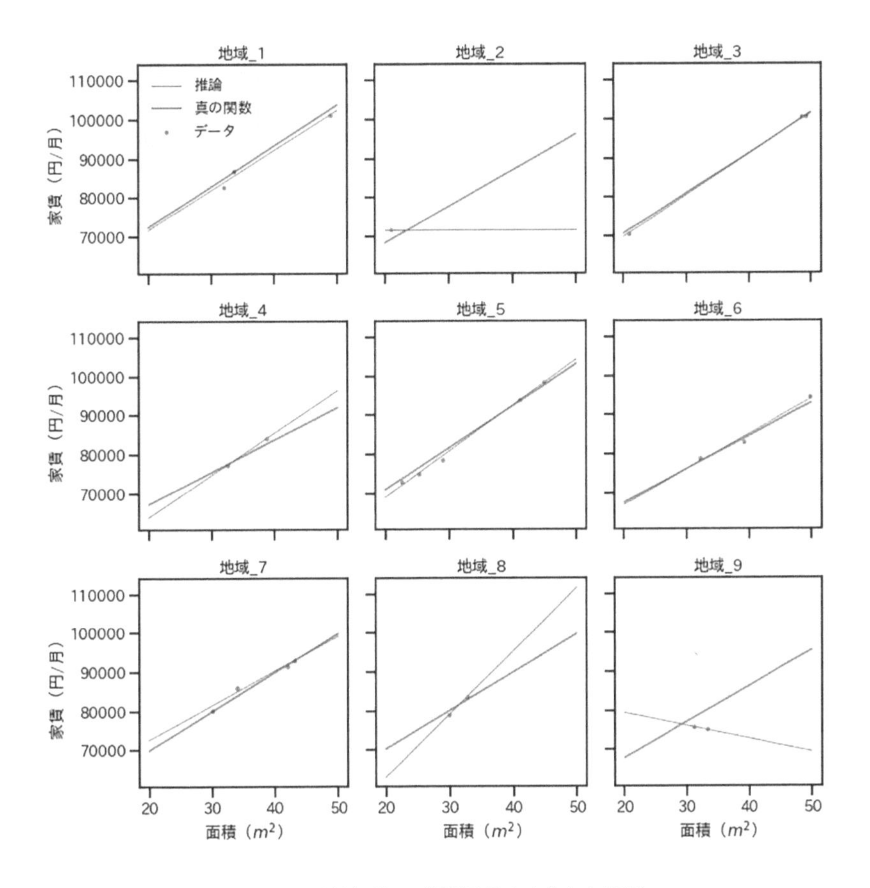

図 3.18　地域ごとに線形回帰を実施した結果

$$y_n = a_i x_n + b_i + \varepsilon_n \tag{3.30}$$

$$a_i \sim p(a) \tag{3.31}$$

$$b_i \sim p(b) \tag{3.32}$$

$$\varepsilon_n \sim \mathcal{N}(0, \sigma_y) \tag{3.33}$$

全地域の情報を利用することで，$p(a), p(b)$ を正しく推論できれば，データが極端に少ない地域の場合でもより真の関数に近い予測分布を出力することが可能になります．

グラフィカルモデルは図 3.19 のようになります．

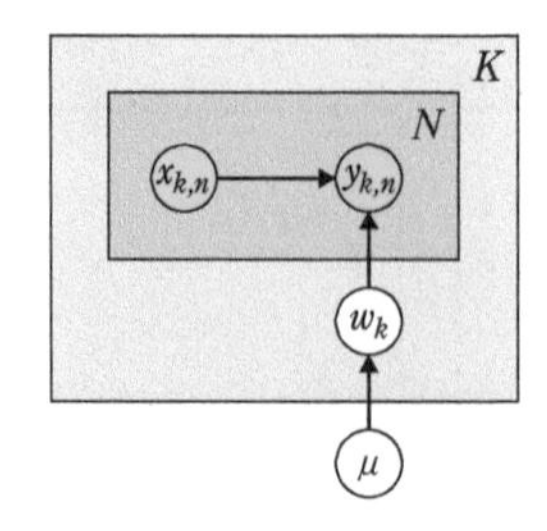

図 3.19 階層ベイズモデルのグラフィカルモデル

3.5.2 実装

実際に階層ベイズモデルを PyMC3 でモデリングして，推論します．階層ベイズ回帰モデルの実装は Martin [2018] も参考にしてください．

```
1 import pymc3 as pm
```

階層ベイズ線形回帰モデルのモデル式を定義します．階層ベイズモデルでは，傾き a_i とバイアス b_i がある共通の確率分布から発生すると考えます．

$$y_n = a_i x_n + b_i + \varepsilon_n \tag{3.34}$$

$$a_i \sim \mathcal{N}(\mu_a, \sigma_a^2) \tag{3.35}$$

$$b_i \sim \mathcal{N}(\mu_b, \sigma_b^2) \tag{3.36}$$

$$\mu_a \sim \mathcal{N}(\mu_{ha}, \sigma_{ha}^2) \tag{3.37}$$

$$\sigma_a \sim \mathrm{HalfCauchy}(\beta_a) \tag{3.38}$$

$$\mu_b \sim \mathcal{N}(\mu_{hb}, \sigma_{hb}^2) \tag{3.39}$$

$$\sigma_b \sim \mathrm{HalfCauchy}(\beta_b) \tag{3.40}$$

$$\varepsilon_n \sim \mathcal{N}(0, \sigma_y^2) \tag{3.41}$$

今回，パラメータである傾き a_i とバイアス b_i は，共通の事前分布 pm.Normal(shape=group_num) から生成されると仮定します．次に，事前分布のパラメータにさらに別の事前分布を設定します．平均である μ_a, μ_b にはガウス分布として pm.Normal を，標準偏差である σ_a, σ_b には正の値に限定したいため半コーシー分布として pm.HalfCauchy を設定します．

```
1 # モデルの定義
2 with pm.Model() as model:
3 
4     # 説明変数
```

```
    X_shared = pm.Data('x', x_data)

    # 傾きについてのハイパーパラメータの事前分布
    a_mu = pm.Normal('a_mu', mu=50.0, sigma=10.0)
    a_sigma = pm.HalfCauchy('a_sigma', beta=100.0)

    # 地域ごとの傾き
    a_offset = pm.Normal('a_offset', mu=a_mu, sigma=a_sigma, shape=group_num)

    # バイアスについてのハイパーパラメータの事前分布
    b_mu = pm.Normal('b_mu', mu=50000.0, sigma=1000.0)
    b_sigma = pm.HalfCauchy('b_sigma', beta=1000.0)

    # 地域ごとのバイアス
    b_offset = pm.Normal('b_offset', mu=b_mu, sigma=b_sigma, shape=group_num)

    # 尤度関数（地域を表すgroup_idx で傾きとバイアスの次元を指定）
    y = pm.Normal('y', mu=a_offset[group_idx]*X_shared + b_offset[group_idx], sigma=1000, observed=
     y_data)
```

MCMC で事後分布からのサンプルを得ます．サンプルサイズ (draws) は 3000，バーンイン期間 (tune) は 1000，チェーン数 (chains) は 3 です．

```
with model:
    # MCMC による推論
    trace = pm.sample(draws=3000, tune=1000, chains=3, random_seed=1,\
    return_inferencedata=True)
```

MCMC で得られたサンプルの統計量とトレースプロットを確認してみます (図 3.20)．トレースプロットを確認すると 3 つのチェーンによる事後分布が重なっており，$\hat{R}$ もすべて 1.1 未満であるため，MCMC の収束は問題ないといえます．

```
az.plot_trace(trace, var_names=['a_mu', 'a_sigma', 'a_offset', 'b_mu', 'b_sigma', 'b_offset']);
```

```
for var_info in az.rhat(trace).values():
    print(var_info.name, var_info.values.round(3), sep=' ')
```

```
a_mu 1.001
a_offset 1.001 1.001 1.004 1.006 1.007 1.003 1.001 1.0013 1.002
b_mu 1.003
b_offset 1.003 1.002 1.005 1.003 1.001 1.001 1.002 1.002 1.001
a_sigma 1.011
b_sigma 1.002
```

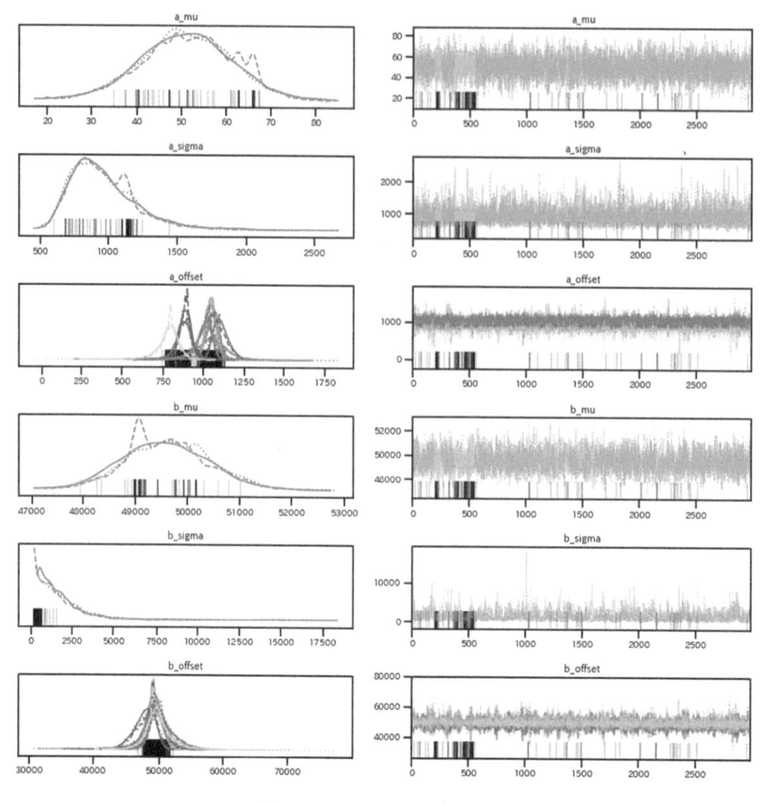

図 3.20 トレースプロット

次に，傾きとバイアスの事後分布サンプルを使って，$x_{\mathrm{new}} \in (20, 50)$ を入力とする予測分布からのサンプルを可視化してみます.

```
fig, ax = plt.subplots(figsize=(10, 10), ncols=3, nrows=3, sharex=True, sharey=True)
x_new = np.linspace(20, 50, 100)

# 地域グループごとに処理
for i in range(9):
    row_index = i//3
    col_index  = i%3

    # 地域ごとの係数パラメータのMCMC サンプル平均値と標準偏差を算出
    a_i_mcmc_samples = trace.posterior['a_offset'][0, :, i]
    b_i_mcmc_samples = trace.posterior['b_offset'][0, :, i]

    # 学習データ可視化
    x_i = x_data[group_idx==i]
    y_i = y_data[group_idx==i]
```

```
16      ax[row_index, col_index].scatter(x_i, y_i, marker='.', zorder=3, s=25, label='データ')
17
18      # MCMC サンプルを使って予測分布の平均を可視化
19      for k in range(0, 3000, 15):
20          y_new_sample = a_i_mcmc_samples[k].values * x_new + b_i_mcmc_samples[k].values
21          ax[row_index, col_index].plot(x_new, y_new_sample, alpha=0.01, color ='green', zorder=1)
22
23      # 真の関数可視化
24      y_true = a_vector[i]*x_new+b_vector[i]
25      ax[row_index, col_index].plot(x_new, y_true, color = 'red',\
26      linewidth = 1, label='真の関数')
27
28      ax[row_index, col_index].set_title('地域_'.format(i+1))
29      if row_index==2:
30          ax[row_index, col_index].set_xlabel('面積（m^2）')
31      if col_index==0:
32          ax[row_index, col_index].set_ylabel('家賃（円/月）')
33  ax[0, 0].legend()
```

図 3.21 において，赤線が真の関数で，緑線がパラメータの MCMC サンプルごとの予測分布の平均値です．先ほどの地域別に線形回帰モデルを実施する場合と比較して，傾き a_i とバイアス b_i がより真の関数に近く，推論できていることが確認できます．特にデータ点が 1 つしかない地域 2 や負の傾きとして推定されていた地域 9 においても，その他の地域の情報を使って共通の $p(a)$ と $p(b)$ を事後分布として得ることで，不確実性を持ちながら推定することができました．

今回は線形モデルを例に階層ベイズモデルを構築しましたが，さまざまなモデルでパラメータに階層的な事前分布を導入することで，階層ベイズ化することができます．

3.6 ガウス過程回帰モデル：ガウス尤度

本節では，ノンパラメトリック回帰モデルと呼ばれる非常に柔軟な回帰モデルである**ガウス過程回帰モデル**（Gaussian process regression model）を構築し，推論および未観測データの予測を行います．

3.6.1 モデル概要

ガウス過程回帰では，カーネルと呼ばれる関数によって，データに関する抽象的な知識をガウス過程回帰に反映させることができます．このカーネルを設計したり組み合わせたりすることによって，さまざまな特性を持った回帰モデルを作ることができます．

まず，**ガウス過程**（Gaussian process）の定義から始めます．ある確率変数の集合を $\mathbf{F}$ とします．任意の自然数 N に対して，f を関数として $\mathbf{F}$ から選んだ N 個の確率変数 $\{f(x_1), f(x_2), \ldots, f(x_N)\}$ がガウス分布に従うとき，$\mathbf{F}$ をガウス過程と呼び，f はガウス過程に従うといいます．

$$f \sim \mathrm{GP}(m(x), k(x, x')) \tag{3.42}$$

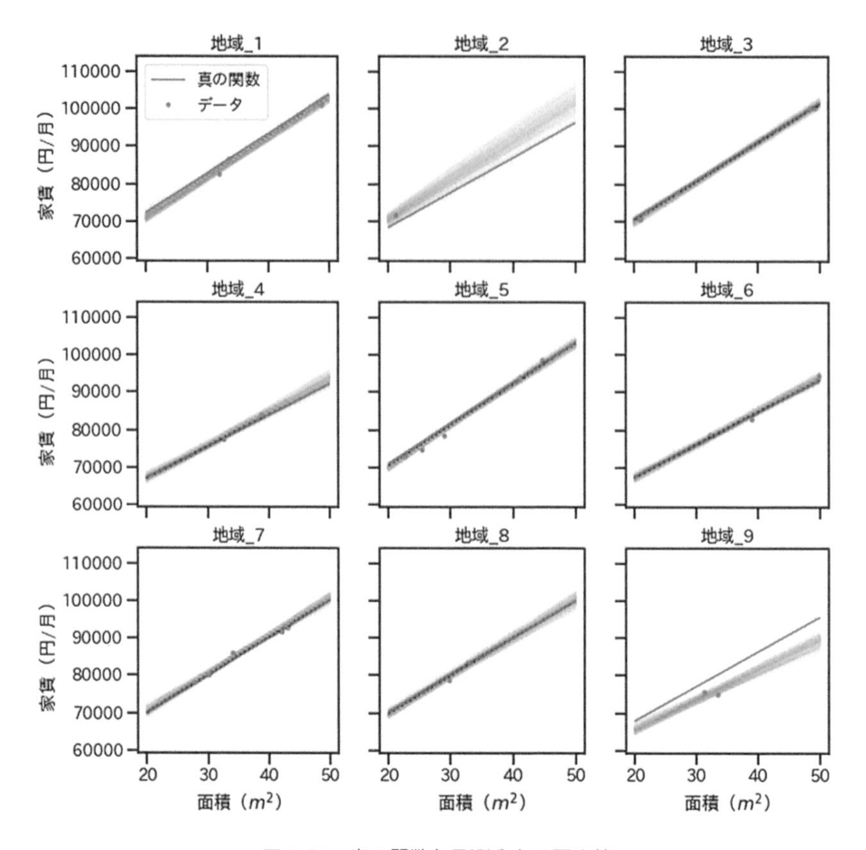

図 3.21　真の関数と予測分布の平均値

ガウス過程は直感的な説明をすると，関数 $f(x)$ 上の確率分布です．つまり，ガウス過程からランダムな関数をサンプリングできることになります．関数空間上の事前分布を直接定義し，データを観測した後の事後分布や予測分布などの推論計算も関数空間上で行われます．

ガウス過程回帰は，データから関数 $f(x)$ の確率分布をガウス過程の事後分布として求める方法です．図 3.22 の中央がガウス過程による関数空間上の事前分布からのサンプルです．左図のような真の関数から得られたデータを与えて関数の事後分布を求めます．右図は関数の事後分布からのサンプルです．

ガウス過程は関数の確率分布であり，x の定義域は実数であることから，x のすべての要素に対応する出力は無限次元 $\{f(x_1), f(x_2), f(x_3), \ldots\}$ のガウス分布と考えられます．ただし，データ点は有限次元であるため，ガウス過程は実際には有限次元の多変量ガウス分布として計算上は扱うことになります．多変量ガウス分布の一部の確率変数を周辺化した分布は別の多変量ガウス分布になるので，データ点のある次元以外を周辺化して有限次元にしていることになります．図 3.23 に示すのは，20 次元の多変量ガウス分布（左図）と 100 次元の多変量ガウス分布（右図）になります．x_n のデータ点が

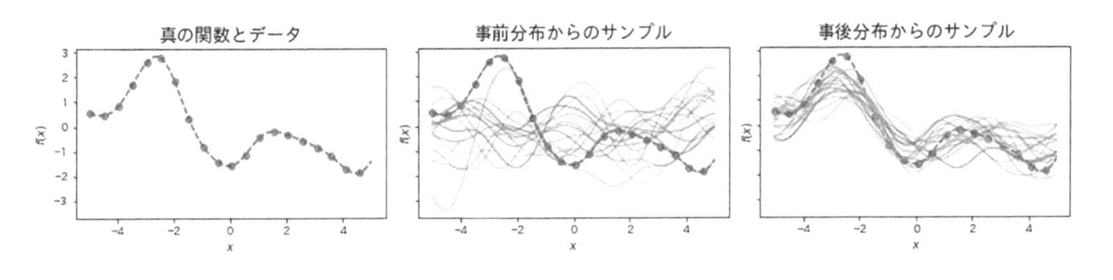

図 3.22 ガウス過程回帰のイメージ

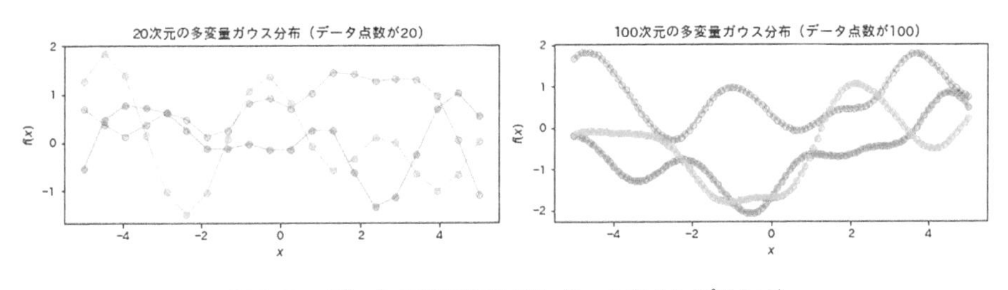

図 3.23 データのある次元のみ $f(x_n)$ をサンプリング

ある場所（次元）のみ，対応する $f(x_n)$ のサンプルを多変量ガウス分布からサンプリングしています．

カーネル関数（kernel function）

ガウス過程では，平均関数 $m(x)$ とカーネル関数 $k(x, x')$ によって，生成される関数 f の性質が決定されます．データの平均値を 0 とする正規化をしておくことで平均関数はゼロベクトルと仮定できるため，その場合カーネル関数によってガウス過程の性質が特徴づけられます．

ガウス過程は直感的には入力 x 同士が近ければ，出力 y も近い値をとりやすいのですが，この入力 x の「近い」という概念が，選択するカーネル関数によって変わります．この入力 x の近さをカーネル関数によって数学的に表現します．

$$f \sim \mathrm{GP}(m(x), k(x, x')) \tag{3.43}$$

具体的な入力値の集合 $\mathbf{X} = \{x_1, \ldots, x_N\}$ を用意すると，これらの入力値を用いて，次のような**共分散行列**（covariance matrix）

$$\mathbf{K} = \begin{bmatrix} k(x_1, x_1) & \cdots & k(x_1, x_N) \\ \vdots & \ddots & \vdots \\ k(x_N, x_1) & \cdots & k(x_N, x_N) \end{bmatrix} \tag{3.44}$$

を計算し，N 次元の多次元ガウス分布 $\mathcal{N}(\mathbf{0}, \mathbf{K})$ から N 次元ベクトルをサンプリングし，曲線として描画することで関数のサンプルを可視化できます．このときの共分散行列の要素にある $k(x, x')$ がカーネル関数です．

カーネル関数の代表的な例として，以下のような **RBF カーネル**（radial basis function kernel，**動径基底関数**）があります．

$$k(x, x'; \theta) = \exp\left(-\frac{|x - x'|^2}{\theta}\right) \tag{3.45}$$

RBF カーネルには $|x - x'|$ というユークリッド距離が含まれているため，RBF カーネルを使用する場合の「近い」という概念は，「ユークリッド距離が近い」ということであるといえます．カーネル関数にはハイパーパラメータがあります．式 (3.45) の場合は θ です．

ハイパーパラメータを変更すると，ガウス過程からサンプリングされる関数の性質が変化します．図 3.24 においては，RBF カーネルのハイパーパラメータ θ を変更することで，サンプリングされる関数の概形が変わっていることが確認できます．θ が大きいと，よりなだらかな関数になる印象を受けます．

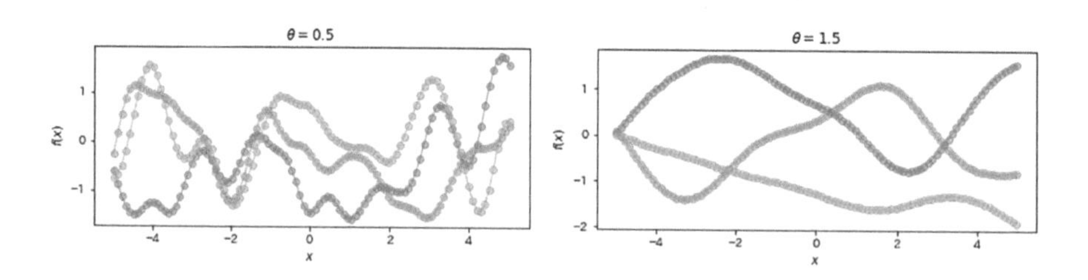

図 3.24　異なるカーネル関数のハイパーパラメータによる関数のサンプル

線形回帰モデルもガウス過程の表現で書くことができます．その際にカーネル関数は線形回帰モデルにおける特徴量変換 ϕ の内積となります．RBF カーネルは，実は無限次元への特徴量変換を仮定しており，それゆえに RBF カーネルによるガウス過程回帰は無限次元の特徴量を持つ線形回帰モデルが背後に仮定されていることになります．つまり，あらかじめ特徴量変換を定義して線形回帰モデルを構築するよりも，より自由度が高く関数の特徴を設計できることになります．

さらに，ガウス過程回帰を使って予測を行う際には，無限次元の内積を計算する必要はなく，カーネル関数自体を計算すれば済みます．これを**カーネルトリック**（kernel trick）といいます．

他にも代表的なカーネル関数を紹介します．図 3.25 は，上がカーネル関数で，下がガウス過程 f のサンプルを示します．RBF カーネルの他に，Linear カーネルは線形関係，Periodic カーネルは周期性，Polynomial カーネルは多項式カーブを表すことができます．

カーネル関数の組み合わせ

既存のカーネル関数を組み合わせることによって，新しいカーネル関数を作り出すことができます．

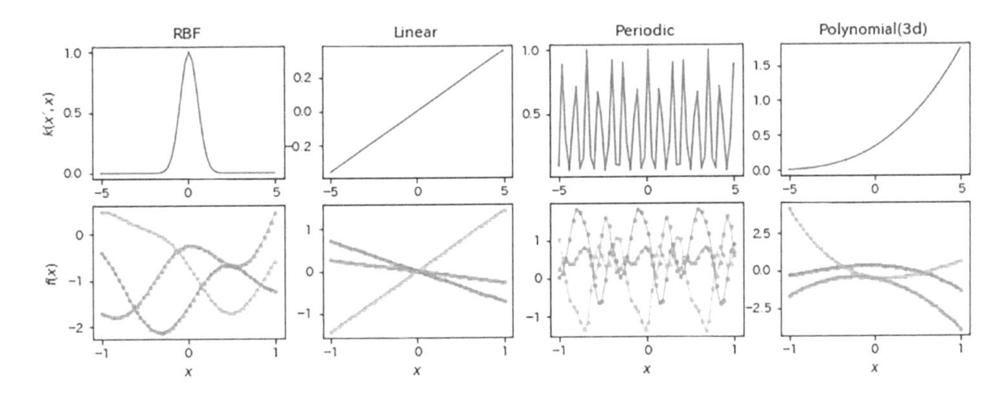

図 3.25 カーネル関数の比較．上がカーネル関数で下がそのカーネル関数を使用したガウス過程からのサンプル

例えば，2 つのカーネル関数 k_1, k_2 で和や積を計算することにより，新しいカーネル関数を作ることができます．これによって k_1, k_2 の両方の性質を持つ回帰モデルを扱うことが可能です．

$$k_{\mathrm{add}}(x, x') = k_1(x, x') + k_2(x, x') \tag{3.46}$$

$$k_{\mathrm{prod}}(x, x') = k_1(x, x')k_2(x, x') \tag{3.47}$$

図 3.26 は，上が組み合わせて作成したカーネル関数，下がカーネル関数を使用した関数 f のサンプルです．Linear と Periodic の和では，周期性の 振幅は一定である一方で，Linear と Periodic の積では，周期性の振幅も線形に大きくなっている様子が確認できます．

ガウス過程のカーネル関数の選択や設計を検討する際に，**対数周辺尤度** (log marginal likelihood) の数値比較が参考になります．対数周辺尤度は $\ln p(\mathbf{Y} \mid \mathbf{X}, \theta) = \ln \mathcal{N}(\mathbf{Y} \mid \mathbf{0}, \mathbf{K_{XX}})$ で表せ，共分散行列 $\mathbf{K_{XX}}$ を構成するカーネル関数とそのハイパーパラメータを変更すると，対数周辺尤度も変わるこ

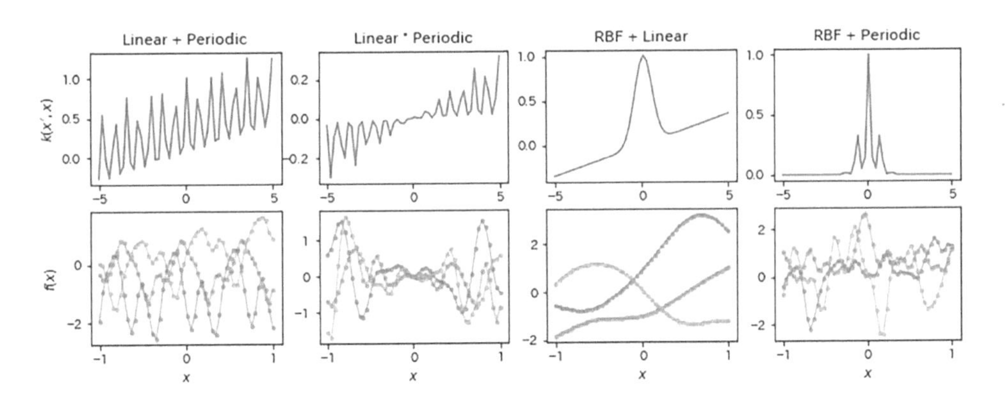

図 3.26 カーネル関数の組み合わせ．上がカーネル関数で下がそのカーネル関数を使用したガウス過程からのサンプル

とになります．

図 3.27 は，RBF と Periodic と RBF+Periodic の 3 つのカーネル関数を使用したガウス過程回帰で対数周辺尤度を比較しています．RBF+Periodic が最も対数周辺尤度が高いことがわかりました．しかし，データ点数が 15 点と少ないため過剰適合である可能性もあります．対数周辺尤度のみでカーネル関数を決定するのではなく，ドメイン知識も併用しながらカーネルを選択しましょう．

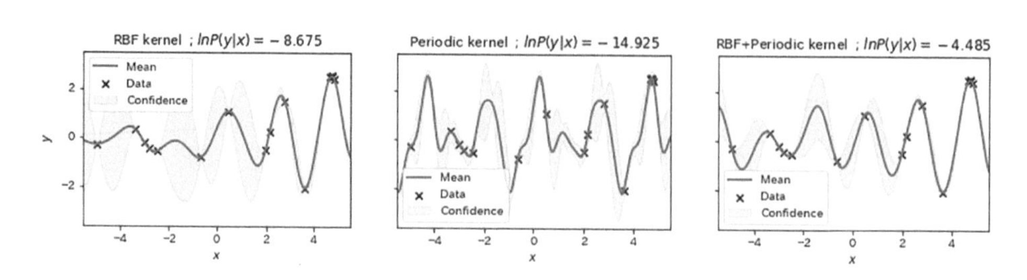

図 3.27　カーネル関数の違いによるガウス過程回帰の対数周辺尤度の比較

また，この対数周辺尤度 $\ln p(\mathbf{Y} \mid \mathbf{X}, \theta)$ をカーネル関数のハイパーパラメータ θ に関して，勾配法などの最適化手法を使って最大化することでチューニングをすることができます．図 3.24 で示したとおり，カーネル関数のハイパーパラメータによって関数の性質が変わるため，ハイパーパラメータチューニングによってデータに対する当てはまりをよくできます．しかしこちらも注意点として，ハイパーパラメータの最適化は最尤推定の考え方に基づくため，ハイパーパラメータの数が多い場合や学習データに偏りがある場合に過剰適合を起こす可能性があります．そのような場合には，ハイパーパラメータに対しても事前分布を設定し，ハイパーパラメータの事後分布も同時に推論することによって過剰適合を抑制できます．

推論

ガウス過程回帰では，予測分布の出力が可能です．学習データを $\mathbf{D} = \{\mathbf{X}, \mathbf{Y}\}$，新規の入力値の集合を $\mathbf{X}_{\text{new}}$ とし，対応する予測値の集合を $\mathbf{Y}_{\text{new}}$ とおけば，予測分布はガウス分布の条件付き分布 $p(\mathbf{Y}_{\text{new}} \mid \mathbf{X}_{\text{new}}, \mathbf{D})$ になります．詳しくは須山敦志 [2019] を参照ください．

ガウス過程回帰の予測分布

$$p(\mathbf{Y}_{\text{new}} \mid \mathbf{X}_{\text{new}}, \mathbf{D}) = \mathcal{N}(\mathbf{Y}_{\text{new}} \mid \boldsymbol{\mu}_{\text{new}}, \boldsymbol{\Sigma}_{\text{new}}) \tag{3.48}$$

$$\boldsymbol{\mu}_{\text{new}} = \mathbf{K}_{\mathbf{X}_{\text{new}}\mathbf{X}} \mathbf{K}_{\mathbf{XX}}^{-1} \mathbf{Y} \tag{3.49}$$

$$\boldsymbol{\Sigma}_{\text{new}} = \mathbf{K}_{\mathbf{X}_{\text{new}}\mathbf{X}_{\text{new}}} - \mathbf{K}_{\mathbf{X}_{\text{new}}\mathbf{X}} \mathbf{K}_{\mathbf{XX}}^{-1} \mathbf{K}_{\mathbf{X}\mathbf{X}_{\text{new}}} \tag{3.50}$$

各関数の出力 $f_n = f(x_n)$ に対して独立なノイズが付与されることによって，データ $y_n \in \mathbb{R}$ が観測されていると仮定します．今回は，観測分布としてガウス分布を仮定します．

$$
y_n = f_n + \varepsilon_n \tag{3.51}
$$

$$
\varepsilon_n \sim \mathcal{N}(0, \sigma_y^2) \tag{3.52}
$$

このとき次のようなガウス分布の**尤度関数**（likelihoods）を定義していることになります．

$$
p(y_n \mid f_n) = \mathcal{N}(y_n \mid f_n, \sigma_y^2) \tag{3.53}
$$

ガウス過程回帰モデルのグラフィカルモデルは図 3.28 のようになります．

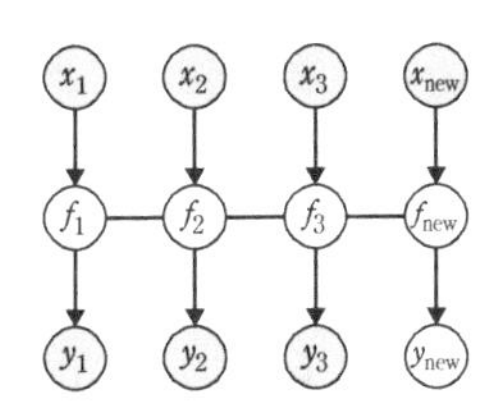

図 3.28　ガウス過程回帰のグラフィカルモデル

3.6.2　実装

ガウス過程回帰を実装します．簡単な人工データを生成して使用します．

```
import torch

# データ数
N = 15
# 説明変数（一様分布からサンプリング）
x_data = torch.FloatTensor(N).uniform_(-1, 1)

# 真の関数
def true_func(x):
    return 1.5*torch.exp(x) * torch.sin(2*torch.pi * x)

# 目的変数
y_data = true_func(x_data) + 0.1*torch.randn(N)

plt.scatter(x_data, y_data)
plt.xlabel('$x$')
plt.ylabel('$y$')
```

この人工データへのガウス過程回帰の推論を GPyTorch を使用して実装します．GPyTorch は，

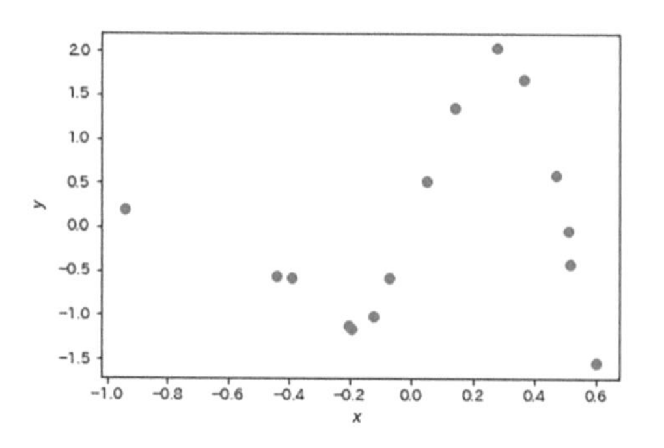

図 3.29　使用する人工データ

2.7 節にて簡単に説明しましたが，PyTorch 上で実装されたガウス過程に特化したパッケージです．GPyTorch では，ガウス過程を自分で構築するための必要なツールが用意されています．PyTorch でニューラルネットワークを自分で構築するのと同様で，柔軟性を持たせています．

ガウス過程の最大の問題点として計算量が挙げられます．予測分布の計算には $N \times N$ サイズの行列の逆行列の計算が含まれており，これは一般に $\mathcal{O}(N^3)$ の計算オーダーとなり，データ数 N が大きくなると計算速度の観点で実用的ではなくなります．そのため，計算量を削減したさまざまな近似推論が提案されています．GPyTorch では，ハードウェアによる高速化の恩恵を受けるために，blackbox matrix-matrix multiplication（BBMM）推論 (Gardner et al. [2021]) により，計算量を実質的に $\mathcal{O}(N^2)$ に減らしています．

GPyTorch の公式ページ [注1] を参考にしながら実装していきます．今回はガウス過程の尤度をガウス分布として，カーネル関数に RBF カーネルを使用します．推論のほとんどを処理してくれる `gpytorch.models.ExactGP` クラスをベースに，平均関数 `gpytorch.means.ConstantMean` とカーネル関数 `gpytorch.kernels.ScaleKernel(gpytorch.kernels.RBFKernel)`，尤度 `gpytorch.likelihoods.GaussianLikelihood` を設定します．`gpytorch.kernels.ScaleKernel` は特徴量変換のスケールを調整するカーネル（$K_{\text{scaled}} = \theta_{\text{scale}} K_{\text{orig}}$）です．もしもカーネル関数を組み合わせたい場合は，`self.covar_module = ScaleKernel(RBFKernel() + LinearKernel())` のように簡単にできます．

```
1  import gpytorch
2  from gpytorch.models import ExactGP
3
4  # ガウス過程回帰モデルの実装
5  class ExactGPModel(gpytorch.models.ExactGP):
6      def __init__(self, train_x, train_y, likelihood):
7          super(ExactGPModel, self).__init__(train_x, train_y, likelihood)
8          # 平均関数
```

注 1　https://docs.gpytorch.ai/en/latest/examples/01_Exact_GPs/Simple_GP_Regression.html

```
        self.mean_module = gpytorch.means.ConstantMean()
        # カーネル関数
        self.covar_module = gpytorch.kernels.ScaleKernel(gpytorch.kernels.RBFKernel())

    # ガウス過程の生成過程
    def forward(self, x):
        mean_x = self.mean_module(x)
        covar_x = self.covar_module(x)
        return gpytorch.distributions.MultivariateNormal(mean_x, covar_x)

# 尤度にガウス分布を設定
likelihood = gpytorch.likelihoods.GaussianLikelihood()
# データと尤度を設定しモデルを定義
model = ExactGPModel(x_data, y_data, likelihood)
```

ハイパーパラメータの最適化ループも実装します．ループの中は，PyTorch でのニューラルネットワークの最適化手順と同じです．

```
# 学習モードに設定
model.train()
likelihood.train()

# 最適化アルゴリズムにAdam を設定
optimizer = torch.optim.Adam(model.parameters(), lr=0.1)

# 周辺対数尤度の計算
mll = gpytorch.mlls.ExactMarginalLogLikelihood(likelihood, model)

training_iter = 150
loss_list = []
for i in range(training_iter):
    # 勾配を 0に初期化
    optimizer.zero_grad()
    # モデルからの出力
    output = model(x_data)
    # 損失関数の計算
    loss = -mll(output, y_data)
    # 勾配計算
    loss.backward()
    # パラメータ更新
    optimizer.step()
    loss_list.append(loss)

plt.plot(loss_list)
plt.xlabel('step')
plt.ylabel('Loss')
```

図 3.30 に示すように，損失関数である周辺対数尤度の負値が十分に下がって収束していることが確

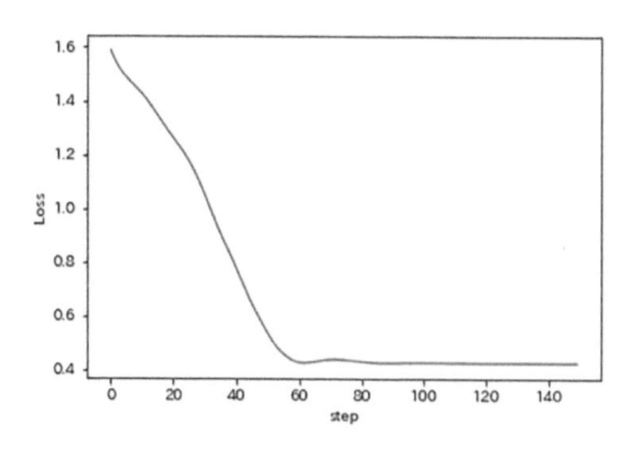

図 3.30　損失関数の推移

認できます．

ハイパーパラメータを最適化できたので，予測分布を可視化してみます（図 3.31）．データが疎になっている領域における予測分布の不確実性が大きくなっていることが確認できます．

```
# 推論モードに設定
model.eval()
likelihood.eval()

# テストデータの用意
x_new = torch.linspace(-1, 1, 50)

with torch.no_grad(), gpytorch.settings.fast_pred_var():
    # 予測分布の出力
    prediction = likelihood(model(x_new))
    # 信用区間の出力
    lower, upper = prediction.confidence_region()

fig, ax = plt.subplots(1, 1, figsize=(10, 4))
ax.plot(x_data.numpy(), y_data.numpy(), 'k*', label='Observed Data')
ax.plot(x_new.numpy(), prediction.mean.numpy(), 'b', label='Mean')
ax.fill_between(x_new.numpy(), lower.numpy(), upper.numpy(), alpha=0.5, label='Confidence')
ax.set_xlabel('$x$')
ax.set_ylabel('$y$')
ax.legend()
```

今回は，カーネル関数のハイパーパラメータを最尤法で最適化しましたが，ハイパーパラメータに事前分布を設定してベイズ推論を行うフルベイズ[注2]でもハイパーパラメータの推論は可能です．

注 2　ここでフルベイズとは，ハイパーパラメータを最適化せずに事後分布として求めることを指します．

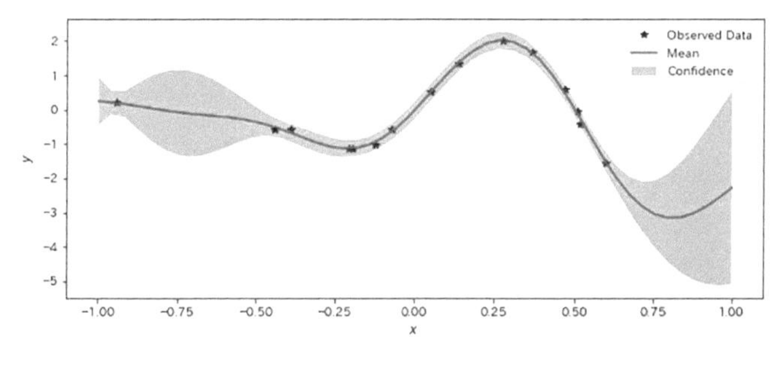

図 3.31　予測分布

3.7　ガウス過程回帰モデル：尤度の一般化

3.6 節ではガウス過程回帰モデルの尤度としてガウス分布を仮定しましたが，この尤度関数はガウス分布以外の確率分布を設定することが可能です．本節では，尤度を一般化したガウス過程回帰モデルを紹介します．

3.7.1　モデル概要

ガウス過程回帰モデルでは，尤度 $p(y \mid f)$ に解析の対象に合わせた，ガウス分布以外の確率分布を仮定することができます．

$$p(y) = \int p(y \mid f)p(f)\mathrm{d}f \tag{3.54}$$

$$p(f) = \mathrm{GP}(m(x), k(x, x')) \tag{3.55}$$

f 自体は直接データとして観測されることはなく，尤度を通して x が与えられた下での y の生成を潜在的に決定しています．つまり，ガウス過程を確率モデルの一部として使用することになります．例えば，$p(y \mid f) = \mathrm{Bern}(y \mid \theta = \mathrm{sigmoid}(f))$ を使えば，2 値のラベル $y \in \{0, 1\}$ の生成を仮定する分類モデル（ただし，sigmoid はシグモイド関数）を表現できます（図 3.32）．

また，$p(y \mid f) = \mathrm{Poi}(y \mid \lambda = \exp(f))$ を使えば，自然数（0 も含む）を値域とする回帰モデルを表現できます（図 3.33）．

さらに，スチューデントの t 分布 St を用いて $p(y \mid f) = \mathrm{St}(y \mid \mathrm{loc} = f)$ とすれば，外れ値に対して頑健（ロバスト）な回帰モデルを構築できます（図 3.34）．

推論について，尤度がガウス分布ではない場合は，事後分布もガウス分布にならず，行列計算のような解析的計算ができません．そのため，MCMC などのサンプリング手法や，ラプラス近似，期待値伝播法，変分推論法といった最適化を用いた近似推論手法が必要になります．

3.7.2　実装

今回は，尤度がベルヌーイ分布の場合の 2 値分類のガウス過程回帰を実装します．

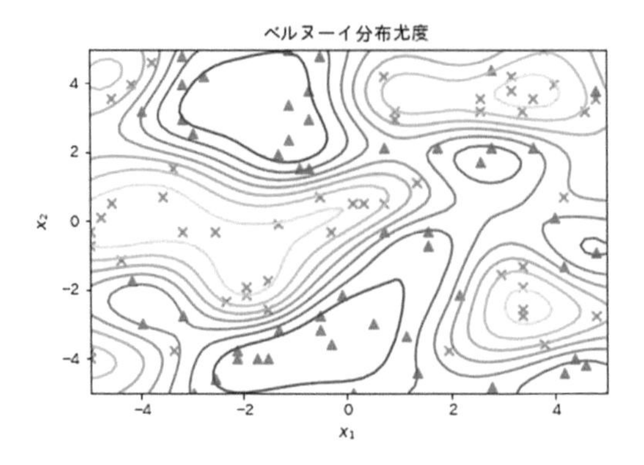

図 3.32　ベルヌーイ分布尤度のガウス過程

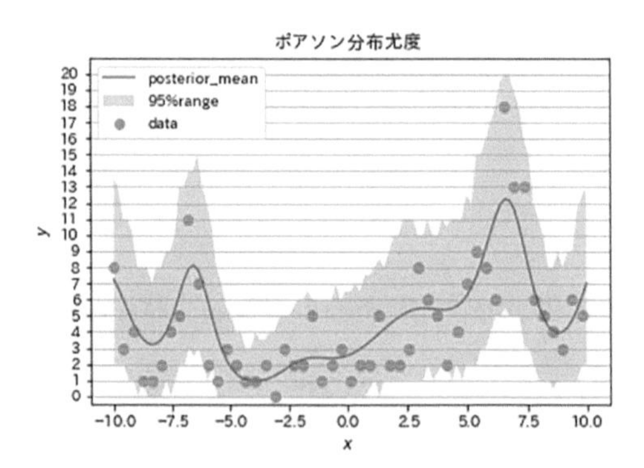

図 3.33　ポアソン分布尤度のガウス過程

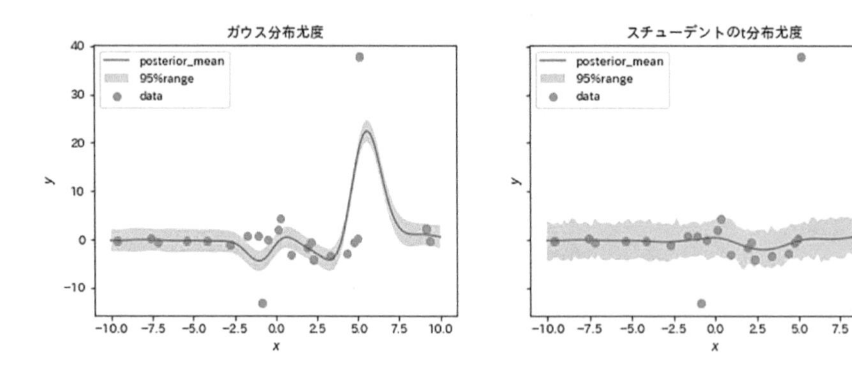

図 3.34　ガウス分布尤度 (左) とスチューデントの t 分布尤度 (右)

$$p(y) = \int p(y \mid f)p(f)\mathrm{d}f \tag{3.56}$$

$$p(f) = \mathrm{GP}(m(x), k(x, x')) \tag{3.57}$$

$$p(y \mid f) = \mathrm{Bern}(y \mid \theta = \mathrm{sigmoid}(f)) \tag{3.58}$$

尤度である $p(y \mid f)$ がベルヌーイ分布になっています．ただし，sigmoid はシグモイド関数でベルヌーイ分布のパラメータ θ に $\theta \in \{0,1\}$ の制約をかけています．

実験用の人工データを作成します．データとしては $y \in \{0,1\}$ で 2 値です．入力 $x \in \mathbb{R}^2$ は 2 次元とします．図 3.35 は生成した人工データの可視化です．等高線図は $x \in \mathbb{R}^2$ ごとに $y = 1$ が出る確率を表し，y が 0 から 1 に近づくにつれて青色から黄色へと変化させています．データ点は見やすさのために色を変えて紫色のバツ印が 1 を，オレンジ色の三角形が 0 を表します．

```
# 格子点数
grid_N = 50
# 2次元格子点作成
x = np.linspace(-5.0, 5.0, grid_N)
X1_grid, X2_grid = np.meshgrid(x, x)
X12_grid = np.array([[x1,x2] for x1, x2 in zip(X1_grid.ravel(), X2_grid.ravel())])
X12_grid = torch.from_numpy(X12_grid).float()

# ガウス過程でデータ生成
kernel = gpytorch.kernels.RBFKernel()
K = kernel.forward(X12_grid, X12_grid).detach().numpy()
f = np.random.multivariate_normal(mean=np.zeros(grid_N**2), cov=K)

# シグモイド関数
sigmoid = lambda x: 1 / (1+np.exp(-x))
Y =  sigmoid(f)
Y_grid =Y.reshape(grid_N, grid_N)

# 閾値で 2値化
threshhold = lambda x : 1 if x>=0.5 else 0
Y_binary_grid = torch.tensor(list(map(threshhold, Y)))

# 学習用にデータをサンプリング
N = 150
sample_index = np.random.choice(np.arange(grid_N**2), N)
x_data = X12_grid[sample_index].clone().float()
y_data = Y_binary_grid[sample_index].clone().float()

fig, ax = plt.subplots(figsize=(6, 4))
image = ax.contourf(X1_grid, X2_grid, Y_grid)

# データ点をプロット
x_data_1 = x_data[y_data==0]
x_data_2 = x_data[y_data==1]
ax.scatter(x=x_data_1[:,0], y=x_data_1[:,1], color='darkorange', marker='^', s =25)
ax.scatter(x=x_data_2[:,0], y=x_data_2[:,1], color='m', marker='x', s =25)

```

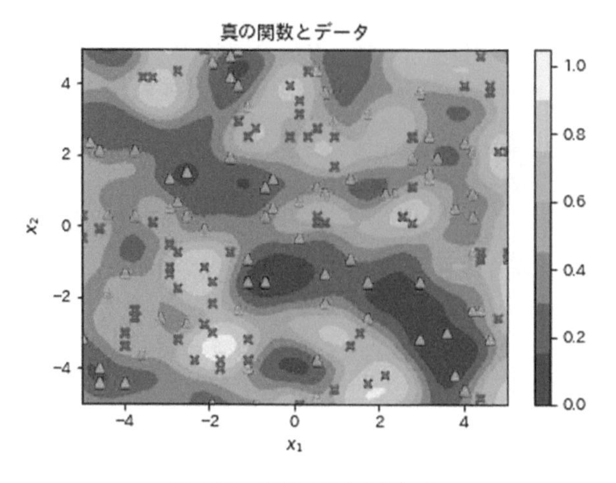

図 3.35　使用する人工データ

```
38  plt.colorbar(image)
39  ax.set_title('真の関数とデータ');
```

実装は GPyTorch の公式ページ[注3] を参考にします．変分推論を用いて近似推論します．正確には，ガウス過程回帰の誘導点を用いた変分推論法 (Titsias [2009]) を適用します．変分推論は基本的に勾配降下法に依存しており，PyTorch の autograd を活用できます．

GPyTorch では誘導点を用いた変分推論ができる ApproximateGP クラスが用意されています．これを継承したモデルクラスのコンストラクタにて variational_distribution に誘導点における関数値の変分近似分布を設定し，variational_strategy に variational_distribution から学習データにおける関数出力値の変分近似分布を計算する方法を設定します．今回の例では学習データを補助入力点として使用する場合に高速な UnwhitenedVariationalStrategy を設定します．学習データが多い場合は誘導点を用意して標準の VariationalStrategy を設定することが望ましいです．カーネル関数は RBF カーネルを設定します．モデルのハイパーパラメータには，カーネルや平均関数のハイパーパラメータに加えて，変分近似分布のパラメータも含まれます．

```
1  from gpytorch.models import ApproximateGP
2  from gpytorch.variational import CholeskyVariationalDistribution, UnwhitenedVariationalStrategy
3
4  # ガウス過程回帰モデル
5  class GPClassificationModel(ApproximateGP):
6      def __init__(self, train_x):
7          # 誘導点における関数値の変分近似分布を設定
8          variational_distribution = CholeskyVariationalDistribution(train_x.size(0))
```

注 3　https://docs.gpytorch.ai/en/latest/examples/04_Variational_and_Approximate_GPs/

```
        variational_strategy = UnwhitenedVariationalStrategy(
            self, train_x, variational_distribution, learn_inducing_locations=False
        )
        super(GPClassificationModel, self).__init__(variational_strategy)
        # 平均関数
        self.mean_module = gpytorch.means.ConstantMean()
        # カーネル関数（2次元に拡張）
        self.covar_module = gpytorch.kernels.ScaleKernel(gpytorch.kernels.RBFKernel(2))
    # ガウス過程の生成過程
    def forward(self, x):
        mean_x = self.mean_module(x)
        covar_x = self.covar_module(x)
        latent_pred = gpytorch.distributions.MultivariateNormal(mean_x, covar_x)
        return latent_pred

# データを設定しモデルを定義
model = GPClassificationModel(x_data)
# 尤度にベルヌーイ分布を設定
likelihood = gpytorch.likelihoods.BernoulliLikelihood()
```

次に，変分パラメータの最適化を実装します．変分推論であるため，対数周辺尤度ではなくELBOを最大化します．前節と同じように最適化の手順を実装します．モデルのハイパーパラメータをすべて最適化することもできますが，この場合は過剰適合に注意する必要があります．今回は一例として，RBFカーネルのハイパーパラメータが既知であるとし，最適化対象としません．具体的には`model.parameters()`から既知のパラメータを削除して`optimizer`であるAdamに渡します．

```
# 学習モードに設定
model.train()
likelihood.train()

# RBFカーネルのパラメータを固定する
model.covar_module.base_kernel.lengthscale = torch.tensor([0.6931, 0.6931])
# 最適化対象パラメータからRBFカーネルのパラメータを削除
all_params = set(model.parameters())
fix_params =  {model.covar_module.base_kernel.raw_lengthscale}
opt_params = list(all_params - fix_params)

# 最適化するパラメータをAdamに渡す
optimizer = torch.optim.Adam(opt_params, lr=0.1)

# 損失関数にELBOの負値を設定
mll = gpytorch.mlls.VariationalELBO(likelihood, model, y_data.numel())

training_iter = 200
loss_list = []
for i in range(training_iter):
    # 勾配を0に初期化
```

```
22        optimizer.zero_grad()
23        # モデルからの出力
24        output = model(x_data)
25        # 損失関数の計算
26        loss = -mll(output, y_data)
27        # 勾配計算
28        loss.backward()
29        loss_list.append(loss.item())
30        # パラメータ計算
31        optimizer.step()
```

損失関数であるELBOの負値が十分に小さい値に収束していることが確認できます（図3.36）．つまり最適化ステップの分だけ，ELBOが最大化されています．

```
1  plt.plot(loss_list)
2  plt.xlabel('step')
3  plt.ylabel('Loss')
```

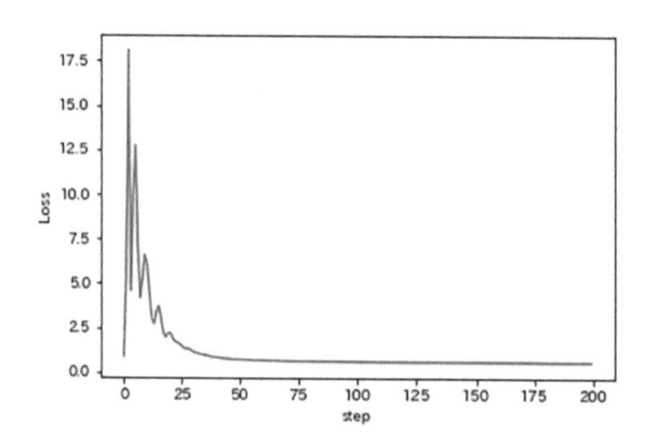

図3.36　ELBOの負値の推移

推論結果を可視化します．今回はベルヌーイ分布の平均値であるパラメータθを$x \in \mathbb{R}^2$ごとに可視化してみます（図3.37）．左から，真の関数，ガウス過程回帰によるyの予測分布，fの事後分布の分散（共分散行列の対角要素）です[注4]．ガウス過程を使えば2値分類であっても，複雑な境界線を引けています．

```
1  # 推論モードに設定
2  model.eval()
3  likelihood.eval()
```

注4　fの事後分布の標準偏差を可視化しているのは，yの予測分布の標準偏差では0.5付近で値が大きくなり視認しづらいためです．

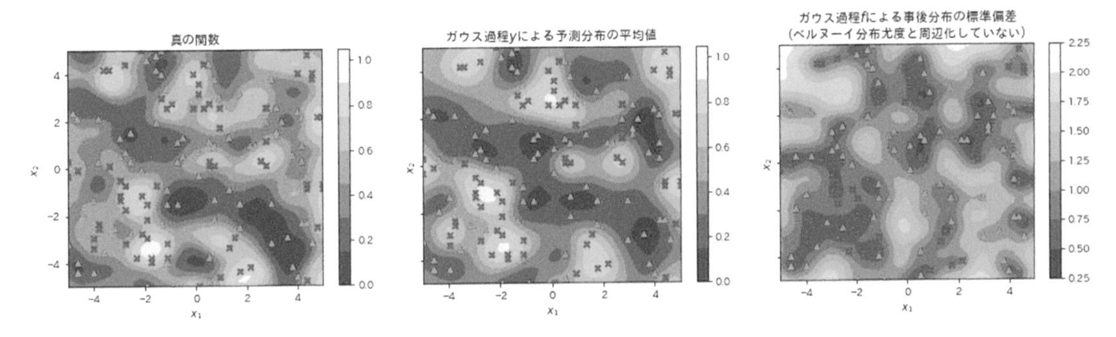

図 3.37　真の関数と予測分布の平均と事後分布の標準偏差

```
4
5  with torch.no_grad():
6      # 予測分布の出力
7      f_dist = model(X12_grid)
8      # 予測分布の平均
9      mean = f_dist.mean
10     # 信用区間の出力
11     f_lower, f_upper = f_dist.confidence_region()
12     # 尤度にパラメータとして入力
13     y_dist = likelihood(f_dist)
14
15 fig, ax = plt.subplots(figsize=(12, 3.5), ncols=3, sharex=True, sharey=True)
16 # 真の関数の等高線図
17 image1 = ax[0].contourf(X1_grid, X2_grid, Y_grid)
18 # 予測分布平均の等高線図
19 image2 = ax[1].contourf(X1_grid, X2_grid, y_dist.mean.numpy().reshape(grid_N, grid_N))
20 # 予測分布共分散行列の対角要素の等高線図
21 image3 = ax[2].contourf(X1_grid, X2_grid, f_dist.covariance_matrix.diag().detach().numpy().reshape(
       grid_N, grid_N))
22
23 for i in range(3):
24     ax[i].scatter(x=x_data_1[:,0], y=x_data_1[:,1], color='darkorange', marker='^', s =25)
25     ax[i].scatter(x=x_data_2[:,0], y=x_data_2[:,1], color='m', marker='x', s =25)
26 ax[0].set_title('真の関数')
27 ax[1].set_title('ガウス過程による予測分布の平均値')
28 ax[2].set_title('ガウス過程による事後分布の標準偏差\n (ベルヌーイ分布尤度と周辺化していない) ')
29 plt.colorbar(image1,ax=ax[0]);plt.colorbar(image2,ax=ax[1]);plt.colorbar(image3,ax=ax[2])
30 plt.tight_layout();
```

データ点が疎になっている箇所は正確な境界線を再現できていませんが，その箇所での不確実性が大きくなっていることを確認できます．情報が足りないために，予測値が確実にはわからないことを不確実性の大きさとして出力するベイズ推論の特徴でもあります．

ベイズ最適化

ガウス過程回帰は，**ベイズ最適化**（Bayesian optimization）と呼ばれる探索手法にも用いられます．ベイズ最適化は，未知の関数の最小値（最大値）を効率的に求める手法で，実験計画法に用いられます．現在のデータから得られた予測分布の情報を**獲得関数**（acquisition function）と呼ばれる関数に入力することで，次に取得するべきデータの候補を算出します．候補から新たにデータを取得し，再び予測分布を更新するというプロセスを繰り返すことによって，効率的に最小値（最大値）を探索していきます．基本的に探索したい対象は入出力の関係が不明な未知の関数であるために，予測分布に使用するモデルは，具体的な確率モデルよりも少ない仮定でモデリングできるガウス過程回帰が使用されることが多いです．獲得関数についてはさまざまな関数が提案されており，獲得関数の選択によって方針が異なります．しかし，基本的な考え方としては，求める最小値（最大値）に近いデータ範囲，または精度の高い予測を得るためにまだ学習データとして少ないデータ範囲（予測分布の分散が大きい入力データの範囲など）を次に獲得するデータ点候補として提示します．対象の予測と次のデータ取得を交互に繰り返すことで効率的な実験計画を実現しています．図 3.38 では，上図がガウス過程回帰による予測分布で，下図が獲得関数を可視化した結果です[注5]．獲得関数の最大値となる入力データ範囲，この場合，予測分布の分散が大きい範囲を次に獲得するべきデータ点として提示しています．

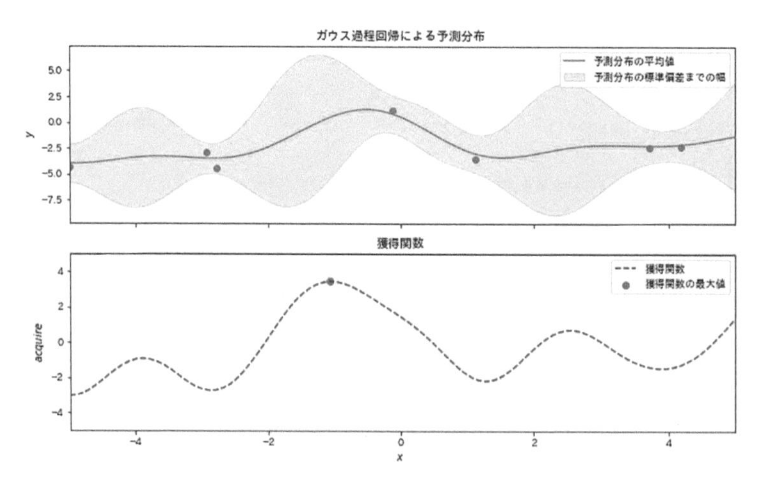

図 3.38　ベイズ最適化の例

ベイズ最適化は機械学習のハイパーパラメータチューニングにも使用されます．実装する際は，本節で取り上げた GPyTorch と相性のよい PyTorch 上に構築されたベイズ最適化に特化したパッケージである BoTorch[注6] があり，GPyTorch で構築したガウス過程モデルをベイズ最適化に利用できます．

注 5　ここでは獲得関数として UCB（upper confidence bound）を使用しています．

注 6　https://botorch.org/

第4章

潜在変数モデル

本章では，**潜在変数**（latent variable）を組み込んだモデルを扱います．潜在変数とはその名のとおり，我々が観測できない潜在的な変数です．例えばこの後紹介する混合モデルでは，各データが潜在的には3つのクラスタのいずれかに属していると考え，そのクラスタ割り当てを潜在変数として扱います．潜在変数モデルをうまく活用することで，現実世界の複雑なデータの背後にある隠れた構造が捉えられ，有用な示唆が得られることも多いです．

4.1 混合ガウスモデル

4.1.1 モデル概要

混合モデル（mixture model）とは複数の異なる確率分布を混ぜ合わせた新しい確率分布によって表現されるモデルです．例えば，製品をある3つの装置A, B, Cで製造する場合を考えましょう．各装置で製造された製品の大きさはガウス分布に従うとします．ただし，装置A, B, Cにはそれぞれ個性があり，製造される製品の大きさの平均やばらつきに違いがあります．つまりそれぞれパラメータが異なるガウス分布に従うとします（図4.1左）．ここで，全製品のうち30%が装置Aで，60%が装置Bで，10%が装置Cで製造されたとします．すると，全製品の大きさの分布は，各装置における分布

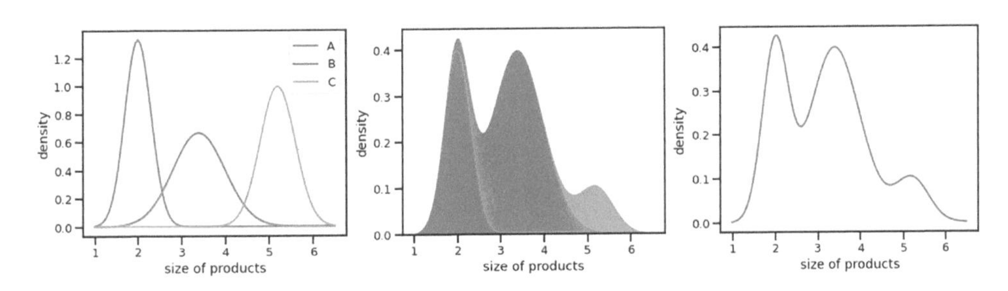

図4.1 装置A・装置B・装置Cで製造された製品の大きさの分布（左）．全製品のうち30%が装置A，60%が装置B，10%が装置Cで製造されたとして，左図の3つの確率密度に比率をかけたうえで合計した図（中央）．観測される製品の大きさが従う確率分布（右）

に比率をかけたうえで合計したものになります（図 4.1 中央）．**混合ガウスモデル**（Gaussian mixture model）は，このように複数のガウス分布を足し合わせて作ったモデルです．実際は上述のデータ生成過程を知らないとすると，観測できるデータは図 4.1 右のようになります．ただし，その背景には，図 4.1 中央に示しているとおり，製造された装置により 3 つのグループすなわち**クラスタ**（cluster）があります．各製品がどの装置から製造されたかを表す**クラスタ割り当て**（cluster assignment）が混合モデルにおける潜在変数となります．

4.1.2 モデルの詳細

続いて，モデル式を決めましょう．混合ガウスモデルでは，まずデータが K 個のガウス分布のいずれから生成されるかを決める必要があります．ここでは，n 番目のデータ x_n がどの分布から生成されるかを示すため，**潜在変数（クラスタ割り当て）** z_n を用います．ただし $z_n \in \{1, 2, \ldots, K\}$ です．z_n を生成する確率分布としては，カテゴリ分布を用います．

$$z_n \sim \mathrm{Cat}(\boldsymbol{\pi}) \tag{4.1}$$

ただし，潜在変数 z_n は one-hot 表現で表す場合もあります．その場合，潜在変数 $\mathbf{z}_n$ は K 次元のベクトルであり，その成分は $z_n^{(k)} \in \{0, 1\}$ かつ $\sum_{k=1}^{K} z_n^{(k)} = 1$ を満たします．例えば，2 番目のクラスタを表す場合，前者の表現では $z_n = 2$，後者の表現では $\mathbf{z}_n = (0, 1, 0)^\top$ のようになります．one-hot 表現にすると明らかなように，カテゴリ分布はベルヌーイ分布を多次元に拡張したものといえます．パラメータ $\boldsymbol{\pi}$ は**混合比率**（mixture proportion）と呼ばれ，各クラスタからデータが生成される確率を示します．$\boldsymbol{\pi}$ は K 次元のベクトル であり，$\pi_k \in (0, 1)$ かつ $\sum_{k=1}^{K} \pi_k = 1$ を満たします．

次に，パラメータ $\boldsymbol{\pi}$ の事前分布を設定します．上記の条件を満たす $\boldsymbol{\pi}$ を生成する確率分布としては，ディリクレ分布が用いられます．ディリクレ分布は第 2 章で取り上げたベータ分布の多次元版です．

$$\boldsymbol{\pi} \sim \mathrm{Dir}(\boldsymbol{\alpha}) \tag{4.2}$$

ディリクレ分布のパラメータ $\boldsymbol{\alpha}$ の各要素 α_k は正の実数値です．

ここまでで潜在変数に関連する確率分布を設定しました．次に，観測値に関連する確率分布を設定していきます．まず，混合する K 個のガウス分布のパラメータの分布を定義します．ここでは k 番目のガウス分布のパラメータを平均 μ_k，標準偏差 σ_k とします．n 番目のデータが k 番目のガウス分布から生成されたとすると，次式のように表せます．

$$x_n \sim \mathcal{N}(\mu_k, \sigma_k^2) \tag{4.3}$$

最後に，パラメータ μ_k, σ_k の事前分布を設定します．μ_k については，特に値の制約もないため，ガウス分布を設定します．

$$\mu_k \sim \mathcal{N}(\mu_{\mu_k}, \sigma_{\mu_k}^2) \tag{4.4}$$

σ_k は正の値をとる必要があるため，ここでは半コーシー分布を事前分布とします．半コーシー分布は**尺度母数**（scale parameter）β を持ちます．

$$\sigma_k \sim \mathrm{HalfCauchy}(\beta) \tag{4.5}$$

以上をまとめると，モデル式は下記のようになります．

$$\boldsymbol{\pi} \sim \mathrm{Dir}(\boldsymbol{\alpha}) \tag{4.6}$$

$$z_n \sim \mathrm{Cat}(\boldsymbol{\pi}),\ n = 1,\, 2, \ldots, N \tag{4.7}$$

$$\mu_k \sim \mathcal{N}(\mu_{\mu_k}, \sigma_{\mu_k}^2),\ k = 1,\, 2, \ldots, K \tag{4.8}$$

$$\sigma_k \sim \mathrm{HalfCauchy}(\beta),\ k = 1,\, 2, \ldots, K \tag{4.9}$$

$$x_n \sim \mathcal{N}(\mu_{z_n}, \sigma_{z_n}^2),\ n = 1,\, 2, \ldots, N \tag{4.10}$$

グラフィカルモデルは図 4.2 のとおりです．

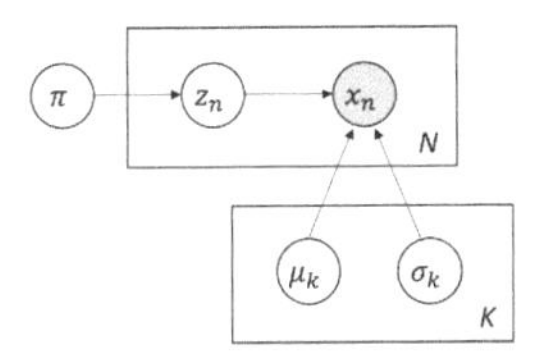

図 4.2　混合ガウスモデルのグラフィカルモデル

4.1.3　実装

次に，人工データを利用し，実際に混合ガウスモデルに関する推論を行ってみましょう．上述のモデルから 1000 個のデータを生成し，ヒストグラムを描いたのが図 4.3 です．このデータから，各データ点がどのクラスタから生成されたか（クラスタ割り当て）や，各クラスタのガウス分布のパラメータを推論してみます．

今回は PyMC3 を利用します．まずは混合ガウスモデルを定義します．

```
1  import pymc3 as pm
2  n_sample = 1000
3  K = 3
4
5  with pm.Model() as model:
6      # 混合比率
7      pi = pm.Dirichlet('pi', a=np.ones(K), shape=K)
8
9      # クラスタごとのガウス分布の平均（shape に合わせてブロードキャストされる）
```

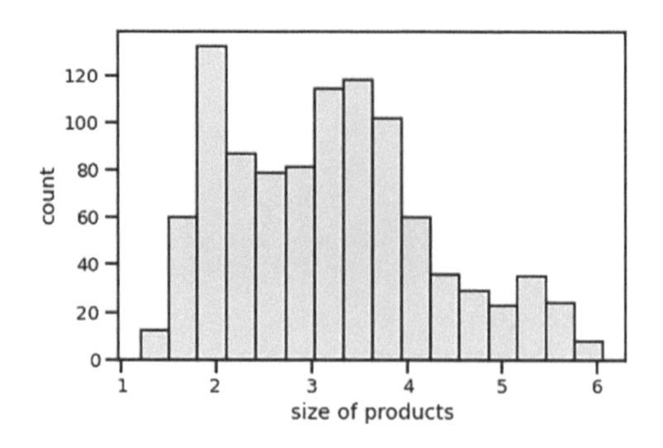

図 4.3　観測データのヒストグラム

```
10        mu = pm.Normal('mu', mu=0, sigma=10, shape=K)
11
12        # クラスタごとのガウス分布の標準偏差（shape に合わせてブロードキャストされる）
13        sigma = pm.HalfCauchy('sigma', beta=3, shape=K)
14
15        # クラスタ割り当てを示す潜在変数
16        z = pm.Categorical('z', p=pi, shape=n_sample)
17
18        # 観測モデル
19        x = pm.Normal('x', mu=mu[z], sigma=sigma[z], observed=data)
```

ここで，mu や sigma はクラスタごとに値が違うため，shape=K(=3) としてベクトル化していることに注意してください．クラスタ割り当て z はデータ点ごとに 1, 2, 3 のいずれかの値をとるため，mu[z] とすることで，各データ点に対応するクラスタのガウス分布の平均パラメータを取得することができます．sigma についても同様です．

モデルが定義できたので，MCMC によるサンプリングを行います．今回は z が離散の変数であるため，勾配計算を用いる HMC 法や NUTS は利用できません．PyMC3 ではこのような場合，自動的に複数のアルゴリズムを組み合わせてサンプリングしてくれます．今回の場合，連続変数である pi, mu, sigma は NUTS で，離散変数である z は CategoricalGibbsMetropolis（Tierney [1994]）という手法でサンプリングします[注1]．なお，MCMC などで混合モデルに関する推論を行う際は**ラベルスイッチング**（label switching）と呼ばれる問題があります．これは，各クラスタの順番に必然性がないため，MCMC のチェーンごとにクラスタの順番が入れ替わってしまう現象です．このような場合に単純に全チェーンの平均値などをとってしまうと，不適切な推定結果になってしまうため，注意が必要です．PyMC3 では，例えば平均パラメータ mu が小さい順に並ぶように制約をかけることも可能ですが，やや高度なため，説明を割愛します．公式のチュートリアルを参照してください[注2]．今回は

注 1　なお，こちらのサンプリングには検証環境では 20 分ほどかかるため注意してください．実用的には後述するように離散変数を周辺化する方法もあります．

注 2　https://docs.pymc.io/projects/examples/en/latest/mixture_models/gaussian_mixture_model.html

単純に1つのチェーンでのみサンプリングすることで，ラベルスイッチングの影響を受けないようにします．

```
with model:
    trace = pm.sample(5000, tune=1000, chains=1, random_seed=1, return_inferencedata=True)
```

まず，混合比率とガウス分布のパラメータについて，トレースプロットを確認しましょう．

```
az.plot_trace(trace, var_names=['pi', 'mu', 'sigma'])
```

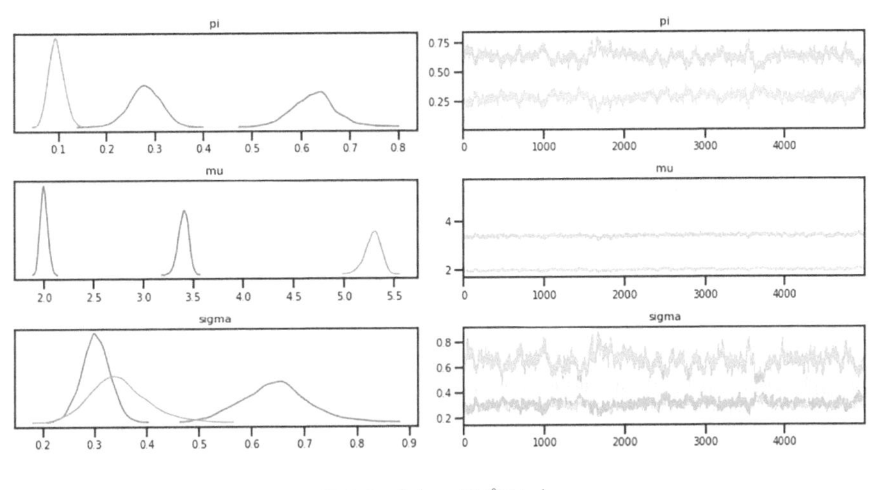

図 4.4 トレースプロット

やや自己相関が強いですが，分布の大きな変化は見られず，収束していると考えてよいでしょう．

続いて，統計量も確認してみます（表 4.1）．

```
display(az.summary(trace, var_names=['pi', 'mu', 'sigma'], kind='stats'))
```

今回，人工データを生成した際のパラメータの値は，$\boldsymbol{\pi} = (0.3, 0.6, 0.1)^\top$，$\boldsymbol{\mu} = (2.0, 3.4, 5.2)^\top$，$\boldsymbol{\sigma} = (0.3, 0.6, 0.4)^\top$ です．いずれのパラメータの推論結果もおおむね真の値に近く，うまく推論できているようです．

潜在変数 z_n に関する推論結果も確認してみましょう．MCMC で得られた事後分布からのサンプルを利用して，データ点が各クラスタに割り当てられた回数を求め，取得したサンプルの総数で割ると，クラスタ割り当ての確率を求めることができます．これが，潜在変数の事後確率ということになります．

表 4.1　統計量

	mean	sd	hdi_3%	hdi_97%
pi[0]	0.279	0.034	0.218	0.344
pi[1]	0.626	0.043	0.536	0.700
pi[2]	0.095	0.016	0.066	0.126
mu[0]	1.997	0.037	1.925	2.064
mu[1]	3.404	0.050	3.310	3.497
mu[2]	5.292	0.079	5.138	5.431
sigma[0]	0.302	0.028	0.248	0.351
sigma[1]	0.643	0.063	0.521	0.760
sigma[2]	0.346	0.055	0.247	0.454

```
z_samples = trace.posterior['z'][0].values
# データ点について，各クラスタが割り当てられた回数
label_counts = np.vstack([(z_samples == i).sum(axis=0) for i in range(K)]).transpose()
# データ点が各クラスタに属する確率
label_probs = label_counts / 5000
label_probs[:5]
```

```
array([[0.000e+00, 9.998e-01, 2.000e-04],
       [6.000e-04, 9.994e-01, 0.000e+00],
       [7.632e-01, 2.368e-01, 0.000e+00],
       [0.000e+00, 9.988e-01, 1.200e-03],
       [9.548e-01, 4.520e-02, 0.000e+00]])
```

例えば $x_3 = 2.244$ に対応する潜在変数 z_3 の事後分布 ($p(z_3 = 1 \mid \mathbf{X}), p(z_3 = 2 \mid \mathbf{X}), p(z_3 = 3 \mid \mathbf{X})$ を並べたベクトル) の期待値は $(0.763, 0.237, 0)^\top$ となり，クラスタ 1 の確率が一番高くなっています (図 4.5).

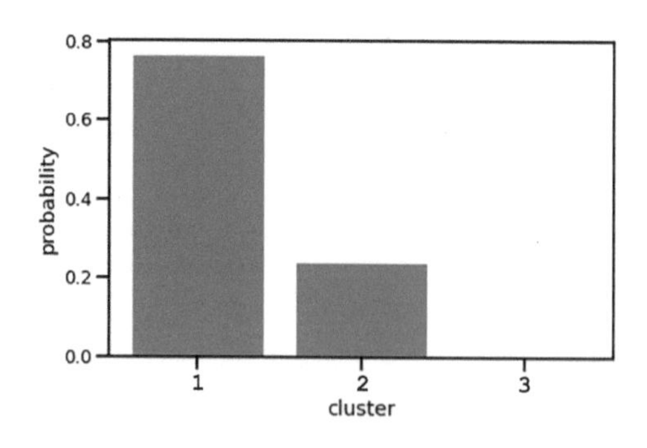

図 4.5　z_3 の事後確率

各データ点について，事後分布の期待値が最大のクラスタを求め，割り当てられたクラスタごとに

色分けして観測データのヒストグラムを描いたのが図 4.6 です．当然ながら，各クラスタの平均に近いデータはそのクラスタが割り当てられ，2 つのクラスタの中間あたりでクラスタの割り当てが切り替わることがわかります．潜在変数の推論結果についても，特に問題ないといえそうです．

```
# 確率最大のクラスタを選択
label_preds = label_probs.argmax(axis=1)

preds = pd.DataFrame(dict(x=data, label=label_preds))
sns.histplot(preds, x='x', hue='label', multiple='stack')
plt.xlabel('size of products')
plt.ylabel('count')
```

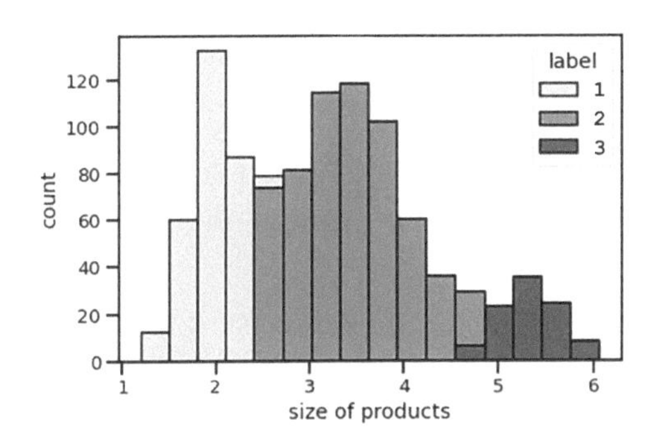

図 4.6　クラスタごとに色分けしたヒストグラム

4.1.4　その他のアプローチ

今回のように離散の潜在変数が含まれるモデルの場合，勾配を利用する HMC 法などが適用できないため，潜在変数を周辺化したうえで推論を行うことが多いです．つまり，潜在変数のすべてのパターンを考え，確率を足し合わせることで潜在変数を消去して尤度を表現できます．周辺化すると，MCMC の過程で潜在変数のサンプルを得ることはできませんが，推論する対象は微分可能なパラメータのみになります．また，得られたパラメータの事後分布を用いて，潜在変数について別途推論することも可能です．PyMC3 には混合モデル用に `Mixture` などのクラスが用意されており，周辺化したモデルを簡単に実装できます．TFP の `MixtureSameFamily` も同様のクラスです．また現状，Pyro や NumPyro も離散変数を周辺化するという方針をとっています．

周辺化しない方法としては，今回のように離散パラメータを取り扱える MCMC のアルゴリズムを利用する他，連続的な確率分布により離散潜在変数を近似する方法も考えられます．例えば，Gumbel-softmax 分布（または Concrete 分布）と呼ばれる，カテゴリ分布を連続近似した確率分布を用いてもよいでしょう．TFP では `tfp.distributions.RelaxedOneHotCategorical` クラスに，この確率分布が実装されています．

4.2 行列分解モデル

本節では行列分解を利用した確率モデルを取り扱います．**行列分解モデル**（matrix factorization model）の目的としては，観測値を表す行列をより次元の小さい行列の積に分解することで，ノイズを除外した本質的なデータの特徴を得ること，欠損値を補完できることが挙げられます．

$$\mathbf{X} = \mathbf{W} \times \mathbf{Z}$$

$D \times N$　　$D \times K$　　$K \times N$

図 4.7　行列分解のイメージ．N: 観測データ数，D: 観測データの次元，K: 潜在変数の次元．

具体的なモデルとしては，低次元でデータの特徴を分析するための**主成分分析**（principal component analysis, **PCA**），レコメンデーションに用いられる**確率的行列分解**（probabilistic matrix factorization, **PMF**）を紹介します．

前節の混合ガウスモデルでは，データのクラスタ割り当てを示す離散値の潜在変数を用いましたが，本節では連続値をとる潜在変数を取り扱います．

4.2.1 モデル概要：主成分分析

主成分分析は多次元データの座標軸を，データの分散が最大になる方向に変換する手法です．高次元データの次元圧縮などの目的で利用され，例えば高次元のデータを 2 次元に圧縮することで，平面上でデータの可視化が可能になります．

主成分分析では，データの持つ情報は分散に反映されると考え，分散が最大となるような射影を求めます．分散が最大の方向を第 1 主成分とし，第 1 主成分と直交する下で分散が最大になる方向を第 2 主成分とします（図 4.8）．以下同様に，他の主成分と直交するという条件の下で，分散が最大になる方向を第 3 主成分，第 4 主成分，……とします．

なお，詳細な説明は割愛しますが，主成分分析は観測データの共分散行列の固有値問題に帰着されます．共分散行列の最大の固有値に対応する固有ベクトルを第 1 主成分と呼び，以降固有値が大きいものから順に，対応する固有ベクトルが第 2 主成分，第 3 主成分，……となります．

4.2.2 モデル概要：ベイジアン主成分分析

ここまで説明した一般的な主成分分析は確率モデルではありません．主成分分析は潜在変数を用いた確率モデルとして定義することも可能です．

ベイジアン主成分分析（Bayesian PCA）では，K 次元の潜在変数 $\mathbf{z}$ の線形変換にノイズが加わり，

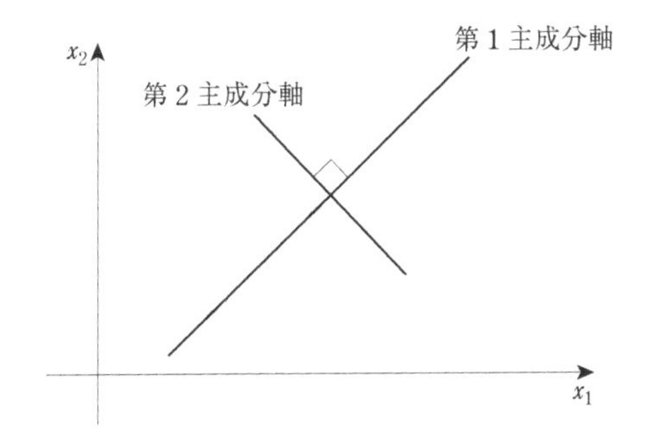

図 4.8　2 次元のデータに対する主成分分析のイメージ

D 次元の観測変数 $\mathbf{x}$ が得られると考えます．まずはイメージをつかむため，$K=1$，$D=2$ の場合について，データ生成過程を確認してみましょう．最初に，潜在変数 z を平均 0，標準偏差 1 のガウス分布（標準正規分布）からサンプリングします（図 4.9）．次に 2 次元のベクトル $\mathbf{w}$ と z をかけあわせます．そして，平均が $z\mathbf{w}$，共分散行列が $\sigma^2\mathbf{I}$ の 2 次元ガウス分布から観測値 $\mathbf{x}$ をサンプリングします（図 4.10）．なお，図 4.10 中の直線はベクトル $\mathbf{w}$ の方向を表しています．この一連のサンプリングを繰り返し，2 次元の観測値が得られたと考えます（図 4.11）．つまり，手元にあるのは 2 次元のデータですが，「実質的な情報は 1 次元の潜在変数により表現できる」ということになります．

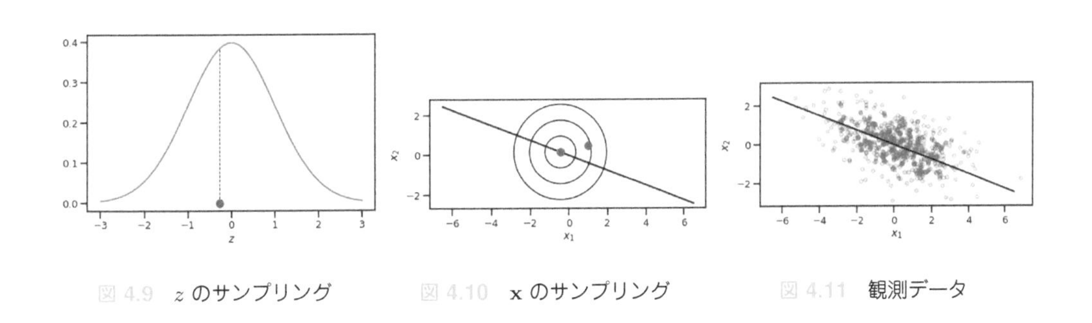

図 4.9　z のサンプリング　　図 4.10　$\mathbf{x}$ のサンプリング　　図 4.11　観測データ

続いて，一般的なモデル式を確認しましょう．ここでは，N 個のデータ点からなる観測変数の集合を $\mathbf{X}=\{\mathbf{x}_1,\mathbf{x}_2,\ldots,\mathbf{x}_N\}$，対応する潜在変数の集合を $\mathbf{Z}=\{\mathbf{z}_1,\mathbf{z}_2,\ldots,\mathbf{z}_N\}$ とします．ただし，$\mathbf{x}_n\in\mathbb{R}^D,\mathbf{z}_n\in\mathbb{R}^K,K<D$ とします．

まず，潜在変数 $\mathbf{z}_n$ は平均が $\mathbf{0}$，共分散行列が単位行列であるガウス分布に従うとします．

$$\mathbf{z}_n=\mathcal{N}(\mathbf{z}_n \mid \mathbf{0},\mathbf{I}) \tag{4.11}$$

次に，潜在変数 $\mathbf{z}_n$ が得られた下での観測変数 $\mathbf{x}_n$ の分布を以下のように定義します．行列 $\mathbf{W}\in\mathbb{R}^{D\times K}$ とベクトル $\boldsymbol{\mu}\in\mathbb{R}^D$ は $\mathbf{z}_n$ の線形変換に関するパラメータ，σ^2 は観測ノイズの大きさを表すパラメータです．

$$p(\mathbf{x}_n \mid \mathbf{z}_n) = \mathcal{N}(\mathbf{x}_n \mid \mathbf{W}\mathbf{z}_n + \boldsymbol{\mu}, \sigma^2\mathbf{I}) \tag{4.12}$$

ベイジアン主成分分析ではさらに，$\mathbf{W}$, $\boldsymbol{\mu}$, σ の事前分布を設定します．ただし，ここでは簡単のため，$\boldsymbol{\mu} = \mathbf{0}$ に固定して，$\mathbf{W}$, σ の事前分布のみ設定します．$\mathbf{W}$ の列ベクトル $\mathbf{w}_d$ の事前分布は，（潜在変数 $\mathbf{z}_n$ と同じく）平均がゼロベクトル，共分散行列が単位行列であるガウス分布とします．

$$p(\mathbf{W}) = \prod_{d=1}^{D} \mathcal{N}(\mathbf{w}_d \mid \mathbf{0}, \mathbf{I}) \tag{4.13}$$

また，σ は正の値をとる必要があるため，今回は事前分布を半コーシー分布とします．

$$p(\sigma) = \mathrm{HalfCauchy}(\sigma \mid \beta) \tag{4.14}$$

モデル式をまとめると，以下のとおりです．

$$p(\mathbf{z}_n) = \mathcal{N}(\mathbf{z}_n \mid \mathbf{0}, \mathbf{I}) \tag{4.15}$$

$$p(\mathbf{W}) = \prod_{d=1}^{D} \mathcal{N}(\mathbf{w}_d \mid \mathbf{0}, \mathbf{I}) \tag{4.16}$$

$$p(\sigma) = \mathrm{HalfCauchy}(\sigma \mid \beta) \tag{4.17}$$

$$p(\mathbf{x}_n \mid \mathbf{z}_n) = \mathcal{N}(\mathbf{x}_n \mid \mathbf{W}\mathbf{z}_n, \sigma^2\mathbf{I}) \tag{4.18}$$

グラフィカルモデルで表現すると，図 4.12 のようになります．

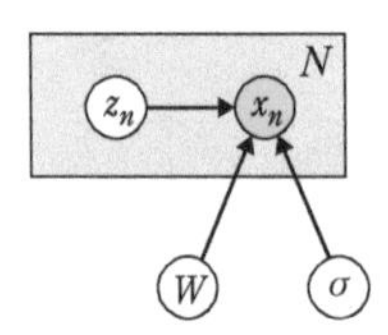

図 4.12　ベイジアン主成分分析のグラフィカルモデル

なお，Bishop [1999] では，パラメータの事前分布を設定しないモデルを**確率的主成分分析**（probabilistic PCA），パラメータに事前分布を設定したモデルをベイジアン主成分分析と呼んでいます．

4.2.3　実装：ベイジアン主成分分析

ここでは，先ほど説明したプロセスで生成した人工データを用いて，ベイジアン主成分分析を試してみましょう．潜在変数は 1 次元，観測変数は 2 次元として，モデル式にのっとり，データを生成します（図 4.13）．

```
def build_toy_dataset(N, D, K, sigma=2.0, random_seed=1):
    np.random.seed(random_seed)
    x_train = np.zeros((D, N))
    w = np.random.normal(0.0, 1.0, size=(D, K))
    z = np.random.normal(0.0, 1.0, size=(K, N))
    mean = np.dot(w, z)
    for d in range(D):
        for n in range(N):
            x_train[d, n] = np.random.normal(mean[d, n], sigma)

    print('True principal axes:')
    print(w)
    print()
    print('True sigma:')
    print(sigma)
    return x_train

N = 500 # 観測データの数
D = 2   # 観測データの次元数
K = 1   # 潜在変数の次元数
sigma = 0.8

x_train = build_toy_dataset(N, D, K, sigma)
```

```
True principal axes:
[[ 1.62434536]
 [-0.61175641]]

True sigma:
0.8
```

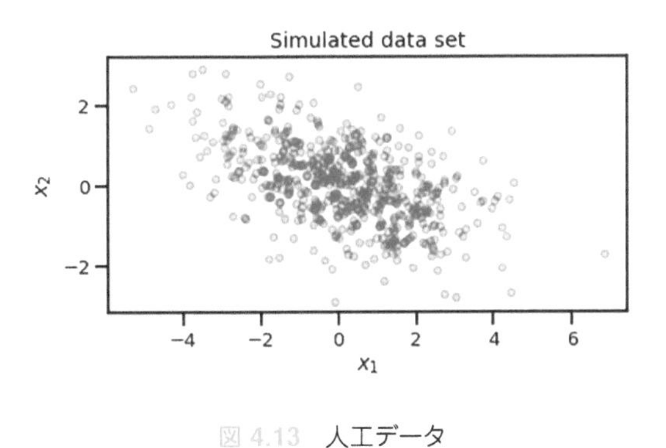

図 4.13　人工データ

PyMC3 でモデル式を記述し，MCMC によりサンプリングします．ここで z は N 個の潜在変数 $\mathbf{z}_1, \ldots, \mathbf{z}_n$ を並べた行列としています．w と z（の転置行列）の行列積により，観測変数 x の平均値が得られます．

```
import pymc3 as pm
with pm.Model() as model:
    w = pm.Normal('w', mu=np.zeros([D, K]), sd=np.ones([D, K]), shape=[D, K])
    z = pm.Normal('z', mu=np.zeros([N, K]), sd=np.ones([N, K]), shape=[N, K])
    sigma = pm.HalfCauchy('sigma', beta=5)
    # w と z の転置の行列積を x の平均に設定
    x = pm.Normal('x', mu=w.dot(z.T), sd=sigma*np.ones([D, N]), shape=[D, N],
        observed=x_train)

    trace = pm.sample(2000, chains=3, random_seed=42, return_inferencedata=True)
```

トレースプロットを確認すると，チェーンにより，w の各成分の値が大きく異なっていることがわかります（図 4.14）．これは，今回のモデルでは，w と z の符号を反転させても同じ観測値 x が得られる（対称性がある）ため，w が一意に定まらないことが原因です．このような場合，すべてのチェーンにおけるサンプルの平均値などは無意味になってしまうので，今回は統計量を求める際に，1 つのチェーンのみ利用します．

```
axes = az.plot_trace(trace, var_names=['w', 'sigma'], )
axes[0,0].figure.legend([0, 1, 2],
                        title='chain',
                        loc='center left',
                        bbox_to_anchor=(1.0, 0.5))

# 1番目のチェーンのみ用いて統計量を算出
az.summary(trace.sel(chain=[0]), var_names=['w', 'sigma'], kind='stats')
```

	mean	sd	hdi_3%	hdi_97%
w[0, 0]	-1.614	0.063	-1.729	-1.495
w[1, 0]	0.590	0.044	0.508	0.674
sigma	0.821	0.026	0.773	0.869

対称性のため，w の各成分の符号は反転していますが，推論結果は問題なさそうです．念のためパラメータの事後分布からのサンプルを用いて，人工データを生成してみます．青点が観測データ，赤点が人工データです（図 4.15）．両者はおおむね同じように分布しており，推論結果に問題ないことがわかります．

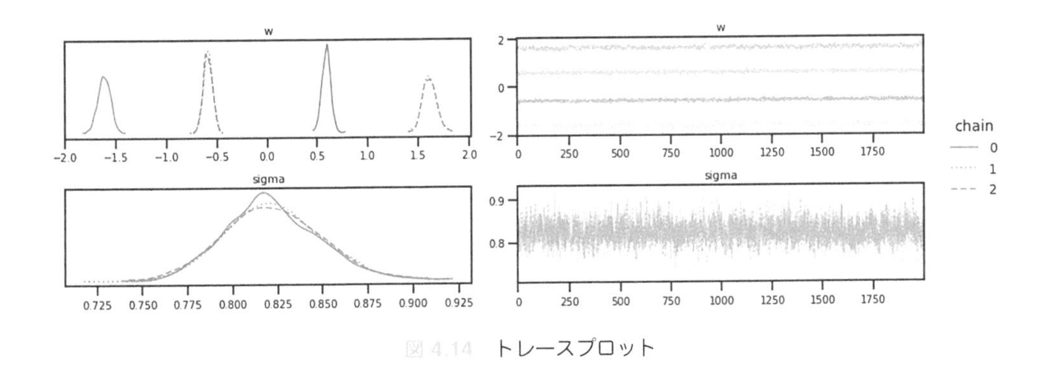

図 4.14　トレースプロット

```
with model:
    x_post = pm.sample_posterior_predictive(trace, 1, random_seed=42)

plt.scatter(x_train[0, :], x_train[1, :], color='blue',
            s=30, alpha=0.2, label='observed')
plt.scatter(x_post['x'][0, 0, :], x_post['x'][0, 1, :],
            color='red', s=30, alpha=0.2, label='simulated')
plt.legend()
plt.xlabel('$x_1$')
plt.ylabel('$x_2$')
plt.axes().set_aspect(1.0)
```

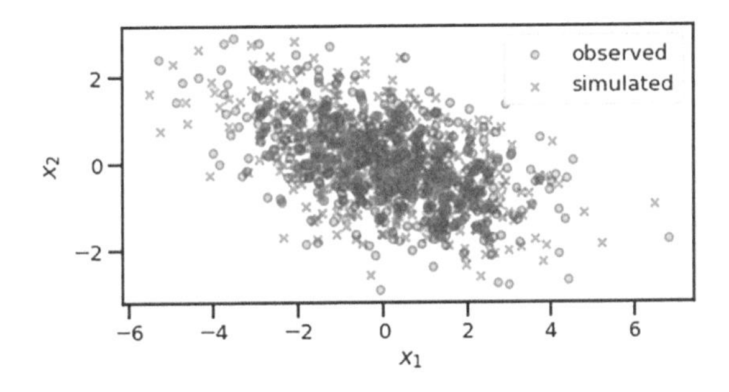

図 4.15　観測データと人工データの比較

4.2.4　モデル概要：確率的行列分解

次に，レコメンデーションに用いられる確率的行列分解 (Salakhutdinov and Mnih [2008a]) という手法を説明します．主成分分析とは異なる文脈で用いられるモデルですが，行列分解を利用しているという意味では，類似点があります．なお，本節の内容は PyMC3 の公式チュートリアルに基づいています[注3]．

ここでは，ミネソタ大学の研究グループ GroupLens が公開している，MovieLens 100K という映画のレーティングに関するデータセットを題材とします[注4]．レーティングは 1〜5 の 5 段階評価で，各ユーザーが最低 20 本の映画を評価しています．1000 人のユーザーが 1700 本の映画について，累計 10 万件の評価をしたデータになります．このデータを用い，ユーザーが各映画に与えるレーティングを予測ができれば，レコメンデーションに活用できます．

レコメンデーションのアプローチはいくつかありますが，ここでは最も一般的な**協調フィルタリング**（collaborative filtering）について説明します．協調フィルタリングは，ユーザー間，アイテム間の類似度に基づいて推薦を行う手法の総称です．例えば，A さんと B さんの映画の嗜好が類似していると考えられる場合，A さんが映画 a を高評価したならば，B さんにも映画 a を推薦する，といったイメージです．

確率的行列分解は，協調フィルタリングの代表的な手法の 1 つです．確率的行列分解では，ユーザーおよびアイテム（ここでは映画）をその潜在的な特徴を表す低次元の埋め込みベクトルで表現します．そのうえで，ユーザーとアイテムの埋め込みベクトルの類似度を評価し，類似度が高いほど両者がマッチしているため，評価が高くなると考えます．確率的行列分解はこの類似度として，埋め込みベクトルの内積を用いた場合に相当します．

次に，確率的行列分解の具体的なモデル式を説明します．ユーザーの数を N，アイテムの数を M とします．また，ユーザー n のアイテム m に対する評価を $R_{nm} \in \mathbb{R}$ とします．アイテムのレーティングは行列 $\mathbf{R} \in \mathbb{R}^{N \times M}$ で表すことができます．また，ユーザー n の埋め込みベクトルを $\mathbf{u}_n \in \mathbb{R}^K$，アイテム m の埋め込みベクトルを $\mathbf{v}_m \in \mathbb{R}^K$ とします．さらに，すべてのユーザー，アイテムの埋め込みベクトルをまとめた行列をそれぞれ $\mathbf{U}, \mathbf{V}$ とします．$\mathbf{U} = (\mathbf{u}_1 \ldots \mathbf{u}_N)$，$\mathbf{V} = (\mathbf{v}_1 \ldots \mathbf{v}_M)$ ということです．

レーティングはユーザーとアイテムの埋め込みベクトルの内積を平均値とするガウス分布に従うことにします．ユーザー n がアイテム m を評価した場合に 1，それ以外の場合に 0 となる指示変数 I_{nm} を導入すると，観測モデルは以下のように表現できます．ここで，α は精度パラメータ（分散 σ^2 の逆数）を表します．

$$p(\mathbf{R} \mid \mathbf{U}, \mathbf{V}, \alpha) = \prod_{n=1}^{N} \prod_{m=1}^{M} \left[\mathcal{N}(R_{nm} \mid \mathbf{u}_n^\top \mathbf{v}_m, \alpha^{-1}) \right]^{I_{nm}} \tag{4.19}$$

また，$\mathbf{U}, \mathbf{V}$ の事前分布は平均 0 のガウス分布とします．

$$p(\mathbf{U} \mid \alpha_{\mathbf{U}}) = \prod_{n=1}^{N} \mathcal{N}(\mathbf{u}_n \mid \mathbf{0}, \alpha_{\mathbf{U}}^{-1} \mathbf{I}) \tag{4.20}$$

注 3　https://docs.pymc.io/en/v3/pymc-examples/examples/case_studies/probabilistic_matrix_factorization.html
注 4　https://grouplens.org/datasets/movielens/100k/

$$p(\mathbf{V} \mid \alpha_{\mathbf{V}}) = \prod_{m=1}^{M} \mathcal{N}(\mathbf{v}_m \mid \mathbf{0}, \alpha_{\mathbf{V}}^{-1}\mathbf{I}) \tag{4.21}$$

精度パラメータ $\alpha, \alpha_{\mathbf{U}}, \alpha_{\mathbf{V}}$ についても事前分布を設定してもよいですが，ここでは簡単のため精度パラメータは固定値としてモデリングしてみます．

4.2.5 実装：確率的行列分解によるレコメンデーション

データセットが比較的大きいということもあり，PyMC3 ではなく，計算速度の速い TFP を用います．まずは必要なパッケージのインストールです．

```
import tensorflow as tf
import tensorflow_probability as tfp
tfd = tfp.distributions
tfb = tfp.bijectors
```

GroupLens のホームページからデータを読み込みます．今回はユーザー ID(user_id)，映画 ID(item_id)，レーティング (rating) を用います．まずはデータ形式を変換し，行がユーザー，列が映画，値がレーティングを表す行列形式にします．ユーザーは 943 人，映画は 1682 本あります．また，ユーザーと映画のすべての組み合わせのうち，レーティングがつけられていない割合は 94%となっており，欠損値が非常に多いデータということがわかります．

```
data = pd.read_csv(
    'http://files.grouplens.org/datasets/movielens/ml-100k/u.data',
    usecols=[0, 1, 2],
    names=['user_id', 'item_id', 'rating'],
    sep='\t'
)

display(data.head())

# 行列形式に変換
dense_data = data.pivot(index='user_id', columns='item_id', values='rating').values

num_users = dense_data.shape[0]
num_items = dense_data.shape[1]
sparsity = np.isnan(dense_data).mean()
print(f'Users: {num_users}\nMovies: {num_items}\nSparsity: {sparsity:.2f}')
```

	user_id	item_id	rating
0	196	242	3
1	186	302	3
2	22	377	1
3	244	51	2
4	166	346	1

```
Users: 943
Movies: 1682
Sparsity: 0.94
```

参考までに，レーティングのヒストグラムを図 4.16 に示します．全体的に高めのレーティングがつけられることが多いようです．平均値は 3.52 となっています．さらに，ユーザーごとの平均レーティングと，映画ごとの平均レーティングをソートしたうえでそれぞれ図 4.17，図 4.18 に示します．当然ではありますが，低評価・高評価をつけやすいユーザーや，低評価・高評価をつけられやすい映画が

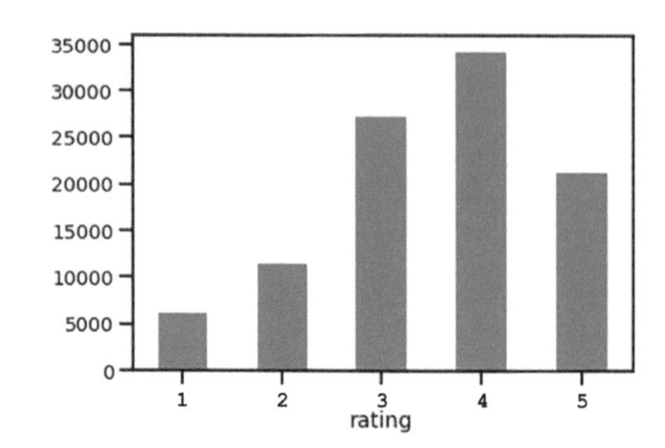

図 4.16　レーティングのヒストグラム

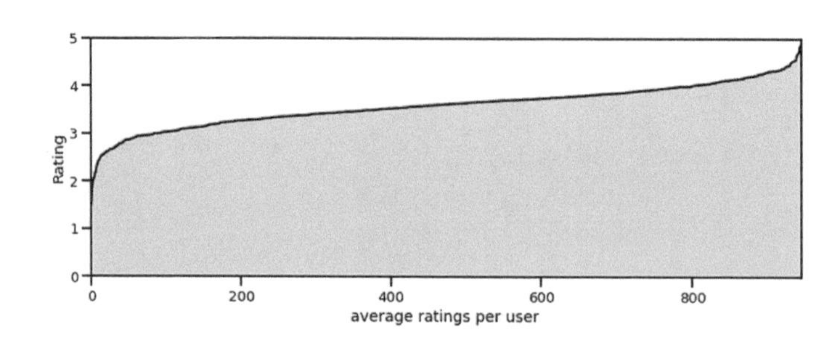

図 4.17　ユーザーごとの平均レーティング

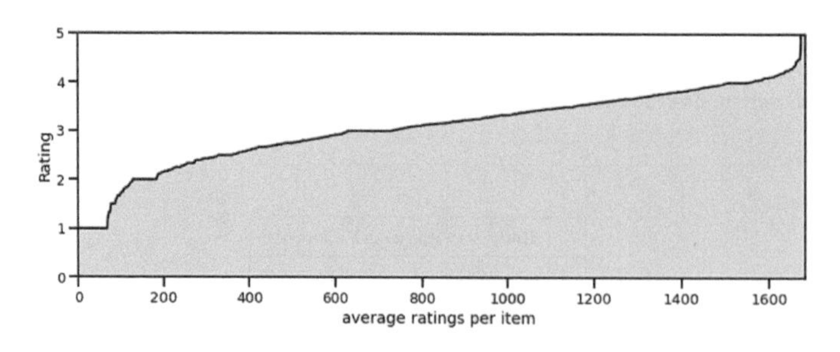

図 4.18　映画ごとの平均レーティング

存在するようです．

今回は，MovieLens 100K のデータを学習データとテストデータに分割し，確率的行列分解によるレーティングの予測性能を評価してみます．レーティングのうちランダムに選択した10%をテストデータとしてとっておくことにします．先ほど行列形式に変換したデータにおいて，テストデータとするレーティングは欠損値に置き換え，学習データとします．

また，確率的行列分解による予測結果との比較対象とするために，ベースラインとなる単純な予測を用意しておきます．ここでは，ユーザーごとの平均レーティング，映画ごとの平均レーティング，全体の平均レーティングの3つの平均値の平均を予測値とする単純な予測をベースラインとします．モデルの評価指標としては，実際のレーティングと予測値との**二乗平均平方根誤差**（root mean squared error, **RMSE**）を用います．ベースラインのRMSEは1.02となりました[注5]．

```
1  train, test = split_train_test(dense_data)
2
3  baseline = baseline_prediction(train)
4  baseline_score = rmse(test, baseline)
5  print(f'RMSE of baseline: {baseline_score:.2f}')
```

```
RMSE of baseline: 1.02
```

モデル式に基づき，実際にモデルを実装していきます．ここでは，精度パラメータではなく，標準偏差（精度の逆数の平方根）でガウス分布を表現しています．前述のとおり，$\mathbf{U}, \mathbf{V}, \mathbf{R}$ の事前分布の標準偏差パラメータは固定値としています．モデルの記述の際に気をつけるべき点は，レーティングデータに欠損値が含まれることです．41行目の対数確率を計算する関数において，レーティングデータ `train` に欠損が含まれたままだと，`log_prob` メソッドの出力は `nan` になってしまいます．モデル式 (4.19) に指示変数 I_{ij} が含まれているとおり，欠損値でない部分のみ用いて対数確率を計算する必要があります．

```
1  dtype = np.float32
2
3  latent_dim = 5 # 潜在変数の次元
4  bounds = (1, 5) # レーティングのとりうる範囲
5  n_user, n_item = train.shape
6
7  # 学習データにおける，欠損値のインデックス
8  nan_mask = np.isnan(train)
9
10 # U, V の標準偏差は，それぞれユーザー，アイテムの標準偏差の平均値に固定
11 train_fill = train.copy()
12 train_fill[nan_mask] = train[~nan_mask].mean()
13 stddv_U = train_fill.std(axis=1).mean().astype(dtype)
```

注5 本節では紙面の都合上，内容理解のためには不要と思われるコードを省略しています．完全に動作するプログラムはサポートページを参照してください．

```
stddv_V = train_fill.std(axis=0).mean().astype(dtype)

# R の標準偏差は固定値に設定
alpha = 2.0
stddv_datapoints = np.sqrt(1/alpha).astype(dtype)


def pmf():
    Root = tfd.JointDistributionCoroutine.Root
    # ユーザー
    U = yield Root(tfd.Independent(
      tfd.Normal(loc=tf.zeros([n_user, latent_dim]),
                 scale=stddv_U * tf.ones([n_user, latent_dim]),
                 name='U'), reinterpreted_batch_ndims=2))
    # アイテム
    V = yield Root(tfd.Independent(
        tfd.Normal(loc=tf.zeros([latent_dim, n_item]),
                 scale=stddv_V * tf.ones([latent_dim, n_item]),
                 name='V'), reinterpreted_batch_ndims=2))

    R = yield tfd.Independent(
        tfd.Normal(loc=tf.matmul(U, V)[~nan_mask],
                   scale=stddv_datapoints,
                   name='R'), reinterpreted_batch_ndims=1)


model = tfd.JointDistributionCoroutine(pmf)
target_log_prob_fn = lambda U, V: model.log_prob(U, V, train[~nan_mask])
```

モデルが定義できたので，HMC により推論します．サンプルの自己相関が高めだったので，MCMC で得られる 5 つのサンプルごとに 1 つだけ取り出して，事後分布からのサンプルとしています．このように，サンプルを間引くことを**間引き**（thinning）と呼びます．

```
num_results = 1000
num_burnin_steps = 1000

@tf.function
def do_sampling():
    return tfp.mcmc.sample_chain(
        num_results=num_results,
        num_burnin_steps=num_burnin_steps,
        num_steps_between_results=5, # 間引き
        current_state=[
          init_random([n_user, latent_dim]),
          init_random([latent_dim, n_item])
        ],
        kernel=tfp.mcmc.SimpleStepSizeAdaptation(
          tfp.mcmc.HamiltonianMonteCarlo(
```

```
16                 target_log_prob_fn=target_log_prob_fn,
17                 step_size=0.1,
18             num_leapfrog_steps=10),
19           num_adaptation_steps=int(num_burnin_steps * 0.8)))
20
21   states, kernel_results = do_sampling()
```

$\mathbf{U}, \mathbf{V}$ はかなり大きい行列なので，各成分のトレースプロットを確認するのは現実的ではありません．また，複数チェーンのサンプリングを行っても，ベイジアン主成分分析の際に説明したとおり，行列分解モデルは回転により同値な解が得られるため，チェーンごとに推定値が大きく異なり，$\hat{R}$ での評価にも意味がありません．ここでは，各ステップにおける $\mathbf{U}, \mathbf{V}$ のフロベニウスノルムを算出し，大きな変動が見られないかどうかを確認します（Salakhutdinov and Mnih [2008b]）．今回の場合，特に問題なさそうです（図 4.19）．

```
1   U_norm = np.linalg.norm(states[0], axis=(1,2))
2   V_norm = np.linalg.norm(states[1], axis=(1,2))
3
4   plt.figure(figsize=(8, 3.5))
5   plt.plot(U_norm, label='U')
6   plt.plot(V_norm, label='V')
```

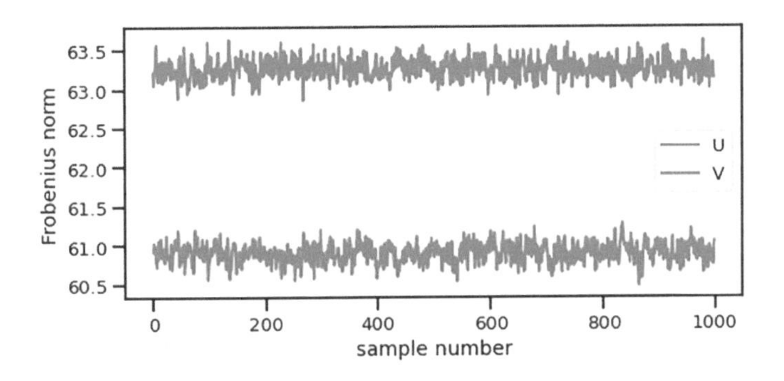

図 4.19　フロベニウスノルムの推移

次に，得られた事後分布からのサンプルを用いて，予測性能の評価を行ってみましょう．ここでは，MCMC の収束のさらなる確認も兼ねて，RMSE のトレースプロットを作成します．MCMC のステップごとの RMSE を求めるには，まず，ステップごとの $\mathbf{R}$ のサンプルを取得する必要があります．$\mathbf{R}$ のサンプルは以下のプロセスにより取得できます．まず，MCMC によりステップごとの $\mathbf{U}, \mathbf{V}$ のサンプルが得られています．また，$\mathbf{R}$ は $\mathbf{U}, \mathbf{V}$ の行列積を平均とするガウス分布に従うとしています．そこで，$\mathbf{U}, \mathbf{V}$ のサンプルを利用して上記のガウス分布を定義し，ランダムサンプルを 1 つ取得することで，$\mathbf{R}$ のサンプルを取得できます．これを MCMC のステップごとに実施することで，MCMC の各ステップにおける $\mathbf{R}$ のサンプルを取得できます．なお，$\mathbf{R}$ のサンプルのうち 1 より小さい，または 5 より大きい成分はそれぞれ 1 または 5 に修正しています（予測値のクリッピング）．こうして得られた $\mathbf{R}$ のサンプルと，学習データ・テストデータを用いることで，MCMC のステップごとの RMSE が計算でき，トレースプロットを作成できます（図 4.20）．

図 4.20 のとおり，学習データの RMSE は安定しており，こちらの観点からも MCMC が収束には問題なさそうです．性能評価の結果としては，学習データとテストデータの RMSE の差が大きく，やや**過剰適合**（overfiting）していますが，テストデータにおける RMSE はベースラインよりも改善していることが確認できます．

```
def predict(u, v, sd, bounds=(1, 5)):
    r = tf.matmul(u, v)
    # R のサンプルを取得
    sample_r = tfd.Normal(loc=r, scale=sd).sample()
    # レーティングの上限・下限に収まるようにクリッピング
    sample_r = tf.clip_by_value(sample_r, *bounds)
    return sample_r

def running_rmse(states, train_data, test_data, burnin=0):
    from tqdm import tqdm

    states = [s[burnin:] for s in states]
    results = {'per-step-train': [], 'running-train': [],
               'per-step-test': [], 'running-test': []}
    r = np.zeros(train_data.shape)
    for i in tqdm(range(len(states[0]))):
        # U, V のサンプルから R のサンプルを取得
        sample_r = predict(states[0][i], states[1][i], stddv_datapoints).numpy()
        r += sample_r
        # 現時点までのサンプルの平均
        running_r = r / (i + 1)
        # RMSE の算出
        results['per-step-train'].append(rmse(train_data, sample_r))
        results['running-train'].append(rmse(train_data, running_r))
        results['per-step-test'].append(rmse(test_data, sample_r))
        results['running-test'].append(rmse(test_data, running_r))

    results = pd.DataFrame(results)
    return running_r, results


pred, results = running_rmse(states, train, test)

test_rmse = results['running-test'].values[-1]
train_rmse = results['running-train'].values[-1]
print(f'train RMSE: {train_rmse:.3f}')
print(f'test RMSE: {test_rmse:.3f}')
```

```
38  print(f'test RMSE(baseline): {baseline_score:.3f}')
39
40  results.plot(ax=ax)
```

```
train RMSE: 0.859
test RMSE: 0.944
test RMSE(baseline): 1.017
```

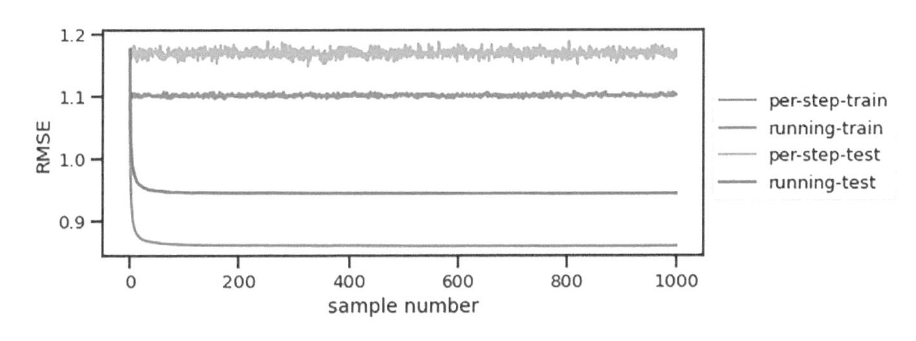

図 4.20 トレースプロット

モデルをさらに改善する方法としては，今回固定値とした精度パラメータに事前分布を設定することが考えられます．また，$\mathbf{U}, \mathbf{V}$ の事前分布の共分散行列を対角行列に限定する必然性もありません．さらに，元論文 (Salakhutdinov and Mnih [2008a]) では $\mathbf{u}_n^\top \mathbf{v}_m$ をそのままレーティングの平均値とするのではなく，レーティングをあらかじめ [0, 1] の範囲に変換したうえで，$\mathbf{u}_n^\top \mathbf{v}_m$ をロジスティック関数により同じく [0, 1] の範囲に変換して，レーティングの平均値とするモデルも紹介されています．余力がある方はこれらの工夫をして，結果が改善するかを確認してみてください．

4.3 状態空間モデル

状態空間モデル (state space model) は時系列データのモデリングに用いられる潜在変数モデルです．例えば，GPS により走行中の自動車の位置を取得する問題を考えましょう（図 4.21）．私たちが観測できる車の位置，すなわち「観測値」は GPS により得られた位置とします．ただし，GPS は精度が高いものの，多少の誤差は発生してしまいます．観測誤差のない真の位置は，私たちが観測できない潜在変数であり，状態空間モデルの文脈では「状態」と呼ばれます．

例として，複数の時点で車の位置を取得する場合を考えます．時点 t での真の車の位置（状態）を α_t とすると，次の時点 $t+1$ における α_{t+1} は α_t に基づいて決まると考えられます．これは，「状態成分に 1 次マルコフ性を仮定している」ということもできます．状態空間モデルにおいて，前の時点の状態から次の時点の状態を得るための方程式を，**状態方程式** (state equation) と呼びます．

また，時点 t における状態 α_t に観測誤差が加わり，観測値 y_t が得られると考えられます．このよ

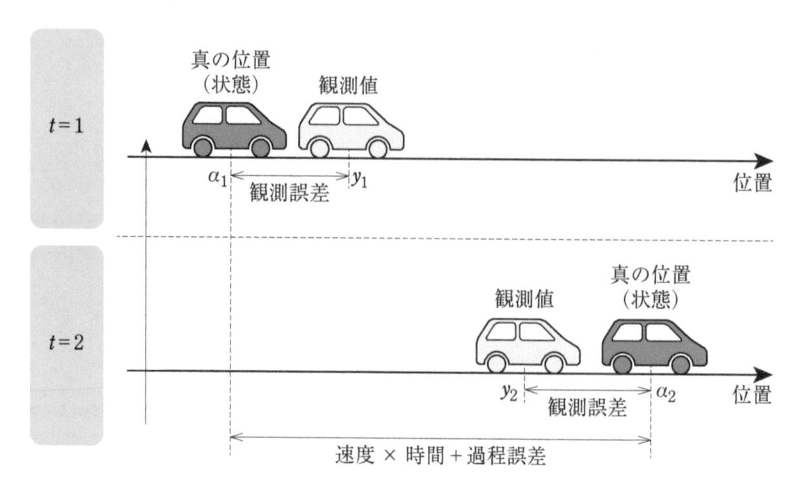

図 4.21　状態と観測値のイメージ

うに，状態から観測値を得るための方程式を**観測方程式**（observation equation）と呼びます．このように，状態空間モデルは状態方程式と観測方程式により表現できます．状態空間モデルをグラフィカルモデルで表現すると図 4.22 のようになります．

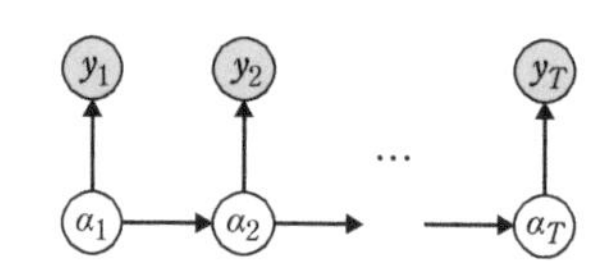

図 4.22　状態空間モデルのグラフィカルモデル

状態空間モデルを用いた時系列分析の利点としては，表現力・説明力の高さが挙げられます．後ほど説明しますが，トレンド，周期変動など複数の状態成分を組み合わせたモデルを作ることが可能で，観測データに影響を与えるさまざまな要因を分解して考えることができます．

4.3.1　モデル概要：ローカルレベルモデル

まず，状態空間モデルのうち，最も単純なモデルともいえる**ローカルレベルモデル**（local level model）を用いて予測してみましょう．ローカルレベルモデルでは，ある時点の状態 μ_t は前の時点の状態 μ_{t-1} に**過程誤差**（process error）[注6] と呼ばれるゆらぎ η_t が加わって得られるとします．状態方程式は式 (4.22) となります．ここで，μ は**水準成分**（**レベル成分**）などとも呼ばれます[注7]．

$$\mu_t = \mu_{t-1} + \eta_t, \quad \eta_t \sim \mathcal{N}(0, \sigma_\eta^2) \tag{4.22}$$

注 6　文献によっては状態攪乱項（state disturbance）や状態雑音などとも呼びます．
注 7　これまで一般的な状態成分を α で表してきましたが，水準成分は慣例に従い μ で表しています．

また，ある時点の観測値 y_t は状態 μ_t に**観測誤差**（observation error）[注8] ε_t が加わって得られるとします．よって，観測方程式は式 (4.23) となります．

$$y_t = \mu_t + \varepsilon_t, \quad \varepsilon_t \sim \mathcal{N}(0, \sigma_\varepsilon^2) \tag{4.23}$$

なお，過程誤差，観測誤差はともに平均 0 のガウス分布に従うと仮定します．また，状態成分の初期値 μ_0 は平均 m_0，標準偏差 σ_0 のガウス分布に従うとします．以上をまとめると，ローカルレベルモデルは次の式で表現できます．

$$\begin{aligned} \mu_t &= \mu_{t-1} + \eta_t, \quad \eta_t \sim \mathcal{N}(0, \sigma_\eta^2), \\ y_t &= \mu_t + \varepsilon_t, \quad \varepsilon_t \sim \mathcal{N}(0, \sigma_\varepsilon^2), \\ \mu_0 &\sim \mathcal{N}(m_0, \sigma_0^2) \end{aligned} \tag{4.24}$$

式 (4.24) に従って実装したモデルからサンプルを 3 通り取得して，可視化したのが図 4.23 です（パラメータは $\mu_0 = 3$，$\sigma_\eta = 1.0$，$\sigma_\varepsilon = 1.5$ としています）．観測誤差 ε_t がなければ，上記のモデルはいわゆるランダムウォークを表します．これは図 4.23 のグレーの丸で示した系列に対応します．ローカルレベルモデルはランダムウォークにノイズ（観測誤差）を加えたモデルになります．図 4.23 においてグレーで示した丸にノイズを加えたのが赤の×になります．こちらがローカルレベルモデルにおける観測値に対応します．

ローカルレベルモデルはランダムな変動をする時系列データを表現するモデルなので，そのままでは予測には役に立ちませんが，より実用的なモデルのベースになるモデルでもあります．

4.3.2 実装：ローカルレベルモデル

実際のデータを用いて，状態空間モデルの実装方法を確認していきましょう．ここでは，ハワイ島のマウナロア観測所における 1966 年から 2019 年までの月次の二酸化炭素の測定データを利用します[注9]．二酸化炭素の濃度ははっきりした増加傾向があり，また周期的な変動も見られるようです（図 4.24）．最後の 10 年分のデータをテストデータとしてとっておき，予測対象とします．

今回は，TFP の sts モジュールを利用します．このモジュールは状態空間モデルに特化しており，モデリングに役立つクラスが実装されている他，変分推論法を用いた高速な推論が可能なことが特徴です．

```
1  import tensorflow as tf
2  import tensorflow_probability as tfp
3  from tensorflow_probability import sts
4
5  tfd = tfp.distributions
```

注 8　文献によっては観測値攪乱項（observation disturbance）や観測雑音などとも呼びます．

注 9　データの出典：http://scrippsco2.ucsd.edu/data/atmospheric_co2/primary_mlo_co2_record

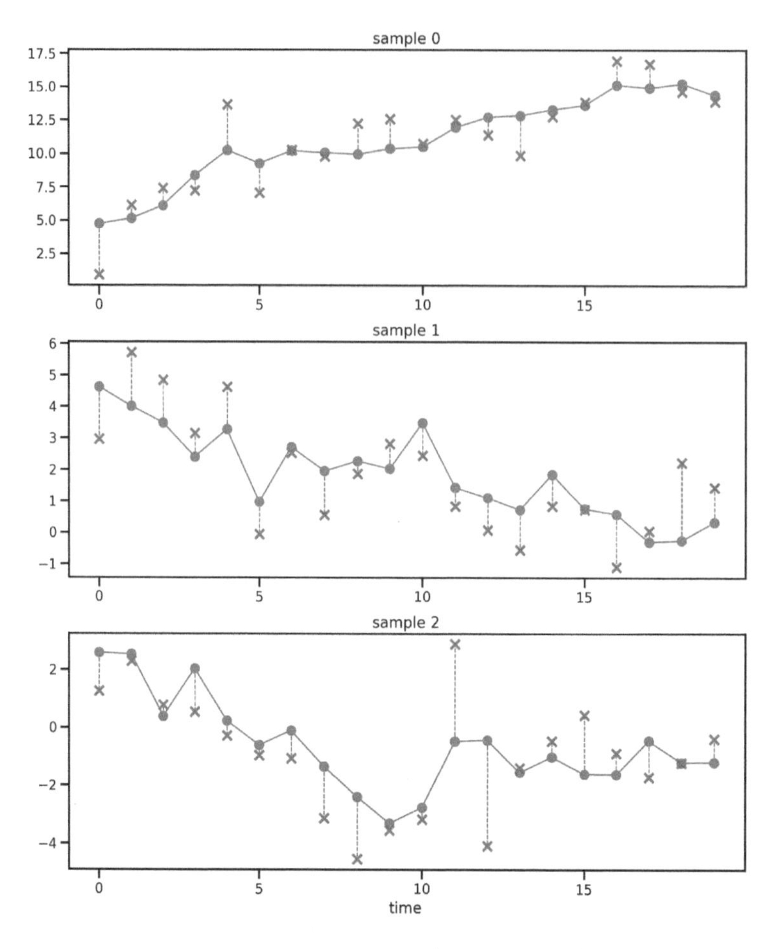

図 4.23　ローカルレベルモデルからのサンプル

まず，build_llevel_model 関数でローカルレベルモデルを定義します．この関数の返り値は StructuralTimeSeries クラスのインスタンスになります．式 (4.24) の $\mu_0, \sigma_\eta^2, \sigma_\varepsilon^2$ の事前分布を指定しなかった場合，観測値に基づいたガウス分布または対数ガウス分布が自動的に設定されます．任意の事前分布を設定することも可能です．続いて，variational_inference 関数では，変分推論法による近似推論を実装しています．具体的には，まず build_factored_surrogate_posterior メソッドで，近似事後分布を設定します．ここでの近似分布は，1.4 節で取り上げた平均場近似を用いており，各パラメータが独立なガウス分布に従うとしています．なお，パラメータは必要に応じて内部的に bijector で変換され，パラメータの値のとりうる範囲の制約（例えば正の値しかとらないなど）を満たすようにします．そして，tfp.vi.fit_surrogate_posterior メソッドにより，勾配降下法で ELBO の負値を最小化し，近似事後分布のパラメータが最適化されます．

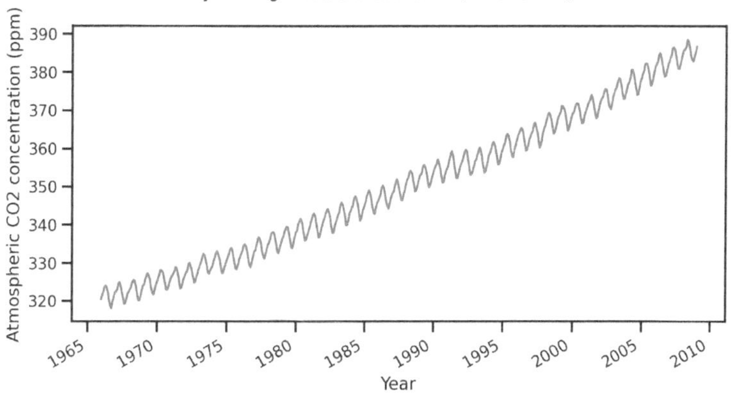

図 4.24　二酸化炭素濃度の月次測定データ

```
def build_1level_model(observed_time_series):
    """モデルの定義
    """
    # 状態成分
    level = sts.LocalLevel(observed_time_series=observed_time_series)
    # 各状態成分（今回は 1つのみ）と観測誤差を加算
    model = sts.Sum([level], observed_time_series=observed_time_series)
    return model


def variational_inference(model, observed_time_series, num_variational_steps):
    """変分推論法
    """
    variational_posteriors = sts.build_factored_surrogate_posterior(model)
    optimizer = tf.optimizers.Adam(learning_rate=.1)

    # ELBO loss (ELBO の負値)の最小化
    @tf.function(experimental_compile=True)
    def train():
        elbo_loss_curve = tfp.vi.fit_surrogate_posterior(
            target_log_prob_fn=model.joint_log_prob(
                observed_time_series=observed_time_series),
            surrogate_posterior=variational_posteriors,
            optimizer=optimizer,
            num_steps=num_variational_steps)
        return elbo_loss_curve

    elbo_loss_curve = train()

    # ELBO の推移を描画
    plt.plot(elbo_loss_curve)
```

```
32        plt.xlabel('step')
33        plt.ylabel('-ELBO')
34
35        return variational_posteriors
```

定義した関数を用いて，実際に変分推論法を適用します．ELBO の負値は順調に低下し，50 ステップくらいで落ち着いているようです（図 4.25）．内部的には変分パラメータが更新され，最適化されています．variational_posteriors が最終的に得られた近似事後分布になります．

```
1  llevel_model = build_llevel_model(y_train)
2
3  num_variational_steps = 200
4  variational_posteriors = variational_inference(llevel_model, y_train, num_variational_steps)
```

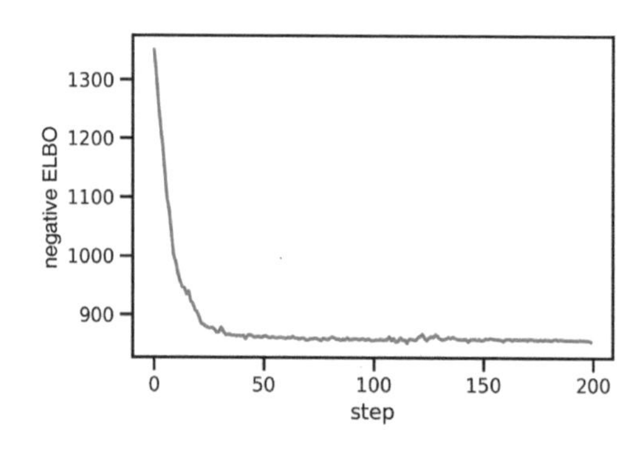

図 4.25　ELBO の負値の推移

各パラメータの事後分布について，平均と標準偏差を求めてみます．observation_noise_scale が式 (4.24) の σ_ε^2，LocalLevel/_level_scale が σ_η^2 に対応します．

```
1  # 近似事後分布からのサンプルを取得
2  q_samples = variational_posteriors.sample(50)
3
4  print('Inferred parameters:')
5  for param in llevel_model.parameters:
6      print('{0}: {1:.3g} +- {2:.3g}'.format(param.name,
7                                          np.mean(q_samples[param.name], axis=0),
8                                          np.std(q_samples[param.name], axis=0)))
```

```
Inferred parameters:
observation_noise_scale: 0.0523 +- 0.0246
LocalLevel/_level_scale: 1.25 +- 0.045
```

将来予測の結果を確認してみましょう（図 4.26）．青線が実際の観測値，オレンジの波線が予測値，すなわち予測分布の平均で，オレンジの帯は平均±標準偏差の区間を示しています．また，薄いオレンジの線は予測分布から取得した 10 個のサンプルを示しています．ローカルレベルモデルでは，予測値は一定になってしまいます．これは，モデル式の ε_t, η_t の期待値がともに 0 であることからも明らかです．ローカルレベルモデルでは増加傾向や周期変動などをまったく加味しておらず，観測データの特徴を捉えられていません．

```
# パラメータの事後分布からのサンプルを用いて，未来の観測値の予測分布を算出する
# tfd.MixtureSameFamily が返される．混合要素数は事後分布からのサンプルサイズとなる
pred_dist = tfp.sts.forecast(
    model=llevel_model,
    observed_time_series=y_train,
    parameter_samples=q_samples,
    num_steps_forecast=num_forecast_steps)


# 予測分布の平均，標準偏差を算出，予測分布からのサンプルも取得
num_samples=10
(
    pred_mean,
    pred_scale,
    pred_samples
) = (
    pred_dist.mean().numpy()[..., 0],
    pred_dist.stddev().numpy()[..., 0],
    pred_dist.sample(num_samples).numpy()[..., 0]
    )

# 自作の描画用関数（冗長のためコードは省略）
plot_forecast(dates, y, pred_mean, pred_scale, pred_samples, x_loc, x_fmt)
```

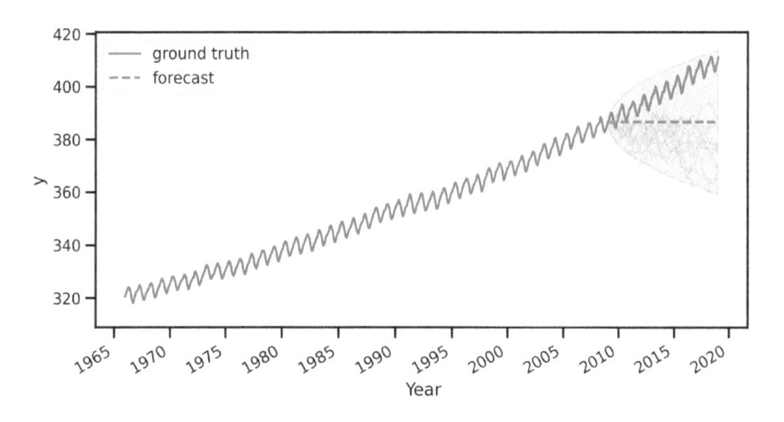

図 4.26　ローカルレベルモデルによる予測

予測誤差も算出してみます．**平均絶対誤差**（mean absolute error, **MAE**）は11.5となりました．

```
print('MAE (local level model): {:.1f}'.format(
    mean_absolute_error(pred_mean, y_test)))
```

```
MAE (local level model): 11.5
```

4.3.3 モデル概要：構造時系列モデル

ローカルレベルモデルでは今回の時系列データの特徴をまったく捉えられませんでした．そこで，より実用的なモデルとして，**構造時系列モデル**（structural time series model）を紹介します．構造時系列モデルはトレンド成分，季節成分，不規則成分などの複数成分の和で時系列データを表現するモデルです．**トレンド成分**（trend component）は例えば増加傾向にある，といったようなデータの大まかな変動傾向を表します．また，**季節成分**（seasonal component）は周期的な変動を表します．**不規則成分**（irregular component）はトレンド成分，季節成分などの他の成分で表現できない変動を表す成分です．

次に，各成分をどのようなモデル式で表せるかを確認していきます．

4.3.4 モデル概要：トレンド成分

トレンドはさまざまな意味合いで使われる言葉ですが，ここでは「長期的な変動傾向」といったイメージです．一定のペースで増加または減少するといった確定的なトレンドもありますが，状態空間モデルでは確率的に変動するトレンドを扱うことも多いです．トレンドのイメージを図4.27に示します．**確定的トレンド**（青）では水準成分 μ が一定のペースで増え続けています．また，水準成分の差分を表す傾き成分 δ は一定となります．一方，**確率的トレンド**（オレンジ）では傾き成分が時間変化しており，水準成分もなだらかに変動しています[注10]．

ここでは，確率的トレンドの例である**ローカル線形トレンドモデル**（local linear trend model）と呼ばれるモデルを考えます（式(4.25)）．ローカルレベルモデルと異なるのは，傾きを表す状態成分 δ を導入した点です．

ローカル線形トレンドモデルでは，水準成分 μ_t は前の時点の水準成分 μ_{t-1} に傾き成分 δ_{t-1} が加わって得られます．つまり，δ は μ の傾きを表していることになります．また μ_t, δ_t には，それぞれ対応する過程誤差 $\eta_{\mu,t}, \eta_{\delta,t}$ も加わります．これにより，傾きが確率的に変動するモデルになります．なお，傾き成分 δ_t の過程誤差 $\eta_{\delta,t}$ が0の場合は確定的トレンドになります．また，μ_0，δ_0 はそれぞれガウス分布に従いますが，煩雑なため式(4.25)では省略しています．

注10 図4.27では簡単のため，水準成分の過程誤差 $\eta_{\mu,t}$ は0としています．

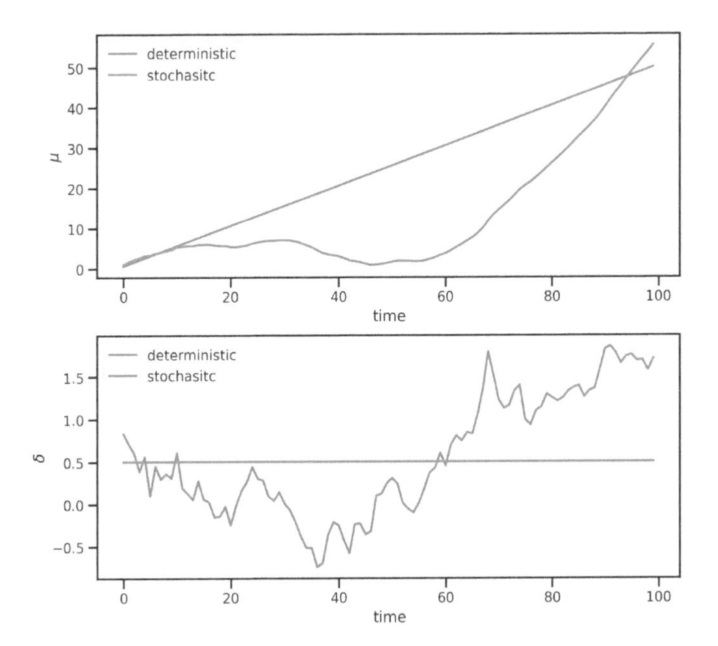

図 4.27　上：水準成分 μ の時系列プロット．下：傾き成分 δ の時系列プロット．確定的トレンド（青），確率的トレンド（オレンジ）

$$
\begin{aligned}
\mu_t &= \mu_{t-1} + \delta_{t-1} + \eta_{\mu,t}, \quad \eta_{\mu,t} \sim \mathcal{N}(0, \sigma^2_{\eta_\mu}), \\
\delta_t &= \delta_{t-1} + \eta_{\delta,t}, \quad \eta_{\delta,t} \sim \mathcal{N}(0, \sigma^2_{\eta_\delta}), \\
y_t &= \mu_t + \varepsilon_t, \quad \varepsilon_t \sim \mathcal{N}(0, \sigma^2_\varepsilon),
\end{aligned}
\tag{4.25}
$$

4.3.5　モデル概要：季節成分

季節成分は周期的な変動を表現する状態成分です．言葉どおり，年周期の季節的な変動を表すこともありますが，7 日周期の曜日による変動など，季節に限らない周期的な変動を表すこともあります．例えば，商品の売上予測の際，曜日ごとに売上の傾向が変わる場合は，7 日周期の曜日効果を組み込むとうまく売上変動をモデリングできます．また，季節成分は一定ではなく，少しずつ変動するように設定することもできます（図 4.28）．

具体的なモデル式を考えてみましょう．まず，周期を s として，季節成分を $\gamma_1, \gamma_2, \ldots, \gamma_s$ と表します．通常，季節成分の和は 0 になるように制約をかけます．これは，季節成分の平均的な大きさを決めないと，季節成分が一意に定まらないためです．

$$
\sum_{i=1}^{s} \gamma_i = 0 \tag{4.26}
$$

よって，時点 t における季節成分 γ_t は，次式で表せます．

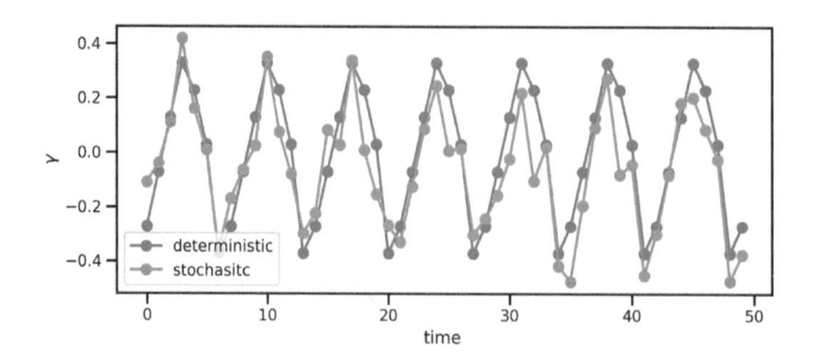

図 4.28　季節成分のイメージ．青：確定的な季節成分，オレンジ：確率的な季節成分

$$\gamma_t = -\sum_{i=t-s+1}^{t-1} \gamma_i \tag{4.27}$$

さらに，季節成分は一定ではなく，少しずつ変動していくように設定することが多いです．そこで，各季節が訪れるごとに季節成分にノイズ $\eta_{\gamma,t}$ を加算します．$\eta_{\gamma,t}$ は季節成分のゆらぎを表す過程誤差です．

$$\gamma_t = -\sum_{i=t-s+1}^{t-1} \gamma_i + \eta_{\gamma,t} \tag{4.28}$$

なお，状態空間モデルで季節成分を表現する方法として，三角関数を用いた方法もあります．詳細は野村俊一 [2016] や 萩原淳一郎 [2018] などを参照してください．

トレンド成分と季節成分を組み込んだモデル式は下記のとおりです．水準成分や各季節成分の初期値が従う確率分布も設定する必要がありますが，ここでは表記を省略しています．

$$\begin{aligned}
\mu_t &= \mu_{t-1} + \delta_{t-1} + \eta_{\mu,t}, \quad \eta_{\mu,t} \sim \mathcal{N}(0, \sigma^2_{\eta_\mu}), \\
\delta_t &= \delta_{t-1} + \eta_{\delta,t}, \quad \eta_{\delta,t} \sim \mathcal{N}(0, \sigma^2_{\eta_\delta}), \\
\gamma_t &= -\sum_{i=t-s+1}^{t-1} \gamma_i + \eta_{\gamma,t}, \quad \eta_{\gamma,t} \sim \mathcal{N}(0, \sigma^2_{\eta_\gamma}), \\
y_t &= \mu_t + \gamma_t + \varepsilon_t, \quad \varepsilon_t \sim \mathcal{N}(0, \sigma^2_\varepsilon)
\end{aligned} \tag{4.29}$$

4.3.6 実装：構造時系列モデル

TFP.sts モジュールでは，ローカル線形トレンドモデルは LocalLinearTrend，季節成分モデルは Seasonal クラスで実装されています．sts.Sum により，トレンド成分，季節成分，不規則成分を足し合わせ，構造時系列モデルを定義しています．

```
def build_trend_seasonal_model(observed_time_series):
    # トレンド成分
    trend = sts.LocalLinearTrend(observed_time_series=observed_time_series)
    # 季節成分（12ヶ月周期）
    seasonal = tfp.sts.Seasonal(
        num_seasons=12, observed_time_series=observed_time_series)
    # 各成分を足し合わせる
    model = sts.Sum([trend, seasonal], observed_time_series=observed_time_series)
    return model
```

ローカルレベルモデルの場合と同様に，変分推論法によりパラメータを推定します．トレンド成分，季節成分を追加した分だけ，パラメータも増えていることに注意してください．ELBO の負値は順調に低下し，100 ステップくらいで収束するようです（図 4.29）．

```
trend_seasonal_model = build_trend_seasonal_model(y_train)

num_variational_steps = 200
variational_posteriors = variational_inference(trend_seasonal_model,
                                               y_train,
                                               num_variational_steps)

# 近似事後分布からのサンプルを取得
q_samples = variational_posteriors.sample(50)

print('Inferred parameters:')
for param in trend_seasonal_model.parameters:
    print('{0}: {1:.3g} +- {2:.3g}'.format(param.name,
                                           np.mean(q_samples[param.name], axis=0),
                                           np.std(q_samples[param.name], axis=0)))
```

```
Inferred parameters:
observation_noise_scale: 0.163 +- 0.011
LocalLinearTrend/_level_scale: 0.171 +- 0.0136
LocalLinearTrend/_slope_scale: 0.00587 +- 0.00226
Seasonal/_drift_scale: 0.0386 +- 0.00878
```

予測分布の平均，標準偏差などを算出する部分のコードは，ローカルレベルモデルの場合と同じなので，省略します．予測結果は図 4.30 のようになります．時系列データの増加傾向や周期的変動をうまく捉えており，実績値とよく一致していることがわかります．平均絶対誤差は 2.09 となり，ローカルレベルモデルに比べて大きく改善しました．

```
plot_forecast(dates, y, pred_mean, pred_scale, pred_samples, x_loc, x_fmt)
print('MAE (local level model): {:.2f}'.format(
    mean_absolute_error(pred_mean, y_test)))
```

```
MAE (local level model): 2.09
```

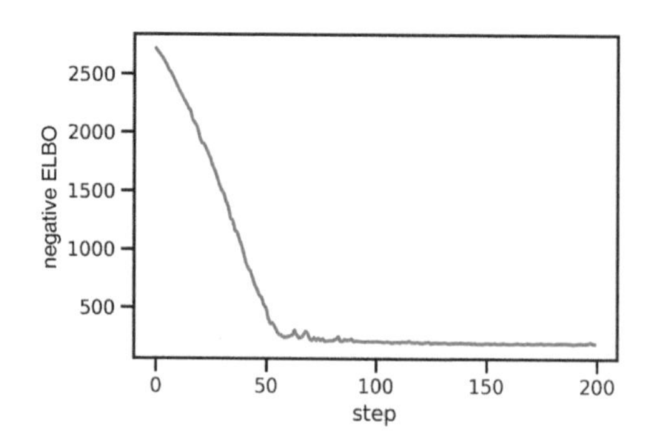

図 4.29　ELBO の負値の推移

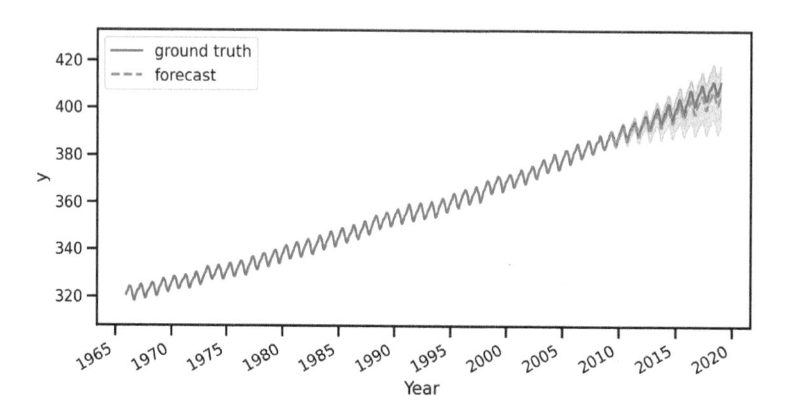

図 4.30　ローカル線形トレンド+季節成分モデルによる予測

また，前述のとおり，状態空間モデルの利点は観測データに影響を与えるさまざまな要因を分解して考えられることです．ここでは，推定したトレンド成分，季節成分を表示してみます．

```
1  # 状態成分ごとの事後分布を算出し，各成分を表すStructuralTimeSeries インスタンスを key，
2  # 事後分布を表すtfp.Distribution インスタンスを value とする OrderedDict を返す
3  component_dists = sts.decompose_by_component(
4      trend_seasonal_model,
5      observed_time_series=y,
6      parameter_samples=q_samples)
7
8  # 各成分の事後分布の平均と標準偏差を算出
9  component_means, component_stddevs = (
10     {k.name: c.mean() for k, c in component_dists.items()},
11     {k.name: c.stddev() for k, c in component_dists.items()})
12
13 # 成分ごとのプロット
14 # 自作のプロット用関数（冗長のためコードは省略）
```

```
15 plot_components(dates, component_means, component_stddevs,
16                 x_locator=x_loc, x_formatter=x_fmt)
```

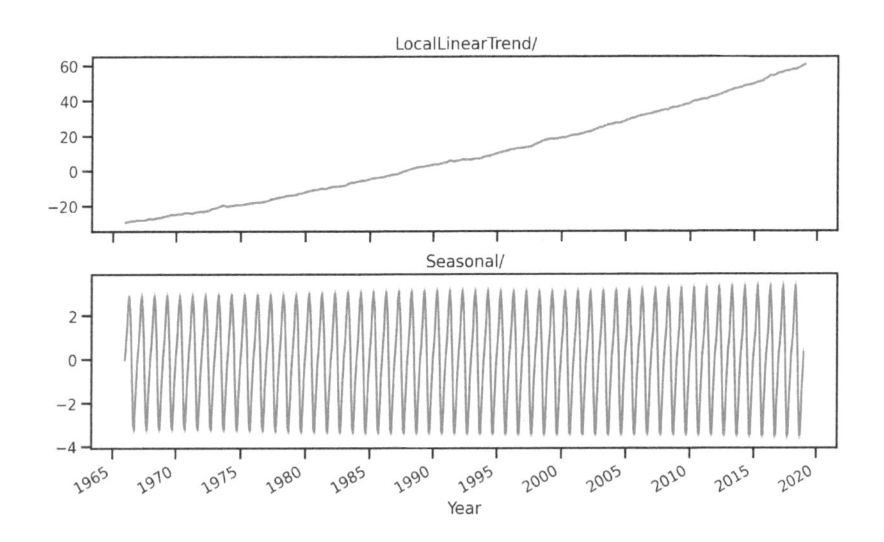

図 4.31　成分ごとのプロット（上：トレンド成分，下：季節成分）

今回は取り上げませんでしたが，実用的によく使われるモデルとして，回帰成分モデルが挙げられます．予測対象の時系列データに対して，説明変数となる時系列データが存在する場合に適用できます．例えば，ある月における商品の売上にその月の広告費が影響している場合などです．

また，今回取り扱ったモデルは，**線形ガウス状態空間モデル**（linear Gaussian state space model）と呼ばれ，状態方程式・観測方程式が線形であり，観測値や状態がいずれもガウス分布に従うような，基本的な状態空間モデルの範疇でした．非線形の観測方程式・状態方程式や，ガウス分布以外の確率分布の導入により，より多様なデータに適した状態空間モデルを構築することも可能です．

4.4　隠れマルコフモデル

隠れマルコフモデル（hidden Markov model）は時系列データのモデリングに使われる手法です．前節で取り上げた状態空間モデルと類似していますが，潜在変数が連続変数ではなく離散変数の場合に相当します．

4.4.1　モデル概要

ここでは，人工データを用いて，隠れマルコフモデルの推論を行います．設定は以下のとおりです．暇でお金持ちな A さんは毎日 3 時間スロットマシンで遊び続けるという趣味があります．スロットマシンには当たりの出やすさが異なる3つのモードがあり，1日単位でモードが確率的に変化し続けているとします．A さんはスロットで当たりが出た回数を毎日記録しており，当たりの回数からモードの推移を知りたいとします．

当たり回数およびスロットマシンのモードの時系列プロットは図4.32のようになります．ここで，スロットマシンのモードはAさんが知ることができない潜在変数になります．このような場合に用いることができるのが隠れマルコフモデルです．当たり回数のデータを見ると，途中で何度も突発的な変動があることが確認できます．観測データの背後に離散の潜在変数を想定することで，こうした複雑な変動パターンのデータをモデリングできるのが隠れマルコフモデルの利点です．

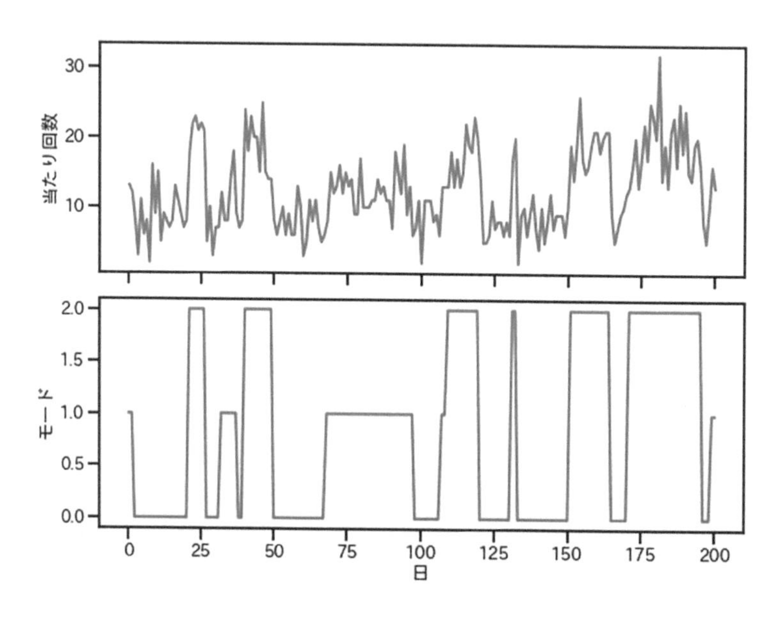

図 4.32 人工データ

続いて，隠れマルコフモデルにおけるデータ生成過程を確認しましょう．まず，潜在変数 z_t には1次マルコフ性があるとします．つまり，「ある日のスロットマシンのモードは前日のモードにのみ依存して決まる」ということです．

$$p(z_t \mid z_1, \ldots, z_{t-1}) = p(z_t \mid z_{t-1}) \tag{4.30}$$

潜在変数の推移の確率を表すのが，**遷移確率行列** (transition probability matrix) $\mathbf{A}$ です．潜在変数がとりうる状態の数を K とすると，$\mathbf{A}$ は $K \times K$ の行列で，i 行 j 列の要素 $A_{i,j} = p(z_t = j \mid z_{t-1} = i)$ です．例えば，「前日がモード $1(z_{t-1} = 1)$，翌日がモード $2(z_t = 2)$ となる確率が $A_{1,2} = 0.3$」といった具合です．

z_{t-1} が与えられた下で z_t は下記のカテゴリ分布に従うことになります.

$$z_t \mid z_{t-1} \sim \mathrm{Cat}(\mathbf{A}_{z_{t-1},:}), \quad t = 2, \ldots, T \tag{4.31}$$

$\mathbf{A}_{z_{t-1},:}$ は行列 $\mathbf{A}$ の z_{t-1} 行目を表しており, 各要素が0以上かつ要素の和が1の実数値ベクトルなので, 事前分布としてはディリクレ分布を設定します.

$$\mathbf{A}_{z_{t-1},:} \sim \mathrm{Dir}(\boldsymbol{\alpha}_{\mathbf{A}}) \tag{4.32}$$

また, 最初の時点の潜在変数 z_1 は初期確率 $\boldsymbol{\pi}$ に従うとします.

$$z_1 \sim \mathrm{Cat}(\boldsymbol{\pi}) \tag{4.33}$$

$\boldsymbol{\pi}$ の事前分布もディリクレ分布とします.

$$\boldsymbol{\pi} \sim \mathrm{Dir}(\boldsymbol{\alpha}_{\boldsymbol{\pi}}) \tag{4.34}$$

続いて, 潜在変数が与えられた下で, 観測データを生成する観測分布を定義します. 観測分布は何でもよく, カテゴリ分布など離散確率分布の場合もあれば, ガウス分布など連続確率分布でも問題ありません. 今回の例では当たりの回数というカウントデータを取り扱うので, 観測分布はポアソン分布とします.

$$x_t \mid z_t \sim \mathrm{Poi}(\lambda_{z_t}) \tag{4.35}$$

ポアソン分布のパラメータは正の実数値なので, 今回は事前分布としてガンマ分布を設定します.

$$\lambda_k \sim \mathrm{Gam}(a_k, b_k), \quad k = 1, \ldots, K \tag{4.36}$$

以上をまとめると, モデル式は以下のとおりです.

$$\begin{aligned}
\boldsymbol{\pi} &\sim \mathrm{Dir}(\boldsymbol{\alpha}_{\boldsymbol{\pi}}), \\
\mathbf{A}_{z_{t-1},:} &\sim \mathrm{Dir}(\boldsymbol{\alpha}_{\mathbf{A}}), \\
\lambda_k &\sim \mathrm{Gam}(a_k, b_k), \quad k = 1, \ldots, K, \\
z_1 &\sim \mathrm{Cat}(\boldsymbol{\pi}), \\
z_t \mid z_{t-1} &\sim \mathrm{Cat}(\mathbf{A}_{z_{t-1},:}), \quad t = 2, \ldots, T, \\
x_t \mid z_t &\sim \mathrm{Poi}(\boldsymbol{\lambda}_{z_t}), \quad t = 1, \ldots, T
\end{aligned} \tag{4.37}$$

グラフィカルモデルは図4.33のとおりです. 隠れマルコフモデルにおける推論対象は潜在変数 z や

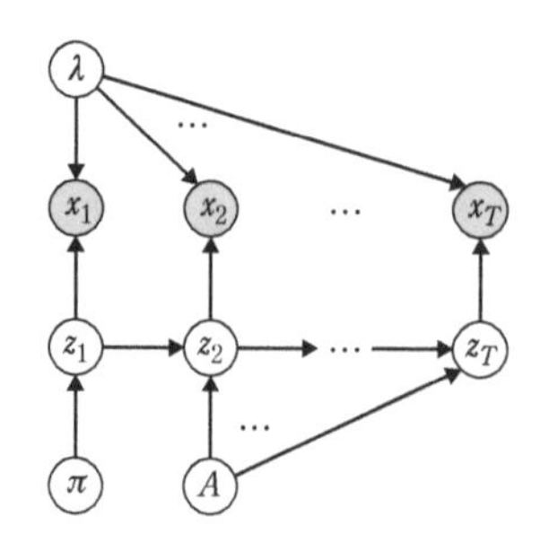

図 4.33 隠れマルコフモデルのグラフィカルモデル

パラメータ $\mathbf{A}, \boldsymbol{\pi}, \boldsymbol{\lambda}$ です．

4.4.2 実装

近似推論を行う際に問題になるのが，離散の潜在変数の存在です．モデル式に離散の潜在変数が含まれると，勾配計算を用いるHMC法を適用できません．そこで，潜在変数を周辺化することが多いです．つまり，潜在変数のすべてのパターンを考え，確率を足し合わせることで潜在変数を消去して尤度を表現できます．TFPの `HiddenMarkovModel` クラスでは，この方法により `log_prob` を計算しています．周辺化すると，MCMCで潜在変数を直接推論することができなくなります．ただし後に述べるように，MCMCで推論したパラメータを用いて，潜在変数を推論することも可能です．

```
1   import tensorflow_probability as tfp
2   import tensorflow as tf
3   tfb = tfp.bijectors
4   tfd = tfp.distributions
5
6
7   num_states = 3
8   Root = tfd.JointDistributionCoroutine.Root
9
10  def model():
11      initial_probs = yield Root(
12          tfd.Dirichlet(concentration=tf.ones(num_states))) # event_shape: [3]
13
14      transition_probs = yield Root(
15          tfd.Independent(
16              tfd.Dirichlet(
17                  concentration=tf.ones((num_states, num_states))),
18              reinterpreted_batch_ndims=1)) # event_shape: [3, 3]
19
20      rates = yield Root(tfd.Sample(
21          tfd.Gamma(concentration=2, rate=0.1),
22          sample_shape=num_states)) # event_shape: [3]
23
24      hmm = yield tfd.HiddenMarkovModel(
```

```
25            # 初期確率
26            initial_distribution=tfd.Categorical(probs=initial_probs),
27            # 遷移確率
28            transition_distribution=tfd.Categorical(probs=transition_probs),
29            # 観測分布
30            observation_distribution=tfd.Poisson(rate=rates),
31            # データ数
32            num_steps=len(x))
33
34    joint = tfd.JointDistributionCoroutine(model)
35
36
37    def target_log_prob_fn(initial_probs, transition_probs, rates):
38        return joint.log_prob(initial_probs, transition_probs, rates, x)
```

モデルが実装できたので, MCMCによる推論を行いましょう. まず, パラメータの制約範囲に合わせたbijectorを決めましょう. $\boldsymbol{\pi}$ (`initial_probs`), $\mathbf{A}$ (`transition_probs`) については, $\sum_{k=1}^{K} \pi_k = 1$, $\sum_{k=1}^{K} A_{jk} = 1$ という制約があるため, ソフトマックス関数を用います. また, ポアソン分布のパラメータ λ_k は正の値であるため, ソフトプラス関数[注11]を用います. また, 今回のモデルでは離散の潜在変数の順番に必然性がないため, 複数のチェーンでサンプリングを実施した際に, 潜在変数の割り当てが入れ替わってしまう現象 (ラベルスイッチング) が起こります. そこで, パラメータ $\boldsymbol{\lambda}$ の3つの成分が昇順になるような制約を加えて, ラベルスイッチングを避けるようにしています. `tfb.Ascending` はこのような制約を与えるための `bijector` です.

次に, MCMCの初期値を決めます. $\boldsymbol{\pi}, \mathbf{A}$ については, 簡単のためすべての次元に均等な確率を与えます. 一方, $\boldsymbol{\lambda}$ については, 上述の制約を満たすため, 昇順の値が入るようにしています.

`bijector` と初期値が決まったら, HMC法によるサンプリングを行います. サンプルサイズ は2000, バーンイン期間は1000として, チェーン数は3でサンプリングを行います.

```
1     num_results = 2000
2     num_burnin_steps = 1000
3     n_chains = 3
4
5     tf.random.set_seed(42)
6
7     # パラメータの制約に合わせた変数変換
8     unconstraining_bijectors = [
9         tfb.SoftmaxCentered(),
10        tfb.SoftmaxCentered(),
11        tfb.Chain([
12                tfb.Ascending(),
13                tfb.Softplus()
14                ])
```

注11 ソフトプラス関数は $f(x) = \log(1 + \exp(x))$ で表され, 実数値を正の数値に変換する関数です. 代わりに指数関数などを用いても構いません.

```
15  ]
16
17  # パラメータの初期値
18  current_state = [
19      tf.ones([n_chains, num_states]) / num_states,
20      tf.ones([n_chains, num_states, num_states]) / num_states,
21      tf.stack([
22          tf.random.uniform([n_chains], 4, 9),
23          tf.random.uniform([n_chains], 10, 15),
24          tf.random.uniform([n_chains], 16, 21)
25          ], axis=1)
26  ]
27
28  # ハミルトニアン・モンテカルロ法を用いる. step size というハイパーパラメータの調整が必要になるが,
29  # SimpleStepSizeAdaptation でラップすることで, 自動的に調整してくれる
30  kernel = tfp.mcmc.SimpleStepSizeAdaptation(
31              tfp.mcmc.TransformedTransitionKernel(
32                  tfp.mcmc.HamiltonianMonteCarlo(
33                      target_log_prob_fn=target_log_prob_fn,
34                      step_size=0.1,
35                      num_leapfrog_steps=10),
36                  bijector=unconstraining_bijectors),
37              num_adaptation_steps=int(num_burnin_steps * 0.8))
38
39
40  # tf.function でデコレートすることで, 計算グラフがコンパイルされ, 高速に実行される
41  @tf.function(autograph=False, experimental_compile=True)
42  def do_sampling(num_results, num_burnin_steps, current_state, kernel):
43      return tfp.mcmc.sample_chain(
44          num_results=num_results,
45          num_burnin_steps=num_burnin_steps,
46          current_state=current_state,
47          kernel=kernel)
48
49
50  states, kernel_results = do_sampling(num_results, num_burnin_steps, current_state, kernel)
```

まず，トレースプロットを確認しましょう（図 4.34）．チェーンごとの結果に大きな違いは見られず，各チェーンも安定した変動パターンを示しているので，問題なく収束してそうです．なお，初期確率の事後分布はかなり分散が大きいですが，データから得られる手がかりが少ないので結果としては妥当といえます．

```
1  varnames = ['initial_probs', 'transition_probs', 'rates']
2  trace = format_trace(states, varnames, chain_dim=1)
3  az.plot_trace(trace, var_names=['initial_probs', 'transition_probs', 'rates'])
```

続いて，$\hat{R}$ を確認します．いずれの変数についても 1.1 以下であり，問題なさそうです．

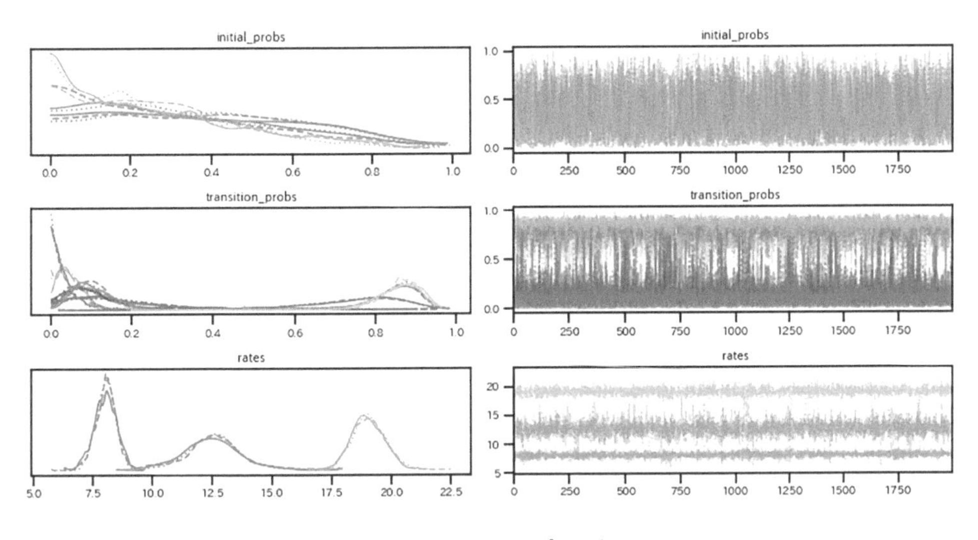

図 4.34　トレースプロット

```
1  for var_info in az.rhat(trace).values():
2      print(var_info.name)
3      print(var_info.values.round(3), sep=' ')
4      print()
```

```
initial_probs
[1.001 1.002 1.001]

transition_probs
[[1.001 1.002 1.004]
 [1.001 1.    1.001]
 [1.001 1.001 1.   ]]

rates
[1.002 1.002 1.001]
```

ポアソン分布のパラメータ $\boldsymbol{\lambda}$ の事後分布を可視化してみます（図 4.35）．青線が事後分布，太い黒帯が 94%信用区間，オレンジの縦線が真の値です．真の値から多少のずれはありますが，おおむね正しく推論できているといえるでしょう．

```
1  az.plot_posterior(trace, var_names=['rates'], ref_val=true_lam)
```

潜在変数の推論結果も確認しましょう．HiddenMarkovModel クラスには潜在変数の推論用に posterior_marginals，posterior_mode という 2 つのメソッドが実装されています．posterior_marginals は，全時点の観測値および各パラメータが与えられた下での，各時点における潜在変数の事後分布を求めます．隠れマルコフモデルのパラメータをまとめて $\boldsymbol{\Phi}$ と表すと，

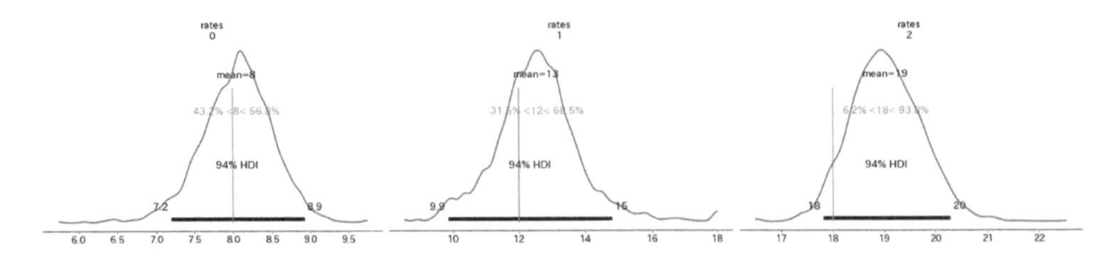

図 4.35　パラメータ $\boldsymbol{\lambda}$ の事後分布

$$p(z_t \mid x_1, \ldots, x_T, \mathbf{\Phi}), \quad t = 1, \ldots, T \tag{4.38}$$

を求めることに相当します．

一方，posterior_mode は，潜在変数の尤もらしい系列を求めます．つまり，観測値とパラメータが与えられた下で，$z_1, \ldots, z_t$ のパターンのうち，最も確率が高いパターンを返します．

$$\underset{z_1,\ldots,z_t}{\operatorname{argmax}} \{p(z_1, \ldots, z_t \mid x_1, \ldots, x_T, \mathbf{\Phi})\} \tag{4.39}$$

これら 2 つの違いはわかりづらいですが，前者の方法により各時点について潜在変数の事後分布を算出し，その確率が最大となる状態を選定することを繰り返して，全時点分の系列を求めても，その系列が実現可能とは限らないことに注意が必要です．例えば，状態 1 から状態 2 への遷移確率が 0 の場合，ある 2 つの時点 $t, t+1$ について，それぞれ $z_t = 1$，$z_{t+1} = 2$ となる確率が最大（式 (4.40)，式 (4.41)）となる場合でも，同時確率 $p(z_t = 1, z_{t+1} = 2) = 0$ なので，$z_t = 1$，$z_{t+1} = 2$ という系列が尤もらしい系列とはなりません．そこで，後者の方法で，実現可能な系列のうち，最も確率が高い系列を求める必要があります．

$$\underset{z_t}{\operatorname{argmax}} \{p(z_t \mid x_1, \ldots, x_T, \mathbf{\Phi})\} = 1 \tag{4.40}$$

$$\underset{z_{t+1}}{\operatorname{argmax}} \{p(z_{t+1} \mid x_1, \ldots, x_T, \mathbf{\Phi})\} = 2 \tag{4.41}$$

さて，実際に上記のメソッドを用いた推論を行いましょう．まず，MCMC で求めた各パラメータの事後分布の平均を用いて，HiddenMarkovModel を定義し直します．posterior_mode により求めた，最も確率が高い潜在変数の系列が図 4.36 中段です．また，posterior_probs により求めた，各時点の潜在変数の事後分布を積み上げグラフにより可視化したのが図 4.36 下段です．

観測データと照らし合わせてみても，妥当な結果となっているといえそうです．

```
1  # 事後分布の平均を利用
2  hmm_post = tfd.HiddenMarkovModel(
3          initial_distribution=tfd.Categorical(
```

```
4             probs=trace.posterior['initial_probs'].mean(axis=(0,1))),
5         transition_distribution=tfd.Categorical(
6             probs=trace.posterior['transition_probs'].mean(axis=(0,1))),
7         observation_distribution=tfd.Poisson(
8             rate=trace.posterior['rates'].mean(axis=(0,1))),
9         num_steps=len(x))
10
11 fig, axes = plt.subplots(3, 1, figsize=(8, 9))
12 ax=axes[0]
13 ax.plot(x)
14 ax.set_ylabel('当たり回数')
15 ax.set_title('観測変数')
16
17 ax=axes[1]
18 ax.plot(hmm_post.posterior_mode(x.astype(np.float32)))
19 ax.set_ylabel('モード')
20 ax.set_title('最も確率が高いモードの系列')
21
22 posterior_probs = hmm_post.posterior_marginals(
23     x.astype(np.float32)).probs_parameter()
24 ax = axes[2]
25 ax.stackplot(np.arange(len(x)), posterior_probs.numpy().T, labels=[0,1,2])
26 ax.set_ylabel('確率')
27 ax.set_xlabel('日')
28 ax.set_title('モードの事後確率')
29 ax.legend()
```

今回のモデリングでは潜在変数のとりうる状態の数は既知としましたが，観測データに基づき最適な状態の数も推論するアプローチも考えられます．例えば，状態数が異なる複数のモデルについて，それぞれ周辺尤度 $p(\mathbf{X})$ を計算し，周辺尤度が最大になるモデルを選択することが考えられます．ただし，周辺尤度を直接計算するのは困難なので，TFP の公式ページに記載されているサンプルコードでは第二種最尤推定と呼ばれる方法により，最適な状態数を算出しています[注12]．また，**無限隠れマルコフモデル**（infinite hidden markov model, IHMM）というノンパラメトリックベイズの手法では，状態数自体も推論の対象とし，データに合わせて適切な状態数を自動的に選択してくれます．

4.5 トピックモデル

トピックモデル（topic model）はテキストデータの潜在的意味すなわちトピックの解析に用いられる統計モデルの総称です．

4.5.1 モデル概要

トピックモデルでは，文書の生成過程の背後に，トピックと呼ばれる潜在変数が存在すると仮定しています．例えば「スポーツ」「芸能」「政治」「文化」の 4 つのトピックがあるとします．1 つの文書

注 12 https://www.tensorflow.org/probability/examples/Multiple_changepoint_detection_and_Bayesian_model_selection

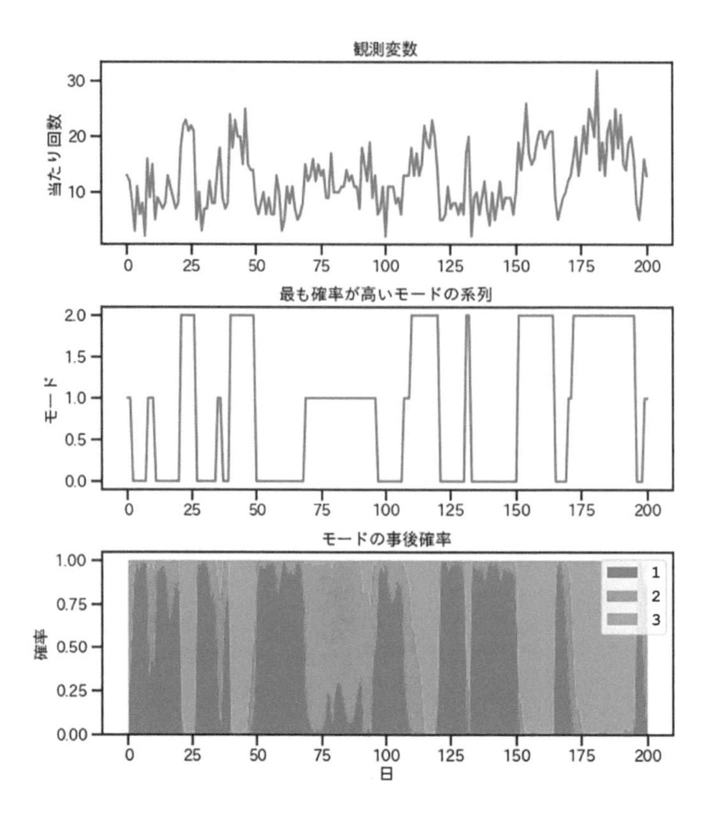

図 4.36　潜在変数 z の推論結果

の背後には複数のトピックがあると考えると，各トピックの比率を表す 4 次元の潜在変数 $\boldsymbol{\theta}$ でトピックを表現できます．具体的には，例えば「野球選手 A が政治家 B の娘であり俳優の C と結婚した」というニュース記事は，「スポーツ」「芸能」といった要素が強いと考えられ，**トピック比率**（topic proportion）は $\boldsymbol{\theta} = (\theta_{\text{スポーツ}}, \theta_{\text{芸能}}, \theta_{\text{政治}}, \theta_{\text{文化}})^{\top} = (0.4, 0.4, 0.15, 0.05)^{\top}$ のような値になります．一口にトピックモデルといってもさまざまなモデルがありますが，本書では最も基本的なモデルの 1 つである，**潜在ディリクレ配分**（latent Dirichlet allocation, **LDA**）(Blei et al. [2003]) について説明します．

LDA では，単語の羅列である文書の背後に潜在的なトピックがあると考え，トピックに基づいて文書中の単語が生成されると考えます．例えばスポーツに関する文章なら「試合」「得点」「選手」などの単語が多く，政治に関する文章なら「議会」「法案」「選挙」などの単語が多いと考えられます．ただし，LDA は教師なし学習なので，トピックを教師データとして与えて学習する必要はありません．また，LDA は，単語の順序や関係性などは無視して，単語の出現回数のみで文章を表す **Bag-of-Words 表現**（**BoW 表現**）に基づいたモデルです．例えば，「私は彼より強い」「彼と彼の犬はそっくりだ」という 2 つの文章があったとします．これらを Bag-of-Words にすると，

「私は彼より強い」→（私: 1, は: 1, 彼: 1, より: 1, 強い: 1, と: 0, の: 0, 犬: 0, そっくり: 0, だ: 0）

「彼と彼の犬はそっくりだ」→（私: 0, は: 1, 彼: 2, より: 0, 強い: 0, と: 1, の: 1, 犬: 1, そっくり: 1, だ: 1）

というように各単語の出現回数を示すベクトルで文章を表現できます．

次に，具体的な確率モデルを考えましょう．文書の数を D，トピック数を K，語彙数を V とします．まず，文書 d のトピック比率を $\boldsymbol{\theta}_d$ とします．$\boldsymbol{\theta}_d$ は K 次元のベクトルであり，$\theta_{d,k} \in (0,1)$ かつ $\sum_{k=1}^{K} \theta_{d,k} = 1$ を満たします．このような値を生成する確率分布としては，ディリクレ分布が用いられます．

$$\boldsymbol{\theta}_d \sim \mathrm{Dir}(\boldsymbol{\alpha}),\ d = 1, \ldots, D \tag{4.42}$$

文書中の各単語は K 種類のトピックのうちの 1 つから生成されると考えます．まず，文書 d における i 番目の単語 $w_{d,i}$ がどのトピックから生成されたかを示す**トピック割り当て**（topic assignment）$z_{d,i}$ を導入します．ただし，$z_{d,i} \in \{1, \ldots, K\}$ です．このような値を生成する確率分布としては，カテゴリ分布が用いられます．

$$z_{d,i} \mid \boldsymbol{\theta}_d \sim \mathrm{Cat}(\boldsymbol{\theta}_d),\ i = 1, \ldots, N_d \tag{4.43}$$

ここで，N_d は文書 d を構成する単語数です．

次に，i 番目の単語 $w_{d,i}$ が $z_{d,i}$ で指定されたトピックから生成されます．ただし，$w_{d,i} \in \{1, \ldots, V\}$ です．そこで，$z_{d,i}$ と同じく，$w_{d,i}$ もカテゴリ分布により生成されると考えることができます．LDA では，単語の出現確率がトピックにより異なると仮定しており，トピック k における単語の出現比率は V 次元ベクトル $\boldsymbol{\phi}_k$ で表されます．ただし，$\phi_{k,v} \in (0,1)$ かつ $\sum_{v=1}^{V} \phi_{k,v} = 1$ を満たします．

$$w_{d,i} \mid z_{d,i}, \boldsymbol{\Phi} \sim \mathrm{Cat}(\boldsymbol{\phi}_{z_{d,i}}),\ i = 1, \ldots, N_d \tag{4.44}$$

なお，$\boldsymbol{\Phi} = (\boldsymbol{\phi}_1, \boldsymbol{\phi}_2, \ldots, \boldsymbol{\phi}_k)$ です．

また，$\boldsymbol{\phi}_k$ の事前分布は，$\boldsymbol{\theta}_d$ と同じくディリクレ分布とします．

$$\boldsymbol{\phi}_k \sim \mathrm{Dir}(\boldsymbol{\beta}),\ k = 1, \ldots, K \tag{4.45}$$

以上でモデルが定義できました．グラフィカルモデルで表すと，図 4.37 のとおりです．

なお，LDA における，1 つの文書での単語の生成過程は，混合モデルと考えることができます．4.1 節の混合ガウスモデルと対応づけると，単語 $w_{d,i}$ が従うカテゴリ分布をトピック比率 $\boldsymbol{\theta}_d$ に基づいて足し合わせたモデルであり，言い換えれば混合カテゴリモデルということになります．後述の実装は

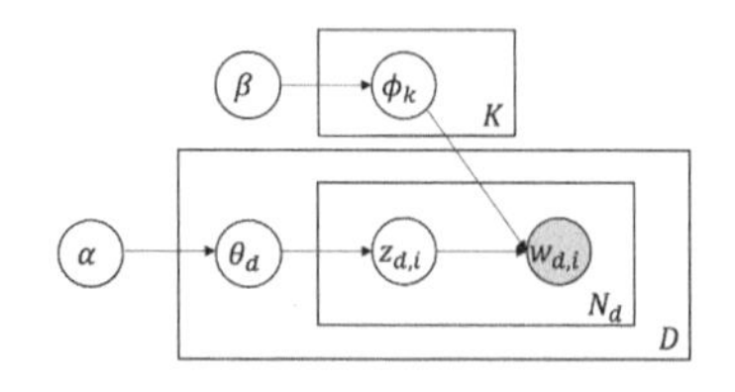

図 4.37　LDA のグラフィカルモデル

この見方に基づいています．

4.5.2　実装

今回は小規模の人工データを利用します．実際のテキストデータを利用した方がトピックモデル自体のイメージをつかみやすいですが，パラメータの真値が不明なので，推論結果が正しいかどうかの評価が難しいです[注13]．TFP で実装していきます．まずは必要なパッケージのインポートです．

```
1  import tensorflow_probability as tfp
2  import tensorflow as tf
3  tfb = tfp.bijectors
4  tfd = tfp.distributions
5
6  from collections import Counter
7  import japanize_matplotlib
```

モデル式に従って，人工データを生成します．トピック数は 4，語彙数は 30，文書数は 20，文書中の平均単語数は 60 としています．

```
1  K = 4
2  V = 30
3  M = 20
4
5  # 事前分布のパラメータ
6  alpha = np.ones(K) * 0.8
7  beta = np.ones(V) * 0.2
8
9  np.random.seed(2)
10 # トピック比率theta を事前分布からサンプリング
11 topic_dist = np.random.dirichlet(alpha, size=M)
12 # 単語の出現確率phi を事前分布からサンプリング
13 word_dist = np.random.dirichlet(beta, size=K)
14
15 # 文書あたりの単語数はポアソン分布に従うとする
```

注 13　実データへの適用例は https://radimrehurek.com/gensim/auto_examples/tutorials/run_lda.html#sphx-glr-auto-examples-tutorials-run-lda-py などを参照してください．

```
16  avg_doc_len = 60
17  N = np.random.poisson(avg_doc_len, M)
18
19  documents = []
20  for i in range(M):
21      # モデル式に従い, 単語をサンプリング
22      topics = np.random.choice(K, p=topic_dist[i], size=N[i])
23      words = [np.random.choice(V, p=word_dist[j]) for j in topics]
24      documents.append(words)
```

1つ目の文書を表示してみます．単語のIDを表す数字を羅列したデータになります．このまま進めてもよいですが，テキストデータというイメージが湧きにくいので，各IDに対応する単語を適当に割り振ってみます．

```
1  print(documents[0])
```

```
[27, 1, 11, 25, 15, 9, 11, 18, 11, 18, 17, 22, 7, 19, 1, 17, 29, 9, 22, 22, 16, 4, ...]
```

```
1  with open(data_dir / 'vocab.txt') as f:
2      words = f.read().split()
3
4  # key: 単語ID, value: 単語
5  id2word = {i: j for i, j in enumerate(words)}
```

id2wordは単語IDと単語の紐づけ用のdict型です．まず，先ほどの文書について，実際の単語の羅列に変換して出力してみます．さらに，単語の出現回数を数えたBag-of-Words表現も出力してみます．「会見」「サッカー」「選手」「ボール」などの単語の出現が多いことから，スポーツに関係した文書という印象です．なお，Bag-of-Words表現にする際には，どんな文書にも高い頻度で出現し，文書の内容に関する特徴を表すと考えにくい単語は除外するのが一般的です．日本語の場合，例えば「て」「に」「を」「は」などの助詞が該当します．

```
1  doc = [id2word[x] for x in documents[0]]
2  print('Document')
3  print(doc)
4
5  print('\nBag of words')
6  # 単語の出現回数を数え, 回数が多い順に表示
7  print(Counter(doc).most_common())
```

```
Document
['モバイル', 'PC', '投票', 'ドラマ', '監督', 'ボール', '投票', '補欠', '投票', ...]

Bag of words
```

```
[('会見', 10), ('サッカー', 9), ('選手', 6), ('PC', 5), ('補欠', 5), ('議員', 5),
('投票', 4), ('ボール', 4), ('演じる', 4), ('勝敗', 4), ('テニス', 4), ('ドラマ', 3),
('監督', 3), ('辞任', 3), ('ゲーム', 3), ('俳優', 3), ('モバイル', 2), ('打つ', 1),
('走る', 1), ('オリンピック', 1)]
```

次に，各トピックにおける単語の出現確率を確認してみます（図 4.38）．全 30 種類の単語を，各トピックにおける出現確率が高い順に表示しています．各トピックにおいて出現確率が高い単語を参考にトピックの意味を推測すると，順に，「スポーツ」「政治」「エンタメ」「テクノロジー」といった解釈ができそうです．

```
1  fig, axes = plt.subplots(1, K, figsize=(18, 8))
2  for i in range(K):
3      ax = axes[i]
4      s = pd.Series(word_dist[i]).sort_values()
5      s.index = s.index.map(id2word)
6      s.plot.barh(ax=ax)
7      ax.set_title(f'topic {i}')
8      ax.set_xlabel('probability')
9      if i == 0:
10         ax.set_ylabel('word')
```

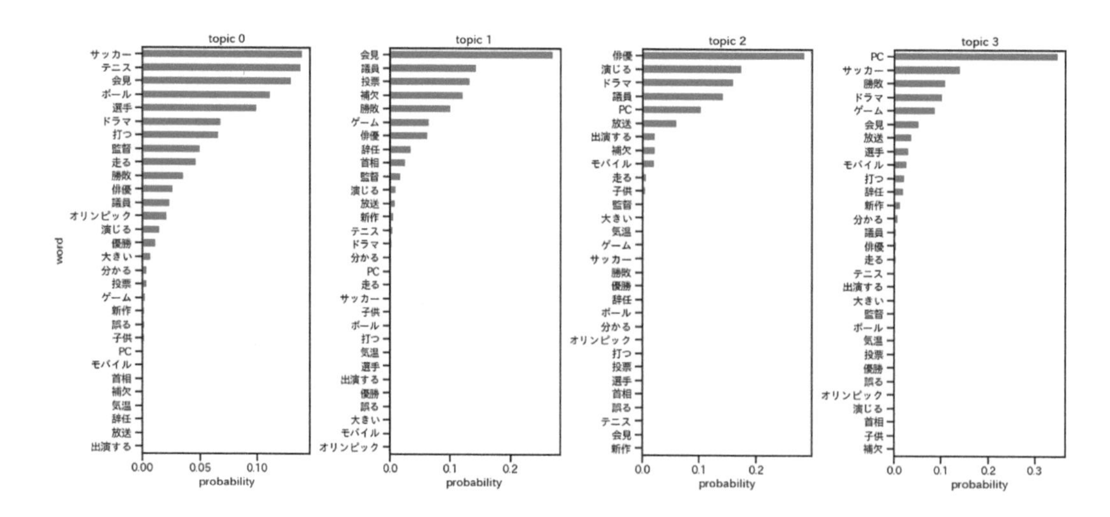

図 4.38　トピックごとの単語の出現確率

今回は TFP を用いて LDA を実装し，HMC 法により推論を行います．ただし，LDA には離散の潜在変数であるトピック割り当て $z_{d,i}$ が存在します．HMC 法では勾配計算が必要になるため，離散の潜在変数を含むモデルに適用できません．そこで，4.4 節と同様に，潜在変数を周辺化して推論を実施します．TFP では，`tfd.MixtureSameFamily` クラスにより，潜在変数を周辺化した混合モデルを実装することができます．前述のとおり，文書ごとの単語の生成過程が混合モデルとみなせることを利用して，モデルを実装しています．

```
Root = tfd.JointDistributionCoroutine.Root
def lda_model():
    # 文書におけるトピックの分布
    theta = yield Root(tfd.Independent(
        tfd.Dirichlet(concentration=tf.ones([M, K])),
        reinterpreted_batch_ndims=1,
        name='theta')) # event_shape: M, K

    # トピックにおける単語の分布
    phi = yield Root(tfd.Independent(
        tfd.Dirichlet(concentration=tf.ones([K, V])),
        reinterpreted_batch_ndims=1,
        name='phi')) # event_shape: K, V

    for m in range(M):
        # 観測される単語の分布
        y = yield tfd.Sample(
            # トピック割り当てz について周辺化したモデル
            tfd.MixtureSameFamily(
                mixture_distribution=tfd.Categorical(
                    probs=theta[..., m, :]), # カテゴリ数：K
                components_distribution=tfd.Categorical(
                    probs=phi)), # カテゴリ数：V
            sample_shape=N[m],
            name=f'y_{m}') # event_shape: n, カテゴリ数： V

lda = tfd.JointDistributionCoroutine(lda_model)

def target_log_prob_fn(theta, phi):
    return lda.log_prob(theta, phi, *documents)
```

MCMC による推論を行います．パラメータ $\boldsymbol{\theta}_d, \boldsymbol{\phi}_k$ の制約条件に合わせ，ソフトマックス関数を bijector として設定します．サンプルサイズは 1000，バーンイン期間は 500 としてサンプリングを行います．

```
num_results = 1000
num_burnin_steps = 500

tf.random.set_seed(42)

# パラメータの初期値
initial_state = [
    tf.fill([M, K], value=1/K, name='theta'),
    tf.fill([K, V], value=1/V, name='phi')
```

```
]

# パラメータの制約に合わせた変数変換
unconstraining_bijectors = [
    tfb.SoftmaxCentered(),
    tfb.SoftmaxCentered(),
]

# HMC 法によるサンプリング用の関数
@tf.function(autograph=False)
def sample():
    return tfp.mcmc.sample_chain(
        num_results=num_results,
        num_burnin_steps=num_burnin_steps,
        current_state=initial_state,
        kernel=tfp.mcmc.SimpleStepSizeAdaptation(
            tfp.mcmc.TransformedTransitionKernel(
                inner_kernel=tfp.mcmc.HamiltonianMonteCarlo(
                    target_log_prob_fn=target_log_prob_fn,
                        step_size=0.1,
                        num_leapfrog_steps=5),
                bijector=unconstraining_bijectors),
            num_adaptation_steps=400),
        trace_fn=lambda _, pkr: pkr.inner_results.inner_results.is_accepted)

[theta, phi], is_accepted = sample()

print('acceptance rate: {:.1%}'.format(is_accepted.numpy().mean()))
```

```
acceptance rate: 72.1%
```

MCMC の推論結果とパラメータの真の値を比較してみましょう．ただし，今回定義したモデルではトピックの順番に必然性がないことに注意しましょう．元のトピックを正しく推論できていたとしても，トピックの順番が一致するとは限らないということです．今回は単純に，真のパラメータと推論結果のパラメータの各トピックに対応する成分のユークリッド距離を算出し，ユークリッド距離が最も近いトピック同士を対応づけることにします（図 4.39）．なお，今回はあくまで動作検証のためにこのような処理を行っていますが，実際の分析では真のパラメータはわからないので，こうした処理を行う必要はありません（そもそもできません）．

```
trace = format_trace([theta, phi], ['theta', 'phi'])

# topic の順番には必然性がないため，真のパラメータと入れ替わっている可能性がある
# word distribution に基づき，トピックの順番を揃える
from scipy.spatial import distance_matrix
dist_mat = distance_matrix(word_dist, np.mean(phi.numpy(), axis=0))
sns.heatmap(dist_mat, square=True)
plt.xlabel('topic ID (pred)')
```

```
9   plt.ylabel('topic ID (truth)')
10
11  permute_id = [dist_mat[i].argmin() for i in range(K)]
12  assert len(set(permute_id)) == K # トピックが一対一対応しているか確認
13
14  phi_p = phi.numpy()[:, permute_id, :]
15  theta_p = theta.numpy()[:, :, permute_id]
```

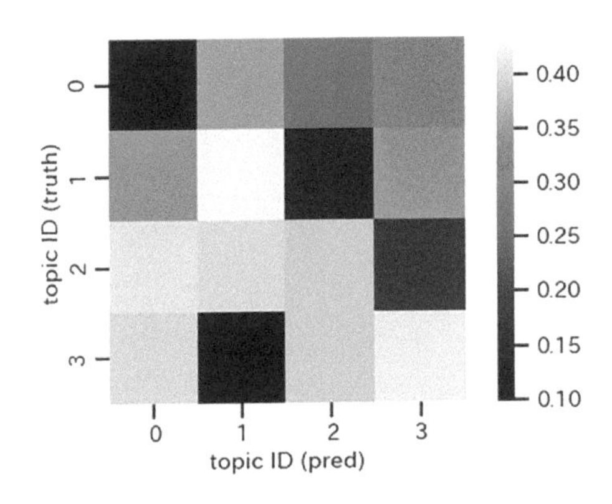

図 4.39　トピック間の距離

トピックの順番を並べ替えたうえで，真のパラメータと推論結果を比較してみます．まずはトピックごとの単語の分布 ϕ_k です．図 4.40 はトピックごとのプロットで，横軸が単語の ID，縦軸が単語の出現確率を表します．オレンジの×がパラメータの真値，青の四角が MCMC によるサンプルの中央値，青線が 90%信用区間を示します．推論結果はパラメータの真値とよく一致しているようです．

```
1   # (1 - a) x 100% のサンプルが入る区間を求める
2   a = 0.1
3   lwr, med, upr = np.quantile(phi_p, [a / 2, 0.5, 1 - a / 2], axis=0)
4
5   # 描画用
6   xticks = range(V)
7   vocabs = id2word.values()
8
9   fig, axes = plt.subplots(K, 1, sharex=True, sharey=True, figsize=(12, 3*K))
10
11  for i in range(K):
12      ax = axes[i]
13      ax.scatter(range(V), med[i], color=colors[0], marker='s', label='pred')
14      ax.vlines(range(V), lwr[i], upr[i], color=colors[0], label=f'{1-a:.0%} HDI')
15      ax.scatter(range(V), word_dist[i], color=colors[1], marker='x', label='truth')
```

```
    if i == K - 1:
        ax.set_xlabel('word')
    ax.set_ylabel('probability')
    ax.set_xticks(xticks)
    ax.set_xticklabels(vocabs, rotation=90)
    ax.set_title(f'topic {i}')

handles, labels = ax.get_legend_handles_labels()
fig.legend(handles, labels, loc='center left', bbox_to_anchor=[1.0, 0.5])
```

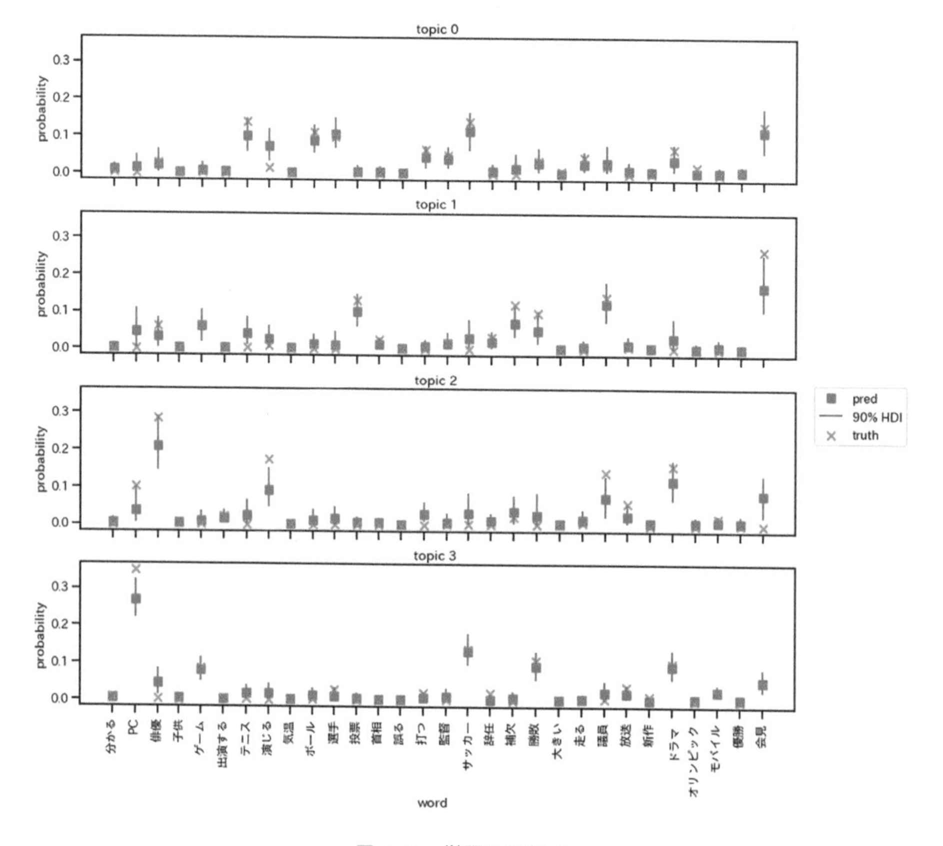

図 4.40　単語の分布 ϕ_k

続いて，トピック比率 $\boldsymbol{\theta}_d$ です．図 4.41 は文書ごとのプロットで，横軸がトピックの ID，縦軸がトピックの出現確率を表します．オレンジの×がパラメータの真値，青の四角が MCMC によるサンプルの中央値，青線が 90%信用区間を示します．こちらも，推論結果はパラメータの真値とよく一致しているようです．コードは上記とほぼ同様なので省略します．

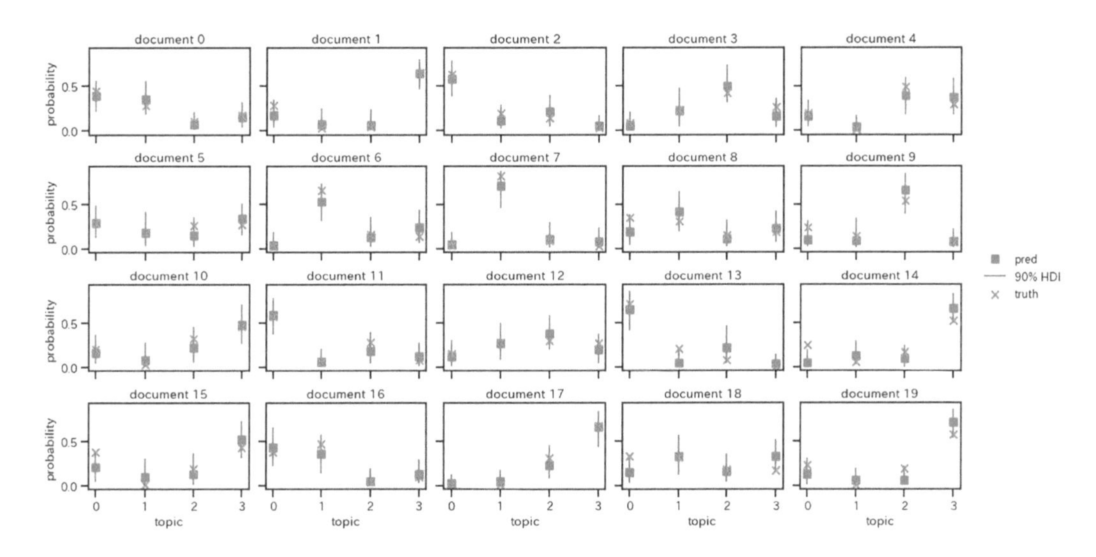

図 4.41　トピック比率 $\boldsymbol{\theta}_d$

今回は小規模な人工データを用いて，MCMC により推論を行いました．実際のテキストデータに対してトピックモデルを適用する場合，語彙数や文書数がかなり大きくなるため，変分推論法など HMC 法よりも高速に推論できるアルゴリズムの利用が主流です．LDA の実装がある Python パッケージとしては，gensim や scikit-learn が挙げられます．これらのパッケージの実装では，変分推論法が用いられています (Hoffman et al. [2010])．

他にも，トピックモデルを効率よく推論する方法として，**償却推論** (amortized inference) によるアプローチも提案されています (Srivastava and Sutton [2017])．償却推論は 5.2 節でも使われている手法であり，推論ネットワークと呼ばれるニューラルネットワークにより近似事後分布のパラメータを回帰することで，効率的な推論が可能になります．TFP や Pyro でサンプルコードが公開されているので，参考にしてください．

また，LDA よりも発展的なトピックモデルも多数提案されています．例えば，トピックの時間変化を考慮した dynamic topic model(Blei and Lafferty [2006a]) や，トピック同士の相関を考慮した correlated topic model(Blei and Lafferty [2006b]) などが挙げられます．適用するデータの性質や分析の目的に合わせてモデル構造を工夫できるのは，ベイズ機械学習の利点といえるでしょう．

4.6 ガウス過程潜在変数モデル

本節ではガウス過程を用いた教師なし学習モデルである**ガウス過程潜在変数モデル** (Gaussian process latent variable model, **GPLVM**) を扱います．GPLVM は主成分分析と同じく，高次元のデータを次元削減し可視化する目的で利用できます．さらに，主成分分析と異なり，非線形の手法であるため，より複雑なデータ構造を明らかにできます．

4.6.1 モデル概要

3.6 節で取り上げたガウス過程回帰は教師あり学習，すなわち学習用の入力 $\mathbf{X}$ および出力 $\mathbf{Y}$ が与えられた下で，$\mathbf{X}$ と $\mathbf{Y}$ の関係を学習し，新しい入力 $\mathbf{x}_*$ に対する出力 y_* を予測することが目的でした．一方，GPLVM では入力 $\mathbf{X}$ が与えられず，観測データ $\mathbf{Y}$ から $\mathbf{X}$ を推論することが目的となります．GPLVM はまず潜在変数 $\mathbf{X}$ が生成され，さらに $\mathbf{X}$ を入力としたガウス過程回帰により観測データ $\mathbf{Y}$ が生成される潜在変数モデルということになります．

D 次元の観測変数 $\mathbf{y}_n \in \mathbb{R}^D$，$K$ 次元の潜在変数 $\mathbf{x}_n \in \mathbb{R}^K$ を考えます．N 個のデータ集合をまとめて，$\mathbf{Y} = (\mathbf{y}_1, \ldots, \mathbf{y}_N)^\top$，$\mathbf{X} = (\mathbf{x}_1, \ldots, \mathbf{x}_N)^\top$ と表します．観測変数の各次元 d は独立で，入力変数を $\mathbf{X}$ とした別々のガウス過程回帰により生成されると考えます．

$$
\begin{aligned}
f^{(d)} &\sim \mathrm{GP}(0, k(\mathbf{x}, \mathbf{x}')), \\
y_n^{(d)} &= f_n^{(d)} + \varepsilon_n, \\
\varepsilon_n &\sim \mathcal{N}(0, \sigma^2),\ n = 1, \ldots, N
\end{aligned}
\tag{4.46}
$$

導出は省略しますが，式 (4.46) は以下の式 (4.47) にまとめることができます．ただし，$\mathbf{K}_{\mathbf{XX}}$ は (n, n') 成分が $k(\mathbf{x}_n, \mathbf{x}'_n)$ で表されるカーネル行列です．

$$
\mathbf{y}^{(d)} \sim \mathcal{N}(\mathbf{0}, \mathbf{K}_{\mathbf{XX}} + \sigma^2 \mathbf{I}) \tag{4.47}
$$

$\mathbf{Y}$ の各次元は独立なので，尤度関数は式 (4.47) の積をとって，以下のように表せます．

$$
\begin{aligned}
p(\mathbf{Y} \mid \mathbf{X}) &= \prod_{d=1}^{D} p(\mathbf{y}^{(d)} \mid \mathbf{X}) \\
&= \prod_{d=1}^{D} \mathcal{N}(\mathbf{y}^{(d)} \mid \mathbf{0}, \mathbf{K}_{\mathbf{XX}} + \sigma^2 \mathbf{I})
\end{aligned}
\tag{4.48}
$$

また，$\mathbf{X}$ の事前分布としては，ガウス分布を設定します．

$$
p(\mathbf{X}) = \prod_{n=1}^{N} \mathcal{N}(\mathbf{x}_n \mid \mathbf{0}, \mathbf{I}) \tag{4.49}
$$

以上によりモデルを定義できました．グラフィカルモデルは図 4.42 のとおりです．

4.6.2 実装

実際のデータセットを用いて，GPLVM を試してみましょう．今回は GPyTorch により GPLVM を実装していきますが，本節の内容は Pyro のチュートリアル[注14]で紹介されている分析例 (Ahmed

注 14 `https://pyro.ai/examples/gplvm.html`

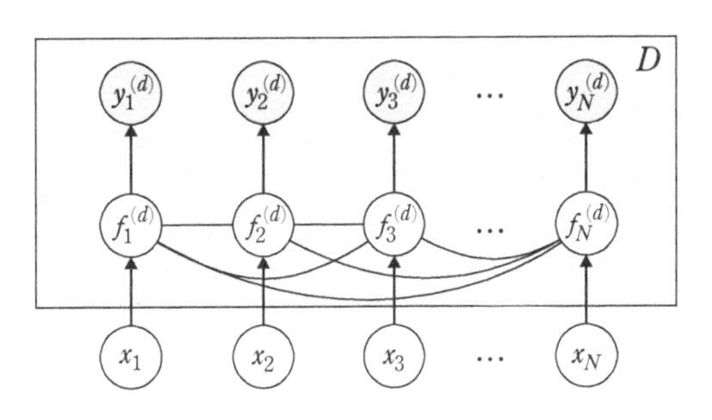

図 4.42　GPLVM のグラフィカルモデル

et al. [2019]) に基づいています．ここでは，single-cell qPCR によるマウスの 48 種の遺伝子の測定データを用います (Guo et al. [2010])．データの各列は 48 個の遺伝子の正規化された測定値を表します．

ここで，やや本筋から外れますが，今回の分析の背景について説明します．細胞の状態遷移は遺伝子の発現量と関連づいています．細胞の分化や分裂といった動的なプロセスを解析する際，理想的には 1 つの細胞について複数の時点で遺伝子の発現量を測定できると，状態遷移を制御する遺伝子の探索などが可能になります．ただし，実際は測定時に細胞を破壊してしまうため，同じ細胞について複数時点で測定できません．そこで，異なる細胞をさまざまな時点で測定することで，代替することが考えられます．ただし，実際は個々の細胞における状態遷移の速さにはばらつきがあり，同じ時間の経過により同じだけ状態遷移が進むとは限りません．そこで，遺伝子発現のパターンから細胞の状態遷移の進展度合いを表す潜在変数である**疑似時間**（pseudotime）を推定する試みがあります．疑似時間は測定のため細胞を取得した**捕捉時間**（capture time）と関連が強いものの，一致するとは限りません．遺伝子の発現量が疑似時間に対してなだらかに変動すると考えて，疑似時間を推定するのが今回の考え方となります．

細胞は発生の過程で分化しますが，このデータは発生のさまざまな段階（1〜64 細胞期）で測定されています (図 4.43)．ここでは，遺伝子の測定値に加え，細胞数 (1, 2, ..., 64) を捕捉時間として事前分布という形でモデルに与え，これらを手がかりとして疑似時間の推定を行います．また，今回扱うデータでは，細胞状態の時間的な変動に加え，細胞の種類の分岐もかかわってきます．具体的には，32 細胞期について，さらに栄養外胚葉（trophectoderm, TE)，内部細胞塊（inner cell mass, ICM）という 2 種類の異なる種類の細胞に分化し，ICM は 64 細胞期でさらに胚盤葉上層（epiblast, EPI)，原始内胚葉 (primitive endoderm, PE）に分化します．

以上より，ここでは遺伝子の測定データを観測値として，潜在変数の次元数を 2 とした GPLVM による推定を行います．2 つの次元がそれぞれ，疑似時間と細胞の種類を表すことが期待されます．

まずはデータを読み込み，先頭 5 行を表示してみます．

```
1  URL = 'https://raw.githubusercontent.com/sods/ods/master/datasets/guo_qpcr.csv'
2  df = pd.read_csv(URL, index_col=0)
```

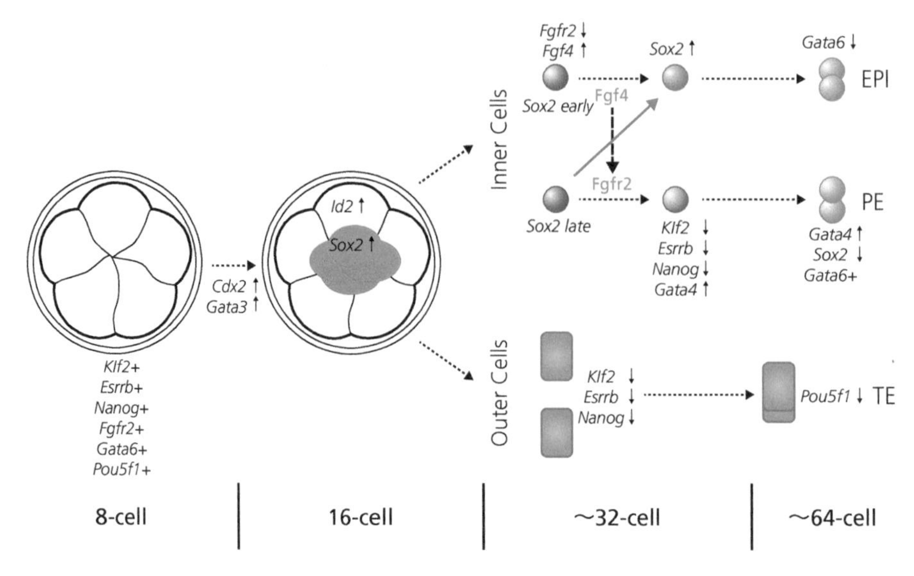

図 4.43　細胞分化のイメージ（出典： Guo et al. [2010]）

```
3
4   print('data shape:', df.shape)
5   print('labels:', df.index.unique().tolist())
6
7   df.head()
```

```
data shape: (437, 48)
labels: ['1', '2', '4', '8', '16', '32 TE', '32 ICM', '64 PE', '64 TE', '64 EPI']
```

	Actb	Ahcy	Aqp3	...	Tcf23	Utf1	Tspan8
1	0.541050	-1.203007	1.030746	...	0.942981	1.348892	-1.051999
1	0.680832	-1.355306	2.456375	...	1.064399	1.469397	-0.996275
1	1.056038	-1.280447	2.046133	...	1.211529	1.615421	-0.651393
1	0.732331	-1.326911	2.464234	...	1.071541	1.476485	-0.699586
1	0.629333	-1.244308	1.316815	...	1.114394	1.519017	-0.798985

まずは必要なパッケージのインポートです．

```
1   import torch
2   from torch.nn import Parameter
3   from gpytorch.models import ApproximateGP
4   from gpytorch.variational import CholeskyVariationalDistribution, VariationalStrategy
5   from gpytorch.means import ConstantMean
6   from gpytorch.kernels import ScaleKernel, RBFKernel
7   from gpytorch.distributions import MultivariateNormal
```

```
from gpytorch.likelihoods import GaussianLikelihood
from gpytorch.priors import NormalPrior
from gpytorch.mlls import VariationalELBO, PredictiveLogLikelihood
```

前述のとおり，GPLVM における潜在変数の次元 $K = 2$ とします．また，事前分布の 1 つ目の次元の平均を捕捉時間に設定します．これにより，潜在変数の 1 つ目の次元が疑似時間を表し，2 つ目の次元が細胞の種類を表すという解釈しやすい推論結果が得られやすくなります．潜在変数は基本的に観測変数から推定しますが，大まかな時系列を表す捕捉時間を事前分布として与えてあげることで，疑似時間が正しい時系列順になるように助けてあげるイメージです．ただし，GPLVM を使ううえで潜在変数に明確な意味がある必要はなく，今回はやや特殊なケースであることは留意してください．

```
K = 2
N = df.shape[0]
D = df.shape[1]

data = torch.tensor(df.values, dtype=torch.get_default_dtype())

# 転置によりY は DxN 行列とする
y = data.t()

# capture_time は対数変換し，[0,1]の範囲となるようにスケーリングする．
capture_time = y.new_tensor([int(cell_name.split(' ')[0])
    for cell_name in df.index.values])
time = capture_time.log2() / 6

X_prior_mean = torch.zeros(y.size(1), K)  # N x K 行列

# X の事前分布の平均の 1 次元目は time に設定する．
X_prior_mean[:, 0] = time
```

GPyTorch では，ガウス過程回帰と同様に，`ApproximateGP` クラスを継承して GPLVM を実装します[注15]．カーネル関数には RBF カーネルを用います．`RBFkernel` の引数の `ard_num_dims` に入力データの次元数を指定することで，入力の次元ごとに異なるハイパーパラメータ θ を学習させることができます．また，後述のとおり，推論には誘導点を用いた変分推論法を用いるため，その設定もモデル定義に含めています．

```
class GPLVM(ApproximateGP):
    def __init__(self, n_inducing_points, n_latent_dims,
                 n_data_dims, n_data_points):
        batch_shape = torch.Size([n_data_dims])
        # 誘導点の初期値の設定（標準正規分布からサンプリング．引数はshape を表す）
        inducing_points = torch.randn(n_data_dims,
```

注 15　GPyTorch v.1.5.0 以降では，`BayesianGPLVM` という GPLVM 用のクラスが利用可能になりました．

```
7                                           n_inducing_points,
8                                           n_latent_dims)
9          # 誘導点における関数値の変分近似分布を設定
10         variational_distribution = CholeskyVariationalDistribution(
11             inducing_points.size(-2), batch_shape=batch_shape,
12         )
13         variational_strategy = VariationalStrategy(
14             self, inducing_points, variational_distribution,
15             # 誘導点の位置を学習対象のパラメータとする
16             learn_inducing_locations=True
17         )
18         super(GPLVM, self).__init__(variational_strategy)
19         self.mean_module = ConstantMean(batch_shape=batch_shape)
20         self.covar_module = ScaleKernel(
21             RBFKernel(nu=1.5, batch_shape=batch_shape, ard_num_dims=2),
22             batch_shape=batch_shape
23         )
24         # X を事前分布の平均値で初期化し，パラメータとしてモデルに登録
25         self.register_parameter(
26             name='X',
27             parameter=Parameter(X_prior_mean.clone())
28             )
29         # 事前分布をモデルに登録
30         self.register_prior(
31             name='prior_X',
32             prior=NormalPrior(loc=X_prior_mean,
33                               scale=torch.ones_like(X_prior_mean)),
34             # 事前分布を設定するパラメータ名
35             param_or_closure='X')
36
37     def forward(self, X):
38         mean_x = self.mean_module(X)
39         covar_x = self.covar_module(X)
40         dist = MultivariateNormal(mean_x, covar_x)
41         return dist
42
43 model = GPLVM(n_inducing_points=32, n_latent_dims=K,
44               n_data_dims=D, n_data_points=N)
45 likelihood = GaussianLikelihood(num_tasks=D, batch_shape=torch.Size([D]))
46
47 if torch.cuda.is_available():
48     model = model.cuda()
49     likelihood = likelihood.cuda()
50     y = y.cuda()
```

GPLVM の推論では，$\mathbf{X}$ の事後分布を求めます．具体的には，変分推論法の適用により $\mathbf{X}$ の近似事後分布を求めつつ，第二種最尤推定によりハイパーパラメータ（σ やカーネルのパラメータ）を最適化します (Titsias and Lawrence [2010])．今回は高速な計算を可能とするため，**疎ガウス過程法**

(sparse Gaussian process method) と呼ばれる手法を用います．これは，入力データの数 n よりも少ない m 個の**誘導点** (inducing points) を用いて，事後分布や予測分布の計算を効率化する手法です (Titsias [2009])．

```
model.train()
likelihood.train()

# 最適化対象のパラメータを設定
optimizer = torch.optim.Adam([
    {'params': model.parameters()},
    {'params': likelihood.parameters()},
], lr=0.01)

# 目的関数の設定
mll = PredictiveLogLikelihood(likelihood, model, num_data=N)

loss_list = []
iterator = tqdm(range(2000))
for i in iterator:
    optimizer.zero_grad()
    output = model(model.X)
    loss = -mll(output, y).sum()
    loss_list.append(loss.item())
    iterator.set_postfix(loss=loss.item())
    loss.backward(retain_graph=True)
    optimizer.step()
```

ELBO の負値の推移は図 4.44 のとおりです．おおむね収束したといえそうです．

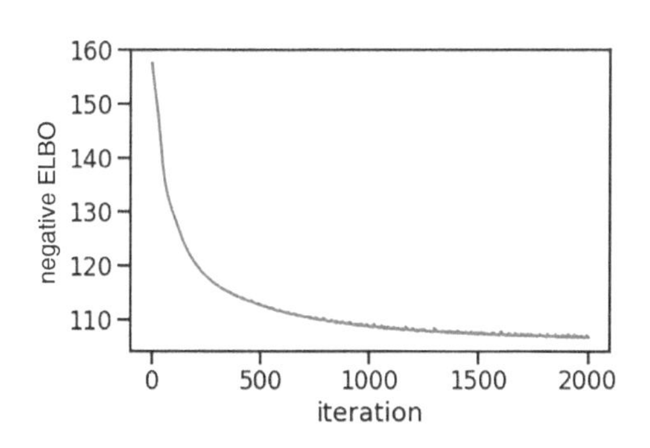

図 4.44　ELBO 負値の推移

推論結果を可視化してみます (図 4.45)．事前分布の設定により期待したとおり，潜在変数の 1 つ目の次元は疑似時間を表しているといえそうです．また，細胞の分化の過程で，32 TE は 64 TE に分化し，32 ICM は 64 PE または 64 EPI に分化します．潜在変数の 2 つ目の次元に関しては，32 TE と 64 TE，および 32 ICM と 64 PE と 64 EPI がそれぞれ近くに分布しており，細胞の種類を表しているといえそうです．

```
colors = plt.get_cmap('tab10').colors[::-1]
markers = ['o', 'x', '^', 'v', 'p', '*', '+', 'd', '.', '1']

labels = df.index.unique()
X = model.X.cpu().detach().numpy()

plt.figure(figsize=(8, 6))
for i, label in enumerate(labels):
    X_i = X[df.index == label]
    plt.scatter(X_i[:, 0], X_i[:, 1],
                color=colors[i], marker=markers[i],
                alpha=0.8, s=50, label=label)
```

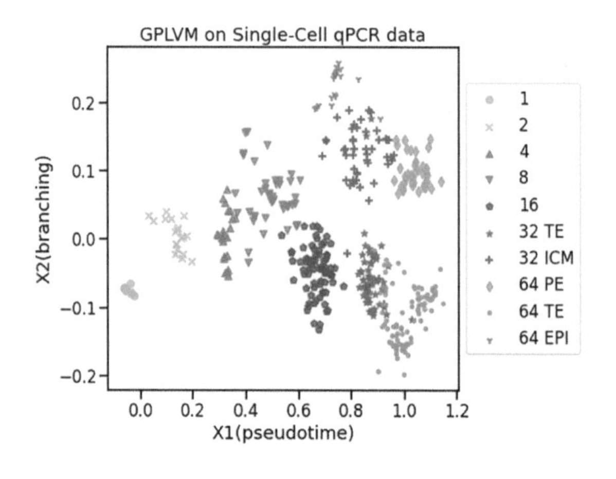

図 4.45　GPLVM による次元削減

以下に，主成分分析および t-SNE（非線形の次元削減手法）による次元削減の結果を示します（図 4.46，図 4.47）．主成分分析は線形の手法であり，表現力が限られるということもあり，各クラスのデータをあまりうまく分離できていません．t-SNE はデータをうまく分離できていますが，各軸が何を表すかの解釈は難しいです．他の手法と比較しても，GPLVM での次元削減結果は，各クラスがよく分離できており，解釈性も高いことがわかります．

また，GPLVM の他の利点として，データに適したカーネル関数を設定できることも挙げられます．例えば，データに周期性がある場合は周期カーネルを適用することができます．

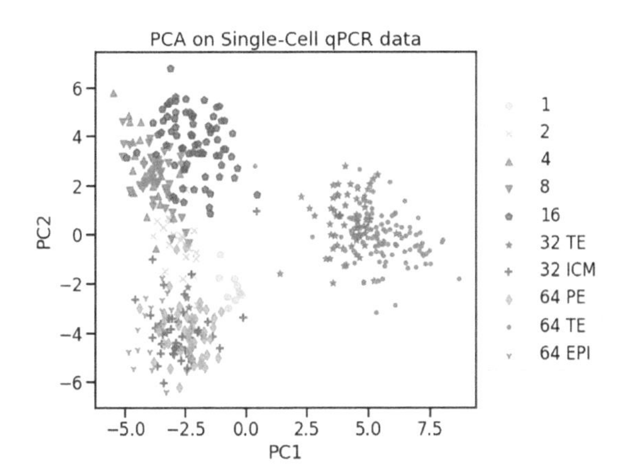

図 4.46　主成分分析による次元削減

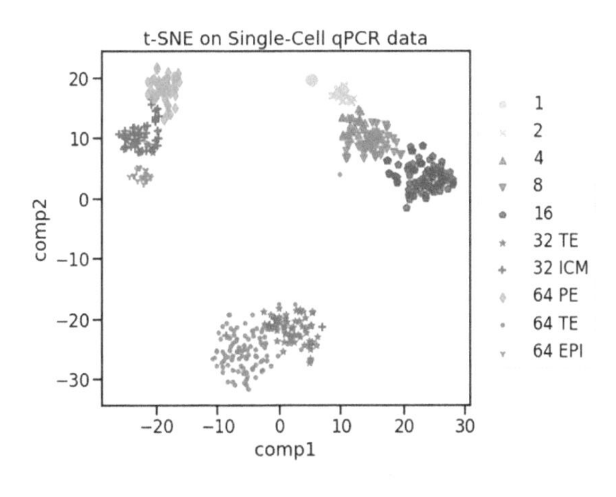

図 4.47　t-SNE による次元削減

第 5 章

深層学習モデル

本章では，深層学習モデルを扱います．深層学習モデルでは，ニューラルネットワークを多層化したモデルを仮定し，大量のパラメータを学習することで，非常に複雑なデータの関係性を学習します．主に画像解析や音声認識などに利用されています．

5.1 ニューラルネットワーク回帰モデル

まず，**ニューラルネットワーク**（neural network）を使用した回帰モデルを紹介します．今回は，ニューラルネットワークのパラメータに事前分布を導入することで，**ベイジアンニューラルネットワーク**（Bayesian neural network）を構築し，パラメータの推論を行います．

5.1.1 モデル概要

ニューラルネットワークとは，多次元の入力 $\mathbf{x}_n \in \mathbb{R}^{H_0}$ （$H_0 \in \mathbb{N}$）の線形結合の活性化関数による写像を 1 つの層とみなし，その計算を繰り返すことで多層ニューラルネットワークを構築し，目的変数 $\mathbf{y}_n \in \mathbb{R}^D$ （$D \in \mathbb{N}$）を出力するモデルです．回帰モデルとしても扱えますが，出力層にベルヌーイ分布やカテゴリ分布を設定すれば分類モデルとして利用できます．ここでは，最も単純な 2 層の全結合順伝播型ニューラルネットワークを扱います．2 層のニューラルネットワークは図 5.1 のようになります．真ん中の層を**隠れ層**（hidden layer）といい，次元の数を H_1 とします．

$$y_{n,d} = \sum_{h_1=1}^{H_1} w_{d,h_1}^{(2)} \phi \left(\sum_{h_0=1}^{H_0} w_{h_1,h_0}^{(1)} x_{n,h_0} \right) + \varepsilon_{n,d} \tag{5.1}$$

活性化関数（activation function）と呼ばれる ϕ の内部に，さらにパラメータ $w_{h_1,h_0}^{(1)} \in \mathbb{R}$ を持つ線形回帰を構成します．つまり，これは線形回帰モデルにおける特徴量変換自体にパラメータを持たせることで，より柔軟な回帰モデルを表現していることになります．その特徴量ベクトルをパラメータ $w_{d,h_1}^{(2)} \in \mathbb{R}$ で線形結合しています．

式 (5.1) を分解して，現れる実数値 z_{n,h_1} が隠れ層です．

$$y_{n,d} = \sum_{h_1=1}^{H_1} w_{d,h_1}^{(2)} z_{n,h_1} + \varepsilon_{n,d} \tag{5.2}$$

$$z_{n,h_1} = \phi\left(\sum_{h_0=1}^{H_0} w_{h_1,h_0}^{(1)} x_{n,h_0}\right) \tag{5.3}$$

ϕ は，シグモイド関数や双曲線正弦関数，正規化線形関数（ReLU）など，主に非線形関数が利用されます．この活性化関数と線形結合を交互に重ねることでより柔軟な関数が表現可能です．

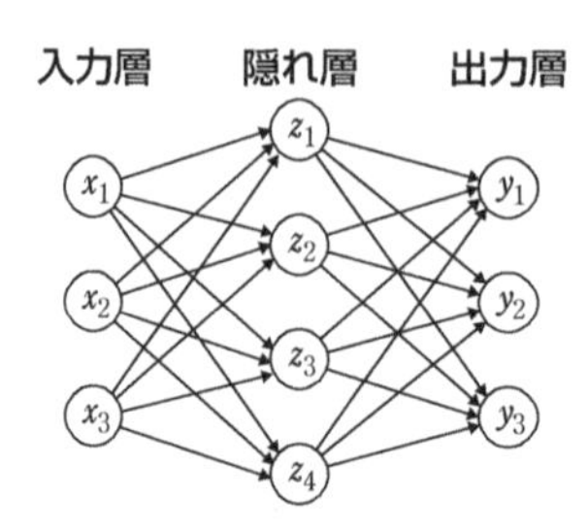

図 5.1　ネットワークのイメージ

今回は，パラメータである $w_{h_1,h_0}^{(1)}$ および $w_{d,h_1}^{(2)}$ に事前分布を導入することでパラメータの事後分布を求めます．これによって一般的な誤差逆伝播法による最尤法で推論するニューラルネットワークと比べて，過剰適合を自然に抑制できたり予測の不確かさを定量的に取り扱うことができたりします．

ニューラルネットワークでは，多重に線形結合と非線形変換を繰り返しますが，グラフィカルモデルは線形回帰モデルと同様で図 3.2 のような非常に単純な構成になっています．

5.1.2　実装

今回は 1 次元の入力 $x \in \mathbb{R}$ に対する，1 次元の出力 $y \in \mathbb{R}$ をニューラルネットワークによる回帰モデルで推論してみましょう．図 5.2 のような非線形関数に従う人工データを生成して使用します．

```
1  # データ数
2  N = 30
3
4  # 目的変数生成関数
5  def make_data(x, eps):
6      y = 10*np.sin(3*x) * np.exp(-x**2)
7      noise = np.random.normal(0, eps, size=x.shape[0])
8      return y+ noise
9
10 # 説明変数をサンプリング
11 x_data = np.random.uniform(low=-2., high=2., size=N)
12 # 目的変数生成
```

```
13  y_data =  make_data(x_data, 2.0)
14  # 関数可視化用説明変数
15  x_linspace = np.linspace(-2., 2., 1000)
16  # 関数可視化用目的変数
17  y_linspace = make_data(x_linspace, 0.0)
18
19  fig, ax = plt.subplots(figsize=(8, 4))
20  ax.plot(x_data, y_data, 'o', markersize=2, label='data');
21  ax.plot(x_linspace, y_linspace, label='true_func')
22  ax.set_xlabel('$x$');ax.set_ylabel('$y$')
23  ax.legend()
24  plt.tight_layout();
```

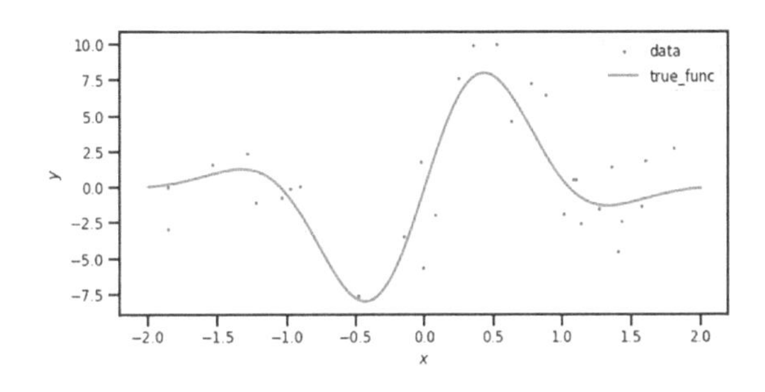

図 5.2　使用する人工データ

次に，ニューラルネットワークのモデリングと推論を実装していきます．今回は 3 つの推論手法を実装していきます．1 つ目は，ニューラルネットワークの推論手法としてよく利用されている誤差逆伝播法による最尤法，2 つ目はベイズ推論である変分推論法，3 つ目は同じくベイズ推論である MCMC です．1 つ目の最尤法には PyTorch の深層学習モジュールを使用します．2 つ目の変分推論法では Pyro を使用します．Pyro は PyTorch の深層学習モジュールとの連携が簡単であり，変分推論法のモジュールが整っています．3 つ目の MCMC では NumPyro を使用します．Pyro は MCMC の計算速度が遅いという難点があるうえにパラメータ数が多いモデルであるため，JAX バックエンドによって高速な MCMC が可能になる NumPyro を使用します．別々にモデリングしていきますが，構築するモデルは統一します．全結合 2 層のニューラルネットワークで，ネットワークの幅や活性化関数も統一します．

PyTorch による最尤法

まず，PyTorch による最尤法から始めます．PyTorch の公式チュートリアル[注1]を参考にします．PyTorch にはニューラルネットワーク用の `nn.Module` モジュールが用意されており，簡単にニュー

注 1　https://pytorch.org/tutorials/beginner/blitz/neural_networks_tutorial.html

ラルネットワークの構築が可能です．

モデルを定義していきます．全結合2層のニューラルネットワークを以下のように記述します．PyTorchのモデルの書き方として，ニューラルネットワークを構築する際に`nn.Module`を継承するクラスを定義します．各層の線形結合や非線形変換の関数を定義し，`forward`メソッドにデータの生成過程を記述します．今回，活性化関数はReLU関数を採用します．

```
import torch
import torch.nn as nn
import torch.nn.functional as F

# 隠れ層の次元
h1, h2 = 10, 10

class NN_Model(nn.Module):
    # 各層のコンポーネントを定義
    def __init__(self, h1=h1, h2=h2):
        super(NN_Model, self).__init__()
        self.fc1 = nn.Linear(1, h1)
        self.fc2 = nn.Linear(h1, h2)
        self.fc3 = nn.Linear(h2, 1)
        self.relu = F.relu
    # 生成過程
    def forward(self, x):
        x = x.reshape(-1, 1)
        x = self.relu(self.fc1(x))
        x = self.relu(self.fc2(x))
        y = self.fc3(x)
        return y

# インスタンス化
model_torch = NN_Model()
```

次に誤差逆伝播法による最尤法の実装です．最適化アルゴリズムと損失関数を定義し，for文の中に勾配降下法のステップを記述します．本節では，PyTorchのニューラルネットワークモジュールで扱いやすいように1次元データをunsqueezeして使用します．

```
# 最適化アルゴリズムの設定
optimizer = torch.optim.Adam(model_torch.parameters(), lr=0.03)

# 損失関数
loss_func = nn.MSELoss()

# tensor に変換（shape を（N,）から（N,1）にする）
x_data = torch.from_numpy(x_data).float().unsqueeze(-1)
y_data = torch.from_numpy(y_data).float().unsqueeze(-1)

```

```
# 最適化
n_epoch = 10000
loss_list = []
for epoch in range(n_epoch):
    # epoch 時点のパラメータによるモデルで予測値を算出
    pred = model_torch(x_data)
    # 損失関数を再計算
    loss = loss_func(pred, y_data)
    # 勾配を 0に初期化
    optimizer.zero_grad()
    # 誤差逆伝播
    loss.backward()
    # パラメータ更新
    optimizer.step()

    loss_list.append(loss)

# 損失関数の可視化
plt.plot(loss_list)
plt.xlabel('step')
plt.ylabel('Loss')
```

図 5.3 のように，損失関数が下がっていることが確認できます．

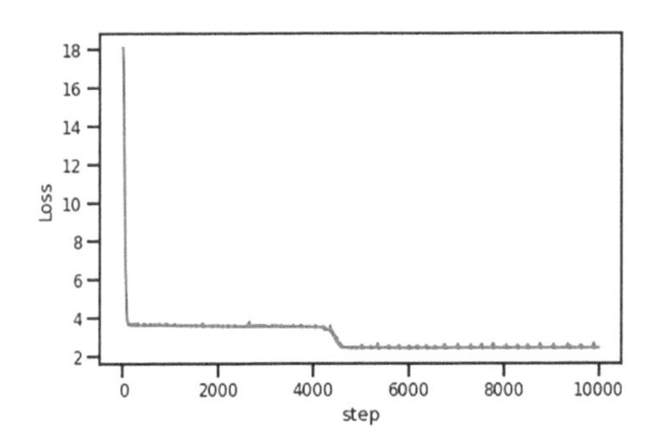

図 5.3　最尤法による損失関数の推移

パラメータを学習したので，テストデータに対する予測値を可視化してみます．NN_Model のインスタンスである model_torch にテストデータを入力するだけで，簡単に出力できます（図 5.4）．

```
x_new = torch.linspace(-2.0, 2.0, 1000).unsqueeze(-1)
pred_torch = model_torch(x_new)

fig, ax = plt.subplots(figsize=(10, 5))
# データ可視化
```

```
6   ax.plot(x_data, y_data, 'o', markersize=3, label='data')
7   # 真の関数可視化
8   ax.plot(x_linspace, y_linspace, label='true_func')
9   # 予測値可視化
10  ax.plot(x_new, pred_torch.detach().numpy(), label='prediction')
11  ax.set_xlabel('$x$')
12  ax.set_ylabel('$y$')
13  ax.set_ylim(-13 ,13)
14  ax.legend();
```

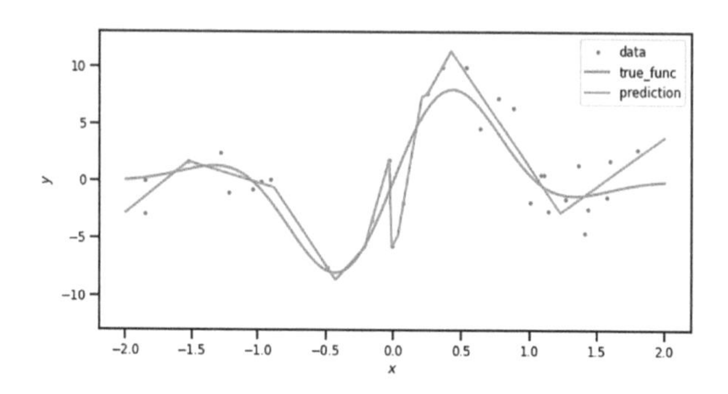

図 5.4　PyTorch を用いた最尤法による予測分布

最尤法では，できるだけ学習データ点を通るような関数として学習されていることがわかります．学習データ点が少ない場合は特に過剰適合に気をつける必要があります．

Pyro による変分推論法

次に Pyro による変分推論法を実装します．Pyro の公式ページ注2 を参考にします．Pyro にはニューラルネットワーク用の `pyro.nn` モジュールが用意されています．

重みパラメータに事前分布を導入するため，モデルはベイジアンニューラルネットワークとなります．ベイジアンニューラルネットワークのモデルをクラスで記述していきますが，PyTorch における書き方と大きな差異はありません．まず，`pyro.nn.PyroModule` を継承します．`PyroModule` は PyTorch の `nn.Module` のサブクラスで，ベイジアンモデリングを可能にします．コンストラクタで，`PyroModule[nn.Linear]` のように記述することで，`torch.nn.Linear` クラスのパラメータである重み（`weight`）とバイアス（`bias`）を自動的に Pyro のパラメータとして登録することができます．また，`torch.nn.Linear` クラスの重み（`weight`）とバイアス（`bias`）に対してそれぞれガウス分布（`dist.Normal`）を `PyroSample` の中に設定することで，これらを事前分布を導入した確率変数とし扱います．`forward` メソッドでは PyTorch のネットワーク作成時と同様にデータの生成過程を記述

注 2　https://pyro.ai/examples/bayesian_regression.html

しています．活性化関数には ReLU 関数を使用し，隠れ層のノードの数は 1 層目を 10，2 層目も 10 にします．

パラメータ $w^{(1)}_{h_1,h_0}$，および $w^{(2)}_{d,h_1}$ に事前分布として平均 0，標準偏差 10 のガウス分布を設定します．重みとバイアスの確率分布について，expand 関数で次元を拡張した場合に batch_shape に反映されますが，計算の都合上で多次元の 1 つの確率分布とみなすため event_shape に変換します．to_event(n) メソッドを使うことで右から n 個目までの軸を batch_shape から event_shape に変換できます．ただし，最後の出力 y の確率分布のみ実際に合わせて batch_shape がデータ数だけあると設定します．この場合仕様上，pyro.plate を使用することで batch_shape で指定された数の独立な確率変数があることを Pyro に明示する必要があります．もしくは最後の出力 y の確率分布を to_event(2) とすることで，1 つの確率分布とみなして計算することも可能です．その場合は pyro.plate は不要です．

```
1  import torch
2  import torch.nn as nn
3  import torch.nn.functional as F
4
5  import pyro
6  import pyro.distributions as dist
7  from pyro.nn import PyroModule, PyroSample, DenseNN
8  from pyro.infer.autoguide import AutoDiagonalNormal
9  from pyro.infer import SVI, Trace_ELBO, Predictive
10
11 # 隠れ層の次元
12 h1, h2 = 10, 10
13
14 class Model(PyroModule):
15     # 各コンポーネントを定義
16     def __init__(self, h1=h1, h2=h2):
17         super().__init__()
18         # 第 1層（確率変数のbatch_shape を event_shape にする）
19         self.fc1 = PyroModule[nn.Linear](1, h1)
20         self.fc1.weight = PyroSample(dist.Normal(0.,10.).expand([h1, 1]).to_event(2))
21         self.fc1.bias = PyroSample(dist.Normal(0.,10.).expand([h1]).to_event(1))
22         # 第 2層
23         self.fc2 = PyroModule[nn.Linear](h1, h2)
24         self.fc2.weight = PyroSample(dist.Normal(0.,10.).expand([h2, h1]).to_event(2))
25         self.fc2.bias = PyroSample(dist.Normal(0.,10.).expand([h2]).to_event(1))
26         # 出力層
27         self.fc3 = PyroModule[nn.Linear](h2, 1)
28         self.fc3.weight = PyroSample(dist.Normal(0.,10.).expand([1, h2]).to_event(2))
29         self.fc3.bias = PyroSample(dist.Normal(0.,10.).expand([1]).to_event(1))
30         self.relu = nn.ReLU()
31
32     # データの生成過程を記述
33     def forward(self, X, Y=None, h1=h1, h2=h2):
34         # ニューラルネットワークの出力
```

```
35            X = self.relu(self.fc1(X))
36            X = self.relu(self.fc2(X))
37            mu = self.fc3(X)
38            # 観測ノイズの標準偏差をサンプリング
39            sigma = pyro.sample('sigma', dist.Uniform(0.,2.0))
40            # batch_shape がデータ数分あることを Pyro に教えるために plate を使用
41            with pyro.plate('data', N):
42            # shape が(N, 1)であるため，右の 1をevent_shape にする
43            obs = pyro.sample('Y', dist.Normal(mu, sigma).to_event(1), obs=Y)
44        return mu
45
46    # インスタンス化
47    model = Model()
```

PyroModule を使わずに，以下のように確率の生成過程を直接記述してモデルを定義することも可能です．こちらの書き方は，次の NumPyro によるモデル構築の書き方と非常に似ています．

```
1     # Relu 関数
2     def relu(x):
3         return torch.max(x, torch.tensor(0.))
4
5     def model(X, Y, h1, h2):
6         # バイアス付与
7         X = torch.pow(X, torch.arange(2))
8         D_X = X.shape[1]
9
10        # 第 1層の重みをサンプリング
11        w1 = pyro.sample(
12            'w1', dist.Normal(torch.zeros((D_X, h1)), 10.0*torch.ones((D_X, h1))).to_event(2)
13        )
14        # 第 1層の線形結合と非線形変換
15        z1 = relu(torch.matmul(X, w1))
16
17        # 第 2層の重みをサンプリング
18        w2 = pyro.sample(
19            'w2', dist.Normal(torch.zeros((h1, h2)), 10.0*torch.ones((h1, h2))).to_event(2)
20        )
21        # 第 2層の線形結合と非線形変換
22        z2 = relu(torch.matmul(z1, w2))
23
24        # 出力層の重みをサンプリング
25        w3 = pyro.sample(
26            'w3', dist.Normal(torch.zeros((h2, 1)), 10.0*torch.ones((h2, 1))).to_event(2)
27        )
28        # 出力層の線形結合と非線形変換
29        z3 = torch.matmul(z2, w3)
30
31        # 観測ノイズの標準偏差をサンプリング
32        sigma_obs = pyro.sample('noise_obs', dist.Uniform(0.0, 2.0))
```

```
33        # 尤度の積
34        with pyro.plate('data', X.shape[0]):
35            obs = pyro.sample('Y', dist.Normal(z3, sigma_obs).to_event(1), obs=Y)
```

ベイジアンニューラルネットワークはパラメータの事後分布の解析解が導出できないため，何らかの近似推論が必要になります．今回扱う変分推論では，パラメータの事後分布の近似分布にはすべて独立なガウス分布を仮定します．Pyroでは近似分布として，AutoDiagonalNormalを使用すれば簡単に設定できます．PyroのSVIクラスを使用して，近似分布のパラメータを学習します．PyTorchと同じように，for文の中にパラメータ更新のステップを記述します．

```
1   # パラメータをリセット
2   pyro.clear_param_store()
3   # 近似分布の設定
4   guide = AutoDiagonalNormal(model)
5   # 最適化アルゴリズムの設定
6   adam = pyro.optim.Adam({'lr': 0.03})
7   # SVI クラスのインスタンス化
8   svi = SVI(model, guide, adam, loss=Trace_ELBO())
9
10  # tensor に変換（shape を（N,）から（N, 1）にする）
11  x_data = torch.from_numpy(x_data).float().unsqueeze(-1)
12  y_data = torch.from_numpy(y_data).float().unsqueeze(-1)
13  # 最適化
14  n_epoch = 10000
15  loss_list = []
16  for epoch in range(n_epoch):
17      # 変分推論の最適化ステップ
18      loss = svi.step(x_data, y_data, h1, h2)
19      loss_list.append(loss)
20  # 損失関数の可視化
21  plt.plot(np.array(loss_list))
22  plt.xlabel('step')
23  plt.ylabel('Loss')
24  plt.tight_layout()
```

図5.5のように，損失関数が下がっていることが確認できます．

最適化した近似分布を使用して，予測分布を可視化してみます（図5.6）．予測分布の平均値と90パーセンタイルの幅を可視化しています．PyroのPredictiveクラスを使用することで，近似分布からパラメータのサンプリングを行い，さらに予測分布からの予測値のサンプリングも行います．

```
1   # 近似分布からのサンプルを利用した予測分布
2   predictive = Predictive(model, guide=guide, num_samples=500)
3
4   # 新規データ
5   x_new = torch.linspace(-2.0, 2.0, 1000).unsqueeze(-1)
```

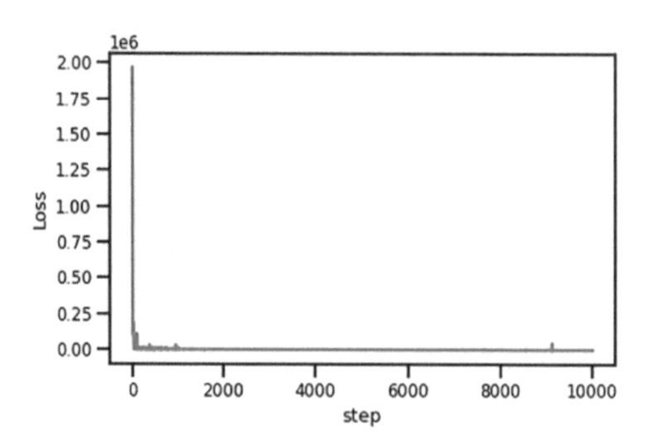

図 5.5　変分推論法による損失関数の推移

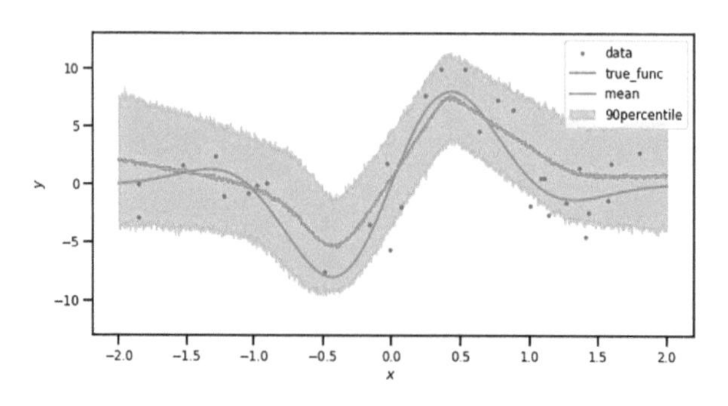

図 5.6　Pyro を用いた変分推論法による予測分布

```
6  # 新規データを入力して予測分布を出力
7  y_pred_samples = predictive(x_new, None, h1, h2)['Y']
8  # 予測分布のからのサンプルの平均
9  y_pred_mean = y_pred_samples.mean(axis=0)
10 # 予測分布からのサンプルの 90パーセンタイル
11 percentiles = np.percentile(y_pred_samples.squeeze(-1), [5.0, 95.0], axis=0)
12
13 fig, ax = plt.subplots(figsize=(10, 5))
14 # データ可視化
15 ax.plot(x_data, y_data, 'o', markersize=3, label='data')
16 # 真の関数
17 ax.plot(x_linspace, y_linspace, label='true_func')
18 # 予測分布の平均
19 ax.plot(x_new, y_pred_mean, label='mean')
20 # 予測分布の 90パーセンタイル
21 ax.fill_between(x_new.squeeze(-1), percentiles[0, :], percentiles[1, :],
22                 alpha=0.5, label='90percentile', color='orange')
23
24 ax.set_xlabel(r'$x$')
25 ax.set_ylabel(r'$x$')
```

```
ax.set_ylabel(r'$y$')
ax.set_ylim(-13 ,13)
ax.legend();
```

予測分布の平均値を見ると，データに合わせた非線形関数を出力できました．学習データ点をできるだけ通っていた最尤法による予測値と違い，予測分布が不確実性を持ち，なだらかになっていることが確認できます．

NumPyro による MCMC

最後に，NumPyro による MCMC です．NumPyro の公式ページ[注3]を参考にします．NumPyro では，PyroModule は使えないため直接ベイジアンニューラルネットワークの生成過程を記述します．

```
import jax.numpy as jnp
import jax.random as random

import numpyro
from numpyro import handlers
import numpyro.distributions as dist
from numpyro.infer import MCMC, NUTS, Predictive

# 隠れ層の次元
h1, h2 = 10, 10

# Relu 関数
def relu(x):
    return jnp.maximum(x, 0.)

def model(X, Y, h1, h2):
    # バイアス付与
    X = jnp.power(X, jnp.arange(2))
    D_X = X.shape[1]

    # 第 1層の重みをサンプリング
    w1 = numpyro.sample(
        'w1', dist.Normal(jnp.zeros((D_X, h1)), 10.0*jnp.ones((D_X, h1))).to_event(2)
    )
    # 第 1層の線形結合と非線形変換
    z1 = relu(jnp.matmul(X, w1))

    # 第 2層の重みをサンプリング
    w2 = numpyro.sample(
        'w2', dist.Normal(jnp.zeros((h1, h2)), 10.0*jnp.ones((h1, h2))).to_event(2)
    )
    # 第 2層の線形結合と非線形変換
    z2 = relu(jnp.matmul(z1, w2))
```

注 3　http://num.pyro.ai/en/stable/examples/bnn.html

```
34
35      # 出力層の重みをサンプリング
36      w3 = numpyro.sample(
37          'w3', dist.Normal(jnp.zeros((h2, 1)), 10.0*jnp.ones((h2, 1))).to_event(2)
38      )
39      # 出力層の線形結合と非線形変換
40      z3 = jnp.matmul(z2, w3)
41
42      # 観測ノイズの標準偏差をサンプリング
43      sigma_obs = numpyro.sample('noise_obs', dist.Uniform(0.0, 2.0))
44      # batch_shape がデータ数分あることを Pyro に教えるために plate を使用
45      with numpyro.plate('data', N):
46         obs = numpyro.sample('Y', dist.Normal(z3, sigma_obs).to_event(1), obs=Y)
```

NUTSで重みパラメータの事後分布を推論します．NUTSを用いたMCMCはnumpyro.inferで記述します．バーンイン期間（num_warmup）を1000とし，サンプルサイズ（num_samples）を2000，チェーン数（num_chains）は1に設定します．2.5節のとおり，NumPyroではMCMCの計算に疑似乱数生成器であるjax.random.PRNGKeyを使います．rng_keyにjax.random.PRNGKeyを設定します．

```
1   # NUT による MCMC の設定
2   def run_inference(model, rng_key, X, Y, h1, h2):
3       kernel = NUTS(model)
4       mcmc = MCMC(
5           kernel,
6           num_warmup=1000,
7           num_samples=2000,
8           num_chains=1
9           )
10      mcmc.run(rng_key, X, Y, h1, h2)
11      return mcmc.get_samples()
12
13  #jax.numpy 型に変換（shape を（N,）から（N, 1）にする）
14  x_data = jnp.array(x_data)
15  y_data = jnp.array(y_data)
16
17  # 疑似乱数生成器
18  rng_key, rng_key_predict = random.split(random.PRNGKey(0))
19  # 推論の実行
20  samples = run_inference(model, rng_key, x_data, y_data, h1, h2)
```

最後に予測分布を出力します．図5.7はNumPyroを用いたMCMCによる予測分布です．予測分布からのサンプルの平均値と90パーセンタイルの幅を可視化しています．モデリング同様にPyroと非常に似た実装になります．

```
# MCMC サンプルを利用した予測分布
predictive = Predictive(model, samples)

# 新規データ
x_new = jnp.linspace(-2.0, 2.0, 1000)[:,jnp.newaxis]
# 新規データを入力して予測分布を出力
y_pred_samples = predictive(rng_key_predict, X=x_new, Y=None, h1=h1, h2=h2)['Y']
# 予測分布からのサンプルの平均
y_pred_mean = y_pred_samples.mean(axis=0)
# 予測分布からのサンプルの 90パーセンタイル
percentiles = np.percentile(y_pred_samples.squeeze(-1), [5.0, 95.0], axis=0)

fig, ax = plt.subplots(figsize=(10, 5))
# データ可視化
ax.plot(x_data, y_data, 'o', markersize=3, label='data')
# 真の関数
ax.plot(x_linspace, y_linspace, label='true_func')
# 予測分布の平均
ax.plot(x_new, y_pred_mean, label='mean')
# 予測分布の 90パーセンタイル
ax.fill_between(x_new.squeeze(-1), percentiles[0, :], percentiles[1, :],
                alpha=0.5, label='90percentile', color='orange')

ax.set_xlabel(r'$x$')
ax.set_ylabel(r'$x$')
ax.set_ylabel(r'$y$')
ax.set_ylim(-13 ,13)
ax.legend();
```

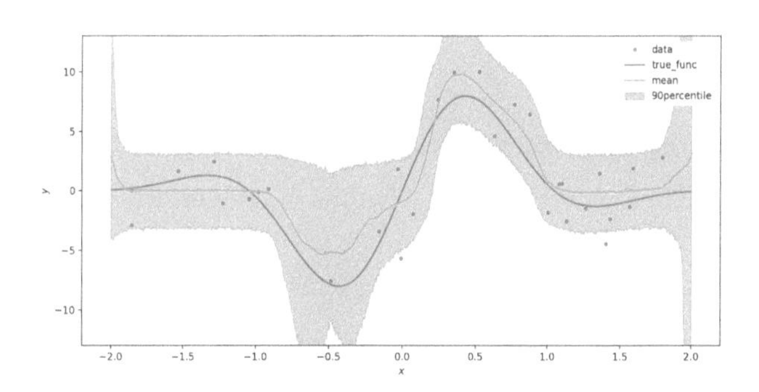

図 5.7　NumPyro を用いた MCMC による予測分布

MCMC による予測分布は，Pyro による変分推論法による予測分布と比較してより細かい関数の変化を表現できているように見えます．これは変分推論法ではパラメータの事後分布をパラメータ間で独立なガウス分布に限定していることで，事後分布の表現力が MCMC に劣っていることに起因している可能性があります．

同じニューラルネットワークのモデルに対して，PyTorch による最尤法と，Pyro による変分推論法，NumPyro による MCMC の推論と予測をそれぞれ実施しました．最尤法ではなるべくデータ点を通るような関数として予測を行います．一方で，ベイズ推論である変分推論法と MCMC では確率の幅を持つなだらかな予測分布を算出できました．

5.2 変分自己符号化器

ニューラルネットワークを使用した教師なし学習モデルの代表例である**変分自己符号化器**（variational auto encoder, **VAE**）を紹介し，画像の生成モデルを学習していきます．

5.2.1 モデル概要

変分自己符号化器 (Kingma and Welling [2014]) とは，生成モデルの観点では線形次元削減モデルに対してニューラルネットワークによる非線形変換を導入した教師なし学習のモデルです．画像データなどの線形構造のみで説明することが難しい複雑な生成構造を持つデータをモデル化するために用いられます．変分自己符号化器のさらなる特徴として，潜在変数の推論のためにニューラルネットワークを使用することがあります．これらのアイデアを順を追って説明します．

モデルの仮定としては，潜在変数の集合 $\mathbf{Z} = \{\mathbf{z}_1, \mathbf{z}_2, \ldots, \mathbf{z}_N\}$ から観測データの集合 $\mathbf{X} = \{\mathbf{x}_1, \mathbf{x}_2, \ldots, \mathbf{x}_N\}$ が以下のような生成過程で生成されているとします．

$$\mathbf{z}_n \sim \mathcal{N}(\mathbf{z}_n \mid \mathbf{0}, \mathbf{I}) \tag{5.4}$$

$$\mathbf{x}_n \mid \mathbf{z}_n, \mathbf{W} \sim \mathcal{N}(\mathbf{x}_n \mid f(\mathbf{z}_n; \mathbf{W}), \lambda_x^{-1}\mathbf{I}) \tag{5.5}$$

このとき，$f(\mathbf{z}_n; \mathbf{W})$ は順伝播型ニューラルネットワークです．$\mathbf{W}$ は重みパラメータになります．変分自己符号化器の枠組みでは，$f(\mathbf{z}_n; \mathbf{W})$ はデータの潜在変数 $\mathbf{z}_n$ から観測データ $\mathbf{x}_n$ を生成するという意味で，**デコーダ**（decoder）とも呼ばれています．

この潜在変数とパラメータの事後分布を求めるときに，変分推論法を適用します．すなわち，近似分布 $q(\mathbf{Z}, \mathbf{W})$ を設計し，**KL ダイバージェンス**（Kullback-Leibler divergence）

$$D_{\mathrm{KL}}[q(\mathbf{Z}, \mathbf{W}) || p(\mathbf{Z}, \mathbf{W} \mid \mathbf{X})] \tag{5.6}$$

を最小化することが学習の目標になります．近似分布は平均場近似を用いて，以下のように独立分解します．

$$q(\mathbf{Z}, \mathbf{W}; \mathbf{X}, \psi, \boldsymbol{\xi}) = q(\mathbf{Z}; \mathbf{X}, \psi) q(\mathbf{W}, \boldsymbol{\xi}) \tag{5.7}$$

ここで，ψ と $\boldsymbol{\xi}$ はそれぞれ変分パラメータです．$q(\mathbf{Z}; \mathbf{X}, \psi)$ について変分自己符号化器では，次のようなガウス分布を用いた平均場近似を行います．

$$
\begin{aligned}
q(\mathbf{Z};\mathbf{X},\boldsymbol{\psi}) &= \prod_{n=1}^{N} q(\mathbf{z}_n;\mathbf{x}_n,\boldsymbol{\psi}) \\
&= \prod_{n=1}^{N} \mathcal{N}(\mathbf{z}_n \mid \mathbf{m}(\mathbf{x}_n;\boldsymbol{\psi}), \mathrm{diagm}(\mathbf{v}(\mathbf{x}_n;\boldsymbol{\psi})))
\end{aligned} \tag{5.8}
$$

ここで，diagm は与えられたベクトルを対角成分とする行列を出力する関数です．q の確率分布はガウス分布を仮定するのですが，このときの平均パラメータ関数の $\mathbf{m}(\mathbf{x}_n;\boldsymbol{\psi})$ と分散パラメータ関数の $\mathbf{v}(\mathbf{x}_n;\boldsymbol{\psi})$ は両方とも順伝播型ニューラルネットワークで，**推論ネットワーク**（inference network）もしくは**エンコーダ**（encoder）と呼ばれます．

通常の変分推論法では個々の潜在変数 $\mathbf{z}_n(n=1,2,3,...)$ に対して，近似分布とそのパラメータである変分パラメータをそれぞれ用意しますが，変分自己符号化器では $\mathbf{z}_n$ の近似分布のパラメータに $\mathbf{x}_n$ を入力とする共通のニューラルネットワークの出力値を設定します．この共通のニューラルネットワークのパラメータが最適化の対象になります．

このエンコーダによって，$\mathbf{x}_n$ に対応する $\mathbf{z}_n$ の近似分布 $q(\mathbf{z}_n)$ のパラメータを 1 つ 1 つ最適化していくのではなく，ニューラルネットワークの共通パラメータとして最適化することで，計算量を削減しています．このように，ニューラルネットワークのような回帰モデルによってデータ $\mathbf{x}$ から潜在変数 $\mathbf{z}$ の事後分布を予測しながら推論していく手法を**償却推論**（amortized inference）といいます．

実装では，ELBO $\mathcal{L}(\boldsymbol{\psi},\boldsymbol{\xi})$ を最大化していきます[注4]．

$$
\mathcal{L}(\boldsymbol{\psi},\boldsymbol{\xi}) = \mathbb{E}[\ln p(\mathbf{X},\mathbf{Z},\mathbf{W})] - \mathbb{E}[\ln q(\mathbf{Z};\mathbf{X},\boldsymbol{\psi})] - \mathbb{E}[\ln q(\mathbf{W};\boldsymbol{\xi})] \tag{5.9}
$$

変分自己符号化器は，よくエンコーダとデコーダという 2 つのニューラルネットワークの結合のような説明がされますが，以上を踏まえて整理すると，エンコーダとは変分推論で使用する近似分布のパラメータ関数のことで，デコーダとは生成モデルの尤度のことになります．

生成モデルとしてのグラフィカルモデルは図 5.8 のようになります．

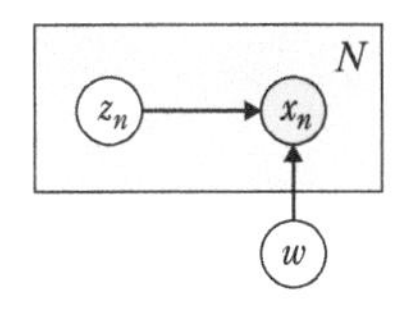

図 5.8 グラフィカルモデル

5.2.2 実装

Pyro で変分自己符号化器を構築していきます．Pyro 公式ページの VAE のコード[注5] を参考にして

注 4 式 (5.6) の KL ダイバージェンスの最小化と ELBO の最大化は等価ですが，実装では ELBO の最大化をします．

注 5 `https://pyro.ai/examples/vae.html`

います．MNIST データセットを使用します．まずは，PyTorch でネットワークを作る手順で，エンコーダとデコーダのニューラルネットワークのクラスを作成します．

```
1  import torch
2  import torch.nn as nn
3  import pyro
4  import pyro.distributions as dist
5  from pyro.infer import SVI, JitTrace_ELBO, Trace_ELBO
6  from pyro.optim import Adam
7  
8  # 近似分布のパラメータに使用するエンコーダを設定
9  class Encoder(nn.Module):
10     def __init__(self, z_dim, hidden_dim):
11         super().__init__()
12         # 線形変換
13         self.fc1 = nn.Linear(784, hidden_dim)
14         self.fc21 = nn.Linear(hidden_dim, z_dim)
15         self.fc22 = nn.Linear(hidden_dim, z_dim)
16         # 活性化関数
17         self.softplus = nn.Softplus()
18     # ガウス分布のパラメータを出力（標準偏差はexp で正に限定）
19     def forward(self, x):
20         x = x.reshape(-1, 784)
21         hidden = self.softplus(self.fc1(x))
22         z_loc = self.fc21(hidden)
23         z_scale = torch.exp(self.fc22(hidden))
24         return z_loc, z_scale
25 
26 # モデルの尤度であるデコーダを設定
27 class Decoder(nn.Module):
28     def __init__(self, z_dim, hidden_dim):
29         super().__init__()
30         # 線形変換
31         self.fc1 = nn.Linear(z_dim, hidden_dim)
32         self.fc21 = nn.Linear(hidden_dim, 784)
33         # 活性化関数
34         self.softplus = nn.Softplus()
35     # 画像データの生成
36     def forward(self, z):
37         hidden = self.softplus(self.fc1(z))
38         # ベルヌーイ分布のパラメータを出力
39         loc_img = torch.sigmoid(self.fc21(hidden))
40         return loc_img
```

次に変分自己符号化器の生成モデルと変分推論法の近似分布を実装します．今回はクラスによってそれぞれの関数をまとめています．今回，潜在変数 $\mathbf{z}_n$ の次元を 10 次元とします．データの生成過程を model に，近似分布を guide に記述します．Pyro 公式ページの変分自己符号化器の実装例では，model について，5.1 節にて，Pyro では PyroModule を使用してベイジアンニューラルネットワークを構築できると説明しましたが，今回は nn.Module を使用して，尤度であるデコーダのニューラルネットワークを構築しています．これによって，デコーダのパラメータ $\mathbf{W}$ に対して，事前分布ならびに近似分布 $q(\mathbf{W}, \boldsymbol{\xi})$ は設定せずに，$\mathbf{W}$ は最適化対象（点推定）として扱うことになります．潜在変数 $\mathbf{z}_n$ は変分推論によってベイズ推論しますが，デコーダのパラメータ $\mathbf{W}$ は最尤法で最適化するということです．

今回，対象のデータを 2 値と仮定しているため，最終的な出力はベルヌーイ分布としています．pyro.module によって，Pyro で最適化すべきパラメータとして設定できます．

```
1  # VAE クラスを設定
2  class VAE(nn.Module):
3
4      def __init__(self, z_dim=2, hidden_dim=600, use_cuda=False):
5          super().__init__()
6          # エンコーダとデコーダのNN を作成
7          self.encoder = Encoder(z_dim, hidden_dim)
8          self.decoder = Decoder(z_dim, hidden_dim)
9          if use_cuda:
10             self.cuda()
11         self.use_cuda = use_cuda
12         self.z_dim = z_dim
13
14     # モデルの生成過程を設定
15     def model(self, x):
16         # デコーダのパラメータを最適化対象として登録
17         pyro.module('decoder', self.decoder)
18         with pyro.plate('data', x.shape[0]):
19             # z の事前分布の設定
20             z_loc = torch.zeros(x.shape[0], self.z_dim, dtype=x.dtype, device=x.device)
21             z_scale = torch.ones(x.shape[0], self.z_dim, dtype=x.dtype, device=x.device)
22             # z をサンプリング
23             z = pyro.sample('latent', dist.Normal(z_loc, z_scale).to_event(1))
24             # z から x を生成
25             loc_img = self.decoder.forward(z)
26             pyro.sample('obs',
27                         dist.Bernoulli(loc_img, validate_args=False)
28                             .to_event(1),
29                         obs=x.reshape(-1, 784))
30             return loc_img
31
32     # 近似分布を設定
33     def guide(self, x):
34         # エンコーダのパラメータを最適化対象として登録
35         pyro.module('encoder', self.encoder)
36         with pyro.plate('data', x.shape[0]):
37             # エンコーダによって近似分布のパラメータを出力
38             z_loc, z_scale = self.encoder.forward(x)
39             # z を生成
```

```
40              pyro.sample('latent', dist.Normal(z_loc, z_scale).to_event(1))
41
42      # 画像データの再構成
43      def reconstruct_img(self, x):
44          # x をデコーダに入力して，近似分布のパラメータを出力
45          z_loc, z_scale = self.encoder(x)
46          # 近似分布からz をサンプリング
47          z = dist.Normal(z_loc, z_scale).sample()
48          # z をデコーダに入力して， x を再構成
49          loc_img = self.decoder(z)
50          return loc_img
```

ここでは手書き文字の MNIST をデータセットとして使いますが，ミニバッチで取り出すことができる便利な PyTorch のデータローダ `torch.utils.data.DataLoader` を使用します．`batch-size` は 256 とします．

```
1   from torchvision import datasets
2   from torchvision.transforms import ToTensor
3
4   # 学習用
5   train_set  = datasets.MNIST(
6       root='data',
7       train=True,
8       download=True,
9       transform=ToTensor()
10  )
11  # 検証用
12  test_set = datasets.MNIST(
13      root='data',
14      train=False,
15      download=True,
16      transform=ToTensor()
17  )
18  batch_size = 256
19  train_loader = torch.utils.data.DataLoader(dataset=train_set,\
20  batch_size=batch_size, shuffle=True)
21  test_loader = torch.utils.data.DataLoader(dataset=test_set,\
22  batch_size=batch_size, shuffle=False)
23
24  # 各種設定
25  cuda = True
26  jit = True
27  learning_rate = 1.0e-3
28
29  # パラメータをリセット
30  pyro.clear_param_store()
31
32  # VAE クラスのインスタンス化
```

```
vae = VAE(use_cuda=cuda)

# optimizer の設定
adam_args = {'lr': learning_rate}
optimizer = Adam(adam_args)

# 推論アルゴリズム
elbo = JitTrace_ELBO() if jit else Trace_ELBO()
svi = SVI(vae.model, vae.guide, optimizer, loss=elbo)
```

最適化のコードです．学習用のデータからミニバッチ学習用のデータを順次取り出し，変分推論を行います．

```
train_elbo = []
num_epochs = 200
for epoch in range(num_epochs):
    epoch_loss = 0.
    for x, _ in train_loader:
        # GPU 使用する場合に CUDA メモリにのせる
        if cuda:
          x = x.cuda()
        # Adam による最適化と損失を加算
        epoch_loss += svi.step(x)

    # 損失をデータ数で割ってリストに格納
    normalizer_train = len(train_loader.dataset)
    total_epoch_loss_train = epoch_loss / normalizer_train
    train_elbo.append(total_epoch_loss_train)
```

学習したエンコーダとデコーダを使用して，画像をエンコーダに入力して，得た潜在変数をデコーダに入力して生成される画像を可視化してみます．図 5.9 のように入力画像と同じ数字の画像がデコーダから生成されているのが確認できます．

`test_img_list` は，1 から 9 までの画像を，`test_label_list` は対応する数字ラベルを格納したリストです．`vae.reconstruct_img` によって，画像データをエンコーダへ入力して，出力された近似分布からパラメータをサンプリングし，デコーダへ入力することで画像を生成してくれます．

```
fig, ax = plt.subplots(ncols=6, nrows =3, figsize=(9, 6))
for img, label in zip(test_img_list, test_label_list):
    # 画像を再構築（エンコーダ→デコーダ）
    reco_img = vae.reconstruct_img(img)
    # 入力画像と変分自己符号化器で再構築した画像を可視化
    row_idx = label%3 - 1
    col_idx = (label - 1)//3*2
    img_2D = img.reshape(28, 28).detach().cpu().numpy()
    reco_img_2D = reco_img.reshape(28, 28).detach().cpu().numpy()
```

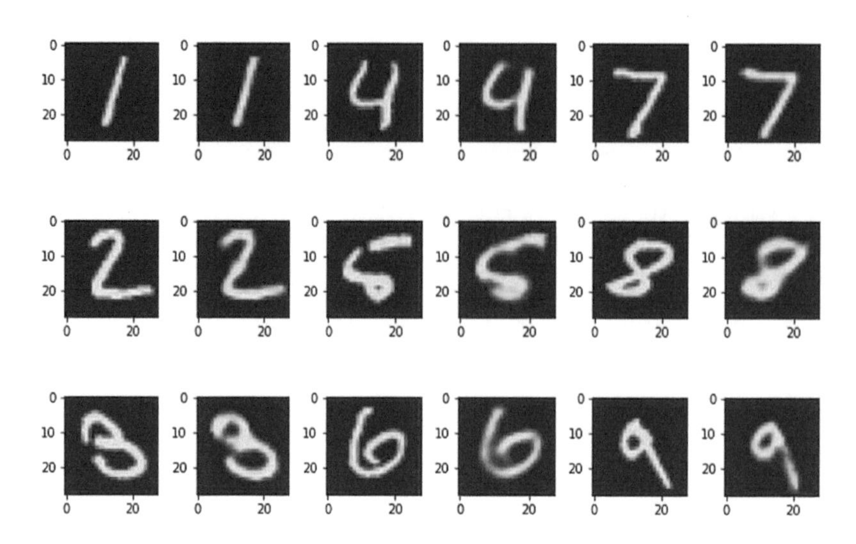

図 5.9　入力画像（奇数列）と入力画像をエンコーダに入力して，得た潜在変数をデコーダに入力して生成される画像（偶数列）

```
10        ax[row_idx, col_idx].imshow(img_2D)
11        ax[row_idx, col_idx+1].imshow(reco_img_2D)
12    plt.tight_layout()
```

次に，潜在変数 $\mathbf{z}_n$ の次元を 2 次元にした VAE を再学習して，2 次元のグリッド状（格子状）の $\mathbf{z}_n$ をガウス分布の累積分布関数の逆関数で変換して，各々デコーダに入力して出力される画像を可視化してみます（図 5.10）.

```
1   fig, ax = plt.subplots(figsize=(12, 12), ncols=20, nrows=20)
2   for idx1,x1 in enumerate(torch.linspace(0.01,0.99,20)):
3       for idx2, x2 in enumerate(torch.linspace(0.01, 0.99,20)):
4   
5           # z をデコーダに入力して, x を再構成
6           z = torch.tensor([x1,x2])
7           # ガウス分布の累積密度関数の逆関数で変換
8           z = torch.distributions.Normal(loc=0.0,scale=1.0).icdf(z)
9           if cuda:
10            z = z.cuda()
11          # 画像の生成
12          loc_img = vae.decoder(z)
13  
14          ax[idx1, idx2].imshow(loc_img.reshape(28, 28).detach().cpu().numpy())
15          ax[idx1, idx2].axis('off')
16  plt.tight_layout()
```

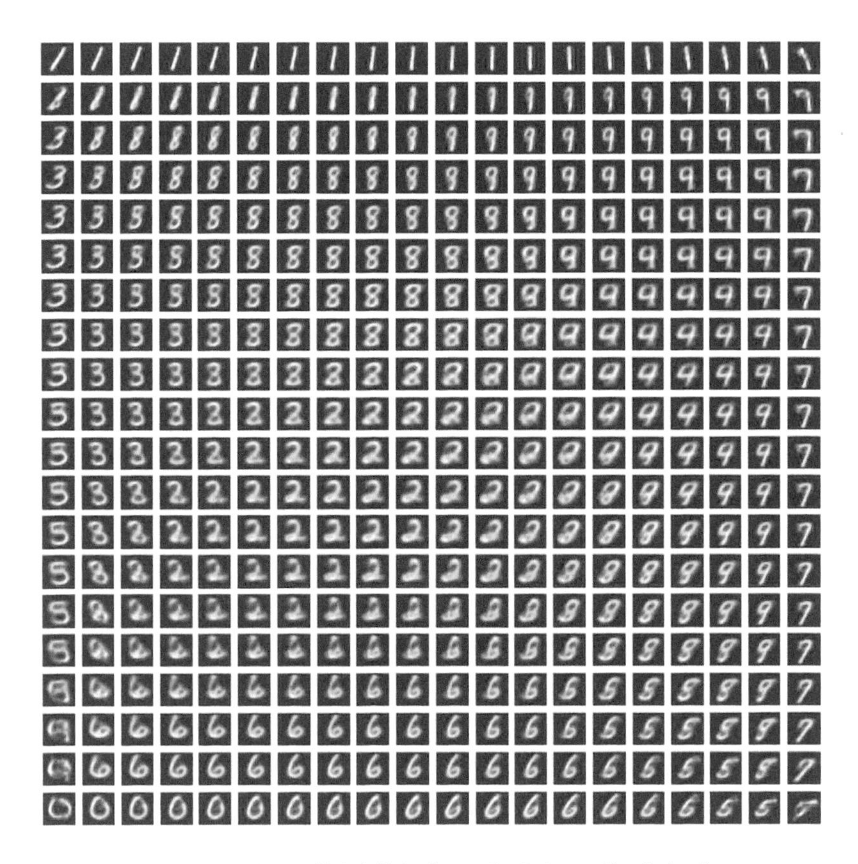

図 5.10　2 次元の潜在変数をデコーダに入力して得る生成画像

潜在変数空間上で近い $\mathbf{z}_n$ ペアでは，デコーダへ入力して出力される画像 $\mathbf{x}_n$ ペアも近い画像になっていることが確認できます．画像の特徴が 2 次元の潜在空間に押し込められているともいえます．

5.3　PixelCNN

本節では，**PixelCNN** (Van Oord et al. [2016]) という画像生成に利用可能な深層学習モデルを紹介します．PixelCNN は自己回帰型モデルに分類され，生成済みのピクセルが与えられた下で次のピクセルの値が決まるというデータ生成過程を仮定しています．画像の生成モデルとしては，変分自己符号化器（VAE）や敵対的生成ネットワーク（Generative Adversarial Network, GAN）などが挙げられます．変分自己符号化器や自己回帰型のモデルは，敵対的生成ネットワークと比べて尤度評価を行うことができるため，性能を定量評価することや，他モデルとの統合や拡張が行いやすいなどの利点があります．

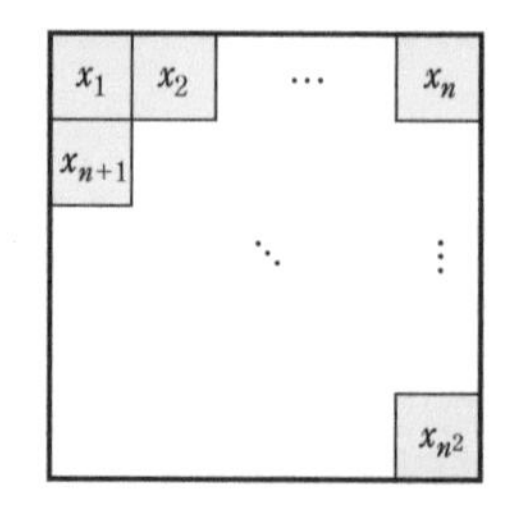

図 5.11　z_3 の事後確率

今回は TFP に実装されている `PixelCNN` クラスの利用例を説明します．TFP には実際は PixelCNN++ (Salimans et al. [2017]) という PixelCNN の後継モデルが実装されています．

5.3.1　モデル概要

画像のサイズを $n \times n$ として，ピクセルを順番に $x_1, x_2, \ldots, x_{n^2}$ とすると，画像 x におけるすべてのピクセルの同時確率は式 (5.10) のように表現できます．

$$p(\mathbf{x}) = \prod_{i=1}^{n^2} p\left(x_i \mid x_1, \ldots, x_{i-1}\right) \tag{5.10}$$

上述の生成過程から明らかなように，PixelCNN ではピクセルに順番をつける必要があり，元論文では図 5.11 のように上の行から下の行へ，行の中では左のピクセルから右のピクセルへ，という順番としています (raster scan order)．ただし，この順番に必然性はなく，ピクセルの順番をどう決めるかは課題点です．

また，各ピクセルには RGB に対応する 3 つの数値を設定する必要があります．PixelCNN ではここでも自己回帰型を採用し，R,G,B の順番に生成しています (式 (5.11))．ただし，$\mathbf{x}_{<i} = (x_1, \ldots, x_{i-1})^\top$ としています．また，PixelCNN++ではこの RGB のピクセル値の同時分布をより簡略化しています．

$$p(x_i|\mathbf{x}_{<i}) = p(x_{i,R}|\mathbf{x}_{<i})\ p(x_{i,G}|\mathbf{x}_{<i}, x_{i,R})\ p(x_{i,B}|\mathbf{x}_{<i}, x_{i,R}, x_{i,G}) \tag{5.11}$$

PixelCNN はその名のとおり，**畳み込みニューラルネットワーク** (convolutional neural network, **CNN**) を利用したモデルです．CNN では畳み込み演算と呼ばれる，一定領域のピクセルの重み付き和の計算を繰り返していく処理が用いられます．そのため，各ピクセルがそれ以前のピクセルにのみ依存して生成されるようにするには，工夫が必要です．解決策はシンプルで，畳み込み計算の際に当該ピクセルよりも上または左のピクセルのみ 1，その他のピクセルは 0 となるようなマスクを適用すればよく，これは masked convolution と呼ばれます (図 5.12)．

ニューラルネットワークの詳しい構造に関しては，本書の範囲を超えるため，概要のみ説明します．図 5.13 に示すとおり，PixelCNN は 6 つのブロックから構成されます．各ブロックは ResNet 層と呼ばれる構造 (図 5.14) を複数重ねたものです．

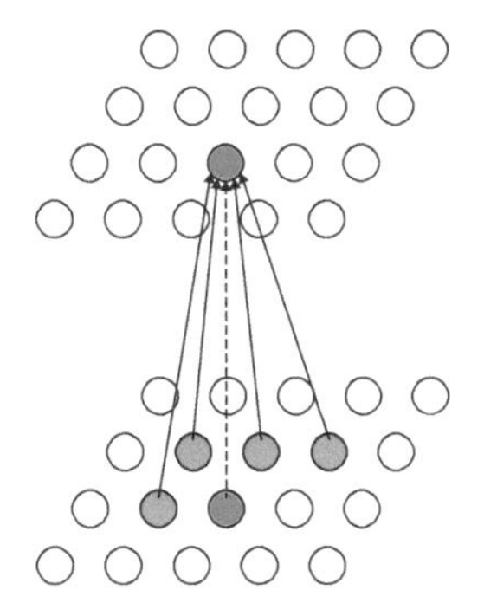

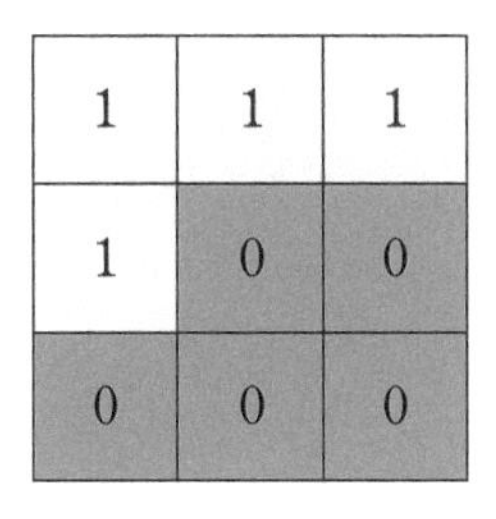

図 5.12　左： masked convolution のイメージ (Van Oord et al. [2016] Figure4). 右：適用するマスクの例（3×3 のフィルタの場合）.

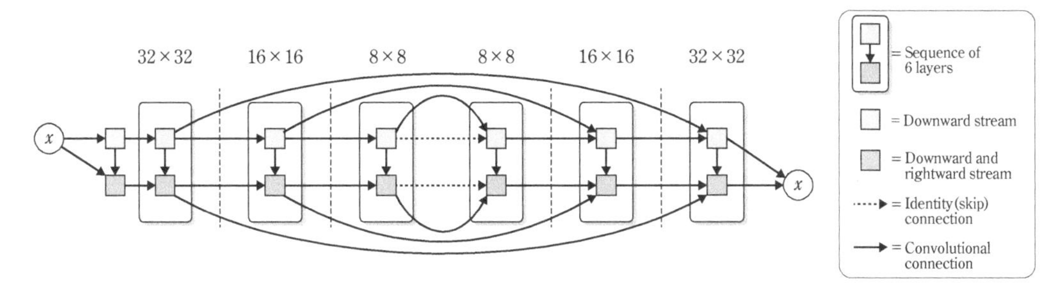

図 5.13　PixelCNN の構成 (Salimans et al. [2017] Figure2)

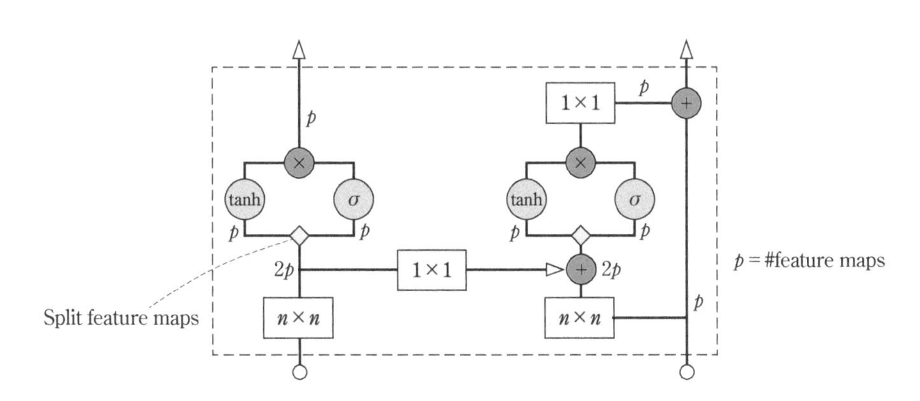

図 5.14　ResNet 層 (Oord et al. [2016] Figure2)

画像生成のためには，最終的に各ピクセルの値を生成する必要があります．ここでは，ピクセル値のモデリングに用いる確率分布を説明します．オリジナルの PixelCNN ではピクセル値を 0〜255 までの 256 種類の値をとるカテゴリ変数とみなして，カテゴリ分布を採用していました．一方，PixelCNN++ では色の強度を表す連続的な潜在変数 ν があり，整数値に丸められて観測値 x が得られると考えます．

以降，このPixelCNN++で用いられている確率分布について，詳しく説明します．まず，潜在変数が従う確率分布は混合ロジスティック分布とすることで，多峰性の分布を表現できるようにします（式(5.12)）．なお，ロジスティック分布は累積分布関数がロジスティック関数になるような連続型の確率分布の1つで，ガウス分布に似た形状をしています．

$$\nu \sim \sum_{k=1}^{K} \pi_k \,\mathrm{logistic}\,(\mu_k, s_k) \tag{5.12}$$

ここで，ロジスティック分布に従う確率変数νを整数値に丸めた確率変数xが従う確率分布$p(x)$を考えてみます．ただし$0 \leq x \leq 255$です．また，元のロジスティック分布の累積分布関数を$F(\nu)$とします．まず，$0 < x < 255$の場合，$x-0.5 < \nu < x+0.5$となるνはxに丸められることから，離散化した確率分布の質量関数は$p(x) = F(x+0.5) - F(x-0.5)$となります．また，$x = 255$の場合，$x-0.5 < \nu$となる$\nu$は$x$に丸められることから，離散化した確率分布の質量関数は$p(x) = F(\infty) - F(x-0.5)$となります（図5.15）．$x = 0$の場合も同様に考えると，$p(x) = F(x+0.5) - F(-\infty)$となります．

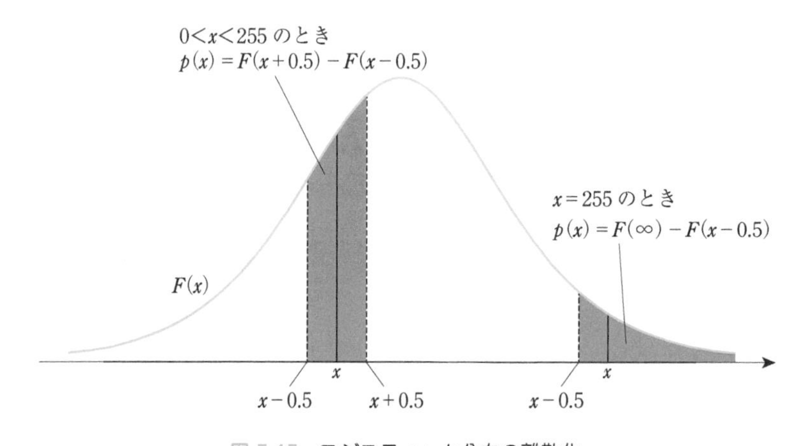

図 5.15　ロジスティック分布の離散化

以上より，νを整数値に丸めた値xが従う確率分布（PixelCNN++で用いられる確率分布）は式(5.13)のように表せます．ただし，σはロジスティックシグモイド関数です．

$$p(x \mid \pi, \mu, s) = \begin{cases} \displaystyle\sum_{k=1}^{K} \pi_k \left[\sigma\left(\left(x + 0.5 - \mu_k\right)/s_k\right) - \sigma\left(\left(x - 0.5 - \mu_k\right)/s_k\right)\right] & (1 \leq x \leq 254) \\ \displaystyle\sum_{k=1}^{K} \pi_k \left[\sigma\left(\left(x + 0.5 - \mu_k\right)/s_k\right)\right] & (x = 0) \\ \displaystyle\sum_{k=1}^{K} \pi_k \left[1 - \sigma\left(\left(x - 0.5 - \mu_k\right)/s_k\right)\right] & (x = 255) \end{cases} \tag{5.13}$$

結果として，ピクセル値の下限，上限である 0, 255 をとる確率はその近隣の値をとる確率よりも高くなります (図 5.16)．これは実際のデータにおけるピクセル値の分布と一致していると報告されています．

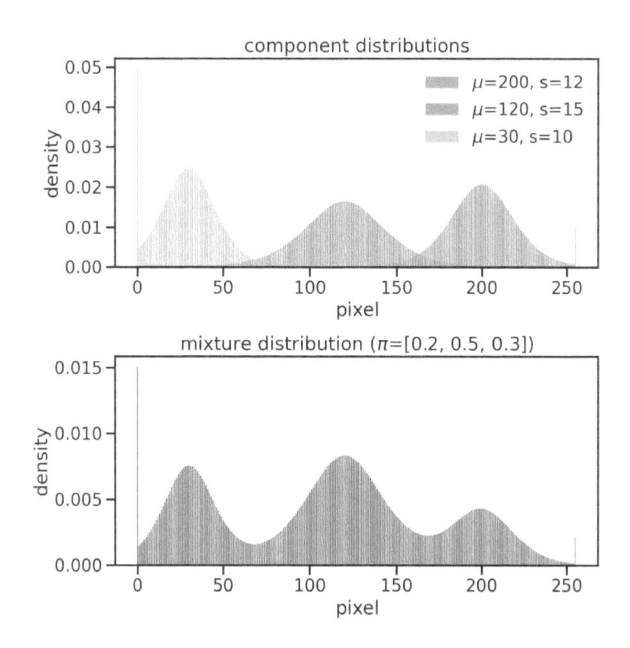

図 5.16　上図：混合分布を構成する 3 つのロジスティック分布　下図：上図の 3 つの分布から得られる混合ロジスティック分布

また，Oord et al. [2016] では画像のラベルや他のニューラルネットワークで作成した埋め込みベクトルを与えたうえで画像を生成する，conditional PixelCNN が提案されています．MNIST の例でいえば，数字のラベルを与えると，その数字に対応する画像を生成することが可能になります．

ラベルなどの追加的な入力データを $\mathbf{h}$ とすると，以下のような条件付き確率を考えることに対応します．

$$p(\mathbf{x} \mid \mathbf{h})=\prod_{i=1}^{n^2} p\left(x_i \mid x_1, \ldots, x_{i-1}, \mathbf{h}\right) \tag{5.14}$$

ランダムな画像が生成されるよりも，ラベルに対応する画像が生成された方がわかりやすいため，次節での実装の際は conditional PixelCNN を扱います．

5.3.2　実装

MNIST のデータを用いて conditional PixelCNN を学習し，実際に画像を生成してみましょう．

TFP では PixelCNN が distribution モジュールに実装されているので，今回はこちらを利用しています．まずは必要なパッケージのインポートです．

```
1  import tensorflow as tf
2  import tensorflow_datasets as tfds
3  import tensorflow_probability as tfp
4
5  tfd = tfp.distributions
6  tfb = tfp.bijectors
7  tfk = tf.keras
8  tfkl = tf.keras.layers
```

次に，MNIST のデータセットを読み込みます．

```
1  # tensorflow_datasets から MNIST のデータを読み込み
2  data = tfds.load('mnist')
3  train_data, test_data = data['train'], data['test']
4
5  def image_preprocess(x):
6      x['image'] = tf.cast(x['image'], tf.float32)
7      return ((x['image'], x['label']),)
8
9  batch_size = 16
10 train_it = train_data.map(image_preprocess).batch(batch_size).shuffle(1000)
```

続いて，モデルを定義します．ここでは TFP の PixelCNN クラスを利用します．num_resnet は図 5.13 の各ブロックにおける ResNet 層の数，num_hierarchies はブロックの数，num_filters は畳み込みにおけるフィルタ数，num_logistic_mix は混合ロジスティック分布の混合要素の数，dropout_p はドロップアウトの確率です．conditional_shape で条件付け用の入力の shape を設定することで，conditional PixelCNN にすることができます．PixelCNN により計算できる負の対数尤度を損失関数として，モデルを定義し学習します．GPU インスタンスの利用が前提になります．

```
1  image_shape = (28, 28, 1)
2  # PixelCNN を定義
3  label_shape = ()
4  dist = tfd.PixelCNN(
5      image_shape=image_shape,  # 画像のshape（高さ，幅，チャネル数）
6      conditional_shape=label_shape,  # 条件付け用の入力のshape
7      num_resnet=1,  # ResNet 層の数
8      num_hierarchies=2,  # ブロックの数
9      num_filters=32,  # 畳み込みのフィルタ数
10     num_logistic_mix=5,  # 混合ロジスティック分布における混合要素の数
11     dropout_p=.3,  # ドロップアウトの確率
12 )
13
```

```
# 入力の定義
image_input = tfkl.Input(shape=image_shape)
label_input = tfkl.Input(shape=label_shape)

# 対数尤度
log_prob = dist.log_prob(image_input, conditional_input=label_input)

# モデルの定義
class_cond_model = tfk.Model(
    inputs=[image_input, label_input], outputs=log_prob)
class_cond_model.add_loss(-tf.reduce_mean(log_prob))

# モデルのコンパイル
class_cond_model.compile(
    optimizer=tfk.optimizers.Adam(),
    metrics=[])

# 学習
class_cond_model.fit(train_it, epochs=10, verbose=True)
```

学習したモデルから実際に画像をサンプリングして，可視化してみます．1, 2, 3 の数字に対応する画像を 4 つずつサンプリングしてみます．

```
n_sample = 4
samples = dist.sample((n_sample, 3), conditional_input=[1., 2., 3.])

fig, axes = plt.subplots(n_sample, 3, figsize=(12, 10))
for i in range(n_sample):
    for j in range(3):
        ax = axes[i][j]
        ax.imshow(samples[i, j, ..., 0], cmap='gray')
        ax.set_title(f'sample of digit {j+1}')
```

少し怪しげなものもありますが，おおむね入力した数値に対応した画像が生成されていることがわかります（図 5.17）．

5.4 深層ガウス過程

本節では，通常のガウス過程を 1 つの層とみなし，複数の層を重ね合わせて構築する**深層ガウス過程**（deep Gaussian process, DGP）を取り扱います．3.6 節や 4.6 節で取り扱った通常のガウス過程は，柔軟なモデルではあるものの，表現力には限界があります．そこで，より複雑なデータ構造を表現できるモデルとして，深層ガウス過程が提案されました (Damianou and Lawrence [2013])．

まずガウス過程と深層ガウス過程を実際のデータに適用した際の結果を確認してみましょう．ここでは，Motorcycle helmet data（オートバイ衝突時のヘルメットの加速度センサの測定値）と呼ばれるデータを用います（図 5.18）．なお，ここで紹介する例は，Neil Lawrence 氏の講義資料を参考にし

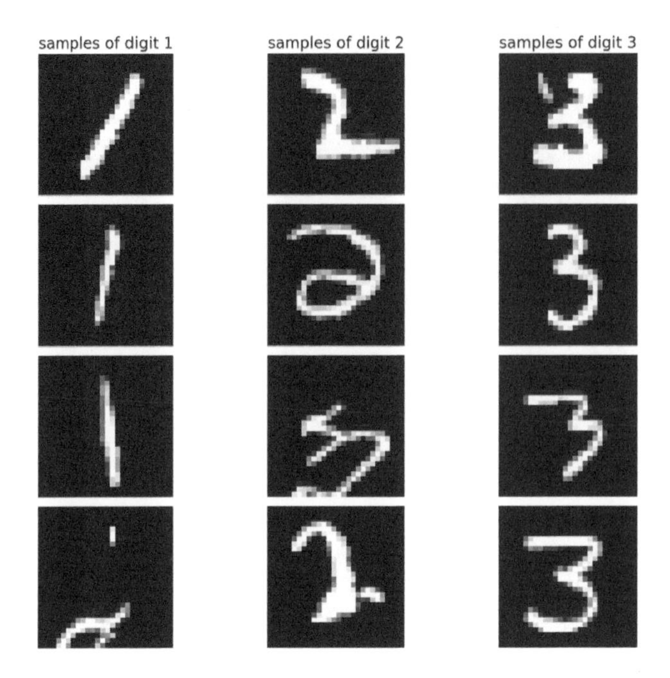

図 5.17　学習済みの PixelCNN から生成したサンプル

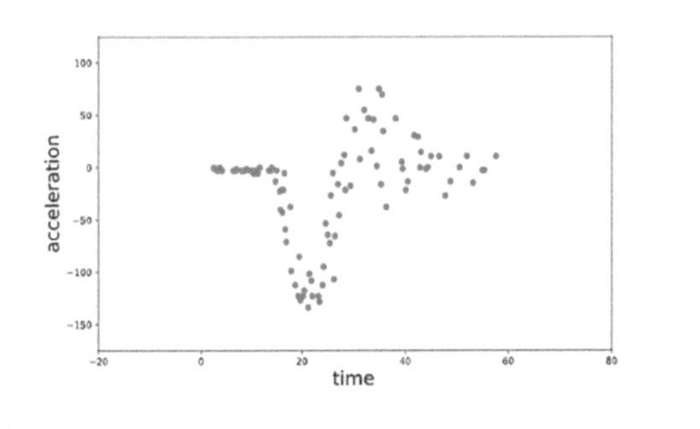

図 5.18　Motorcycle helmet data

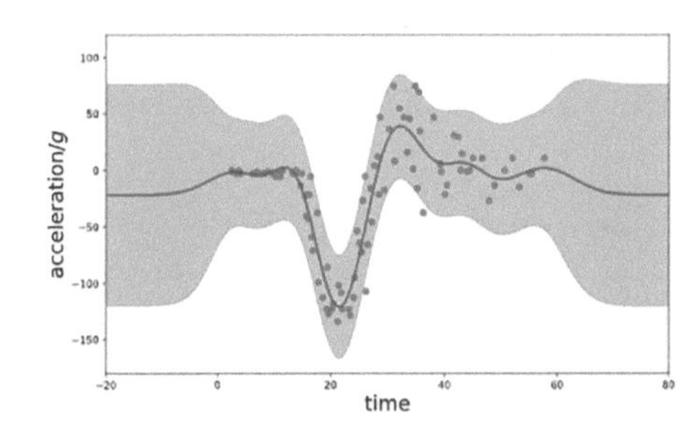

図 5.19　ガウス過程回帰

ています[注6]．

まずは普通のガウス過程を適用した場合の結果を，図 5.19 に示します．青線が事後分布の平均，オレンジの帯が誤差範囲（平均 $\pm$ 標準偏差の区間）を示しています．当てはまりはそこまで悪くないものの，time が 0 から 10 あたりはばらつきをやや過大評価しているように見受けられます．

続いて，深層ガウス過程（$L=2$）を適用した結果を図 5.20 に示します．time が 0 から 10 あたりに着目すると，ガウス過程の場合よりも誤差範囲がかなり小さくなっており，実際のデータに適した

注 6　http://inverseprobability.com/talks/notes/deep-gaussian-processes.html

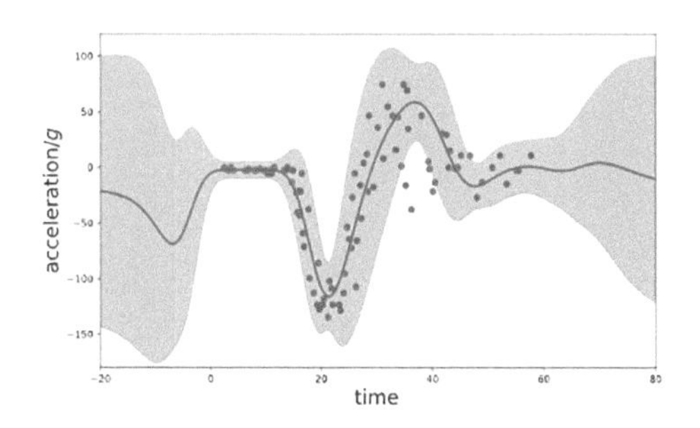

図 5.20　深層ガウス過程回帰

結果となっています．ガウス過程を重ねることでモデルの表現力が向上し，入力 $\mathbf{X}$ (time) の値により出力 $\mathbf{y}$ のばらつきが異なるようなデータもうまくモデリングできるということになります．

5.4.1　モデル概要

具体的なモデル式を確認しましょう．深層ガウス過程における 1 つの層は，ガウス過程潜在変数モデル（GPLVM）に相当します．ある層における出力を次の層における入力とすることで，階層的なモデルを構築します．最初の層の入力が与えられていれば回帰モデル，与えられていない場合は潜在変数モデルとなります．

今回は簡単のため，層数 $L = 2$ の場合を考えます．観測変数を $\mathbf{Y} \in \mathbb{R}^{N\times D}$，入力層の値を $\mathbf{X}^{(0)} \in \mathbb{R}^{N\times H_0}$，隠れ層の値を $\mathbf{X}^{(1)} \in \mathbb{R}^{N\times H_1}$ とします．今回は回帰モデルとするため，入力層の値 $\mathbf{X}^{(0)}$ は観測済みとします．モデル式は式 (5.15) のとおりです．ニューラルネットワークにおける活性化関数による非線形変換をガウス過程に置き換えるイメージです．

$$
\begin{aligned}
&y_{n,d} = f_d^{(1)}(\mathbf{x}_n^{(1)}) + \varepsilon_{n,d}^{(1)},\ d = 1, \dots, D,\ \mathbf{x}_n^{(1)} \in \mathbb{R}^{H_1}, \\
&x_{n,i}^{(1)} = f_i^{(0)}(\mathbf{x}_n^{(0)}) + \varepsilon_{n,d}^{(0)},\ i = 1, \dots, H_1,\ \mathbf{x}_n^{(0)} \in \mathbb{R}^{H_0}, \\
&f^{(1)} \sim \mathrm{GP}(m(\mathbf{x}^{(1)}), k^{(1)}(\mathbf{x}^{(1)}, \mathbf{x}^{(1)\prime})), \\
&f^{(0)} \sim \mathrm{GP}(m(\mathbf{x}^{(0)}), k^{(0)}(\mathbf{x}^{(0)}, \mathbf{x}^{(0)\prime})), \\
&\varepsilon_{n,d}^{(1)} \sim \mathcal{N}(0, \sigma_y^2), \\
&\varepsilon_{n,d}^{(0)} \sim \mathcal{N}(0, \sigma_1^2)
\end{aligned}
\tag{5.15}
$$

グラフィカルモデルは図 5.21 のとおりです．

5.4.2　実装

本節では，GPyTorch を用いて深層ガウス過程を実装します．本節の内容は GPyTorch の公式チュートリアル[注7]を参考にしています．まずは必要なパッケージのインポートです．

注 7　https://docs.gpytorch.ai/en/v1.5.1/examples/05_Deep_Gaussian_Processes/Deep_Gaussian_Processes.html

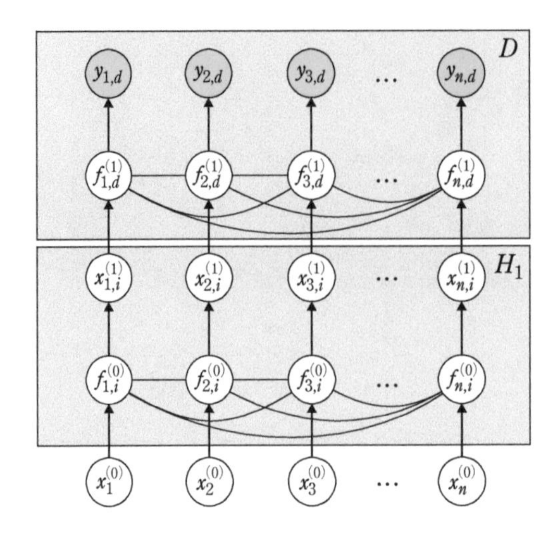

図 5.21　深層ガウス過程のグラフィカルモデル

```
from sklearn.preprocessing import StandardScaler
from sklearn.model_selection import train_test_split
from sklearn.metrics import mean_squared_error

import torch
from torch.utils.data import TensorDataset, DataLoader
from torch.nn import Linear

import gpytorch
from gpytorch.means import ConstantMean, LinearMean
from gpytorch.kernels import RBFKernel, ScaleKernel
from gpytorch.variational import VariationalStrategy, CholeskyVariationalDistribution
from gpytorch.distributions import MultivariateNormal
from gpytorch.models import ApproximateGP, GP
from gpytorch.mlls import VariationalELBO, AddedLossTerm
from gpytorch.likelihoods import GaussianLikelihood
from gpytorch.models.deep_gps import DeepGPLayer, DeepGP
from gpytorch.mlls import DeepApproximateMLL
```

今回は，参考文献 (Salimbeni and Deisenroth [2017]) で性能評価に用いられているデータセットの 1 つである，protein データセット [注8] を用います．こちらは，タンパク質の 3 次構造（立体構造）の物理化学的特性に関するデータセットであり，9 つの特徴量から RMSD という数値を予測することが目的です．

注 8　Physicochemical Properties of Protein Tertiary Structure Data Set, https://archive.ics.uci.edu/ml/datasets/Physicochemical+Properties+of+Protein+Tertiary+Structure#

```
df = pd.read_csv('https://archive.ics.uci.edu/ml/machine-learning-databases/00265/CASP.csv')
df.info()
```

```
<class 'pandas.core.frame.DataFrame'>
RangeIndex: 45730 entries, 0 to 45729
Data columns (total 10 columns):
 #   Column  Non-Null Count  Dtype
---  ------  --------------  -----
 0   RMSD    45730 non-null  float64
 1   F1      45730 non-null  float64
 2   F2      45730 non-null  float64
 3   F3      45730 non-null  float64
 4   F4      45730 non-null  float64
 5   F5      45730 non-null  float64
 6   F6      45730 non-null  float64
 7   F7      45730 non-null  float64
 8   F8      45730 non-null  int64
 9   F9      45730 non-null  float64
```

データセットを学習データ，評価データに分割し，説明変数，目的変数をそれぞれ標準化します．そして，GPyTorch で構築したモデルの学習に使えるように，データローダを作成します．

```
X, y = df.iloc[:, 1:], df.iloc[:, 0]
X_train, X_test, y_train, y_test = train_test_split(X, y, test_size=0.1, random_state=42)

# 説明変数，観測変数の標準化
scaler = StandardScaler()
X_train = scaler.fit_transform(X_train)
X_test = scaler.transform(X_test)

# 参考文献では元のスケールにおけるRMSE を算出しているため，統計量を求めておく
m, s = y_train.mean(), y_train.std(ddof=0)
y_train = (y_train.values - m) / s
y_test = (y_test.values - m) / s

dtype = torch.float32
X_train, X_test, y_train, y_test = (
    torch.tensor(X_train, dtype=dtype),
    torch.tensor(X_test, dtype=dtype),
    torch.tensor(y_train, dtype=dtype),
    torch.tensor(y_test, dtype=dtype)
    )

# データをGPU に配置
if torch.cuda.is_available():
    (X_train, X_test, y_train, y_test) = (
        X_train.cuda(), X_test.cuda(), y_train.cuda(), y_test.cuda()
    )

```

```
# ミニバッチを読み込むためのデータローダを作成
train_dataset = TensorDataset(X_train, y_train)
train_loader = DataLoader(train_dataset, batch_size=1024, shuffle=True)

test_dataset = TensorDataset(X_test, y_test)
test_loader = DataLoader(test_dataset, batch_size=1024, shuffle=False)
```

まず，深層ガウス過程における1つの層を表すDeepGPHiddenLayerクラスを作成します．4.6節で紹介したGPLVMの定義と似ていますが，ApproximateGPではなく，DeepGPLayerクラスを継承している点に違いがあります．また，平均関数として，これまで利用していたConstantMeanだけでなく，LinearMeanも選択できるようにしています．これは，Salimbeni and Deisenroth [2017] に基づき，隠れ層においては平均関数を線形平均関数とするためです．また，カーネル関数はGPLVMのときと同じくRBFカーネルとしています．

```
class DeepGPHiddenLayer(DeepGPLayer):
    def __init__(self, input_dims, output_dims, num_inducing=128, mean_type='constant'):
        if output_dims is None:
            # 誘導点の初期値の設定（標準正規分布からサンプリング．引数はshape を表す）
            inducing_points = torch.randn(num_inducing, input_dims)
            batch_shape = torch.Size([])
        else:
            inducing_points = torch.randn(output_dims, num_inducing, input_dims)
            batch_shape = torch.Size([output_dims])

        # 近似事後分布の設定
        variational_distribution = CholeskyVariationalDistribution(
            num_inducing_points=num_inducing,
            batch_shape=batch_shape
        )

        variational_strategy = VariationalStrategy(
            self,
            inducing_points,
            variational_distribution,
            learn_inducing_locations=True  # 誘導点の位置を学習対象とする
        )

        super(DeepGPHiddenLayer, self).__init__(variational_strategy, input_dims, output_dims)

        # 平均関数の設定
        if mean_type == 'constant':
            self.mean_module = ConstantMean(batch_shape=batch_shape)
        else:
            self.mean_module = LinearMean(input_dims)
        self.covar_module = ScaleKernel(
            # RBF カーネル
            RBFKernel(batch_shape=batch_shape, ard_num_dims=input_dims),
```

```
            batch_shape=batch_shape, ard_num_dims=None
        )

    def forward(self, x):
        mean_x = self.mean_module(x)
        covar_x = self.covar_module(x)
        return MultivariateNormal(mean_x, covar_x)
```

続いて，DeepGPHiddenLayer を利用して，層数 $L = 2$ の深層ガウス過程を実装します．先述のとおり，隠れ層では線形平均関数（LinearMean）を，出力層では定数平均関数（ConstantMean）を用いていることに注意してください．

```
class DGP(DeepGP):
    def __init__(self, input_dim, hidden_dim):
        hidden_layer = DeepGPHiddenLayer(
            input_dims=input_dim,
            output_dims=hidden_dim,
            # 隠れ層は線形平均関数を利用
            mean_type='linear',
        )

        last_layer = DeepGPHiddenLayer(
            input_dims=hidden_layer.output_dims,
            # 観測変数は 1次元のため、None に設定
            output_dims=None,
            mean_type='constant',
        )

        super().__init__()

        self.hidden_layer = hidden_layer
        self.last_layer = last_layer
        self.likelihood = GaussianLikelihood()

    def forward(self, inputs):
        hidden_rep1 = self.hidden_layer(inputs)
        output = self.last_layer(hidden_rep1)
        return output

    def predict(self, test_loader):
        # 推論の際は勾配計算は不要
        with torch.no_grad():
            mus = []
            variances = []
            lls = []
            for x_batch, y_batch in test_loader:
                # 予測分布を表すMultivariateNormal クラスのオブジェクト
                preds = model.likelihood(model(x_batch))
```

```python
                mus.append(preds.mean)
                variances.append(preds.variance)
                # 参考のため対数周辺尤度も算出
                lls.append(model.likelihood.log_marginal(y_batch, model(x_batch)))

        return torch.cat(mus, dim=-1), torch.cat(variances, dim=-1), torch.cat(lls, dim=-1)

input_dim = hidden_dim = X_train.shape[-1]
model = DGP(input_dim, hidden_dim)
if torch.cuda.is_available():
    model = model.cuda()
```

Salimbeni and Deisenroth [2017] で提案された手法に基づき，誘導点を用いた変分推論法で推論を行います．今回のケースでは ELBO を解析的に求めることができないため，サンプリングにより ELBO を近似しつつ，確率的勾配降下法により ELBO を最大化しています．このサンプリングの過程が含まれるため，これまで目的関数の構築に使ってきた VariationalELBO クラスを DeepApproximateMLL クラスでラップしています．

```python
num_epochs = 200
num_samples = 10

optimizer = torch.optim.Adam([
    {'params': model.parameters()},
], lr=0.01)
# 目的関数の設定
mll = DeepApproximateMLL(VariationalELBO(model.likelihood, model, X_train.shape[-2]))

losses = []
epochs_iter = tqdm.notebook.tqdm(range(num_epochs), desc='Epoch')
for i in epochs_iter:
    epoch_loss = []
    for x_batch, y_batch in train_loader:
        # 尤度の計算に用いるサンプル数の設定
        with gpytorch.settings.num_likelihood_samples(num_samples):
            optimizer.zero_grad()
            output = model(x_batch)
            loss = -mll(output, y_batch)
            loss.backward()
            optimizer.step()
            epoch_loss.append(loss.item())
    losses.append(np.mean(epoch_loss))
```

200 エポックの学習を経て，ELBO はおおむね収束したといえそうです（図 5.22）．テストデータを用いて，予測性能を評価します．RMSE は 3.89 となり，Salimbeni and Deisenroth [2017] とおおむね一致する結果となりました．

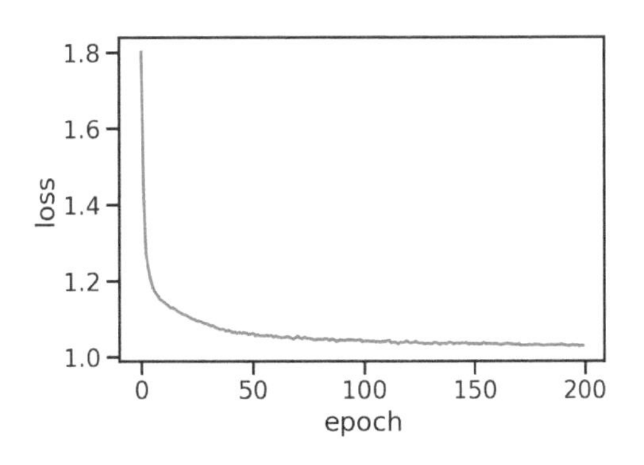

図 5.22　損失関数の推移

```
1  model.eval()
2  # 予測分布の平均，分散，対数周辺尤度
3  predictive_means, predictive_variances, test_lls = model.predict(test_loader)
4  
5  mse = mean_squared_error(y_test.cpu(), predictive_means.mean(0).cpu()) * s**2
6  
7  print(f'RMSE(DGP): {mse**0.5:.2f}')
8  print(f'Log likelihood(DGP): {test_lls.mean().item():.3f}')
```

```
RMSE(DGP): 3.89
Log likelihood(DGP): -0.991
```

また，比較のため深層ガウス過程に加え，通常の線形回帰およびガウス過程回帰で RMSE を算出した結果を表 5.1 に示します．5 分割交差検証を実施し，RMSE の平均と標準偏差を示しています．深層ガウス過程ではガウス過程回帰よりも表現力が向上した結果，予測性能がよくなっていることがわかります．

表 5.1　protein データセットにおける RMSE

	深層ガウス過程	ガウス過程	線形回帰
平均	3.73	4.31	6.56
標準偏差	0.022	0.0113	0.0178

今回は簡単のため，最も単純な 2 層の深層ガウス過程を検討しました．Salimbeni and Deisenroth [2017] では最大で 5 層までの深層ガウス過程が検討されており，特にデータセットが大きい場合などは層数を増やすことで予測性能が向上することが示されています．

5.5　正規化流

本節では，**正規化流**（normalizing flow）による複雑な確率分布の表現と変分推論法への応用を紹介します．

5.5.1 モデル概要

正規化流とは，ガウス分布などの簡単な確率分布からのサンプル z_0 に対して，複数回の関数 $f_1, ..., f_K$ による変換を適用することによって，より複雑な分布からのサンプル z_k を得る手法です (Rezende and Mohamed [2016])．このとき，$f : \mathbb{R}^D \rightarrow \mathbb{R}^D$ は可逆かつ微分可能な関数です．

$$\mathbf{z}_0 \sim \mathcal{N}(\mathbf{0}, \mathbf{I}) \tag{5.16}$$

$$\mathbf{z}_K = f_K \circ ... \circ f_1(\mathbf{z}_0) \tag{5.17}$$

この変換によって，確率変数 $\mathbf{z}_K$ の確率密度関数 q_K は，

$$q_K(\mathbf{z}_K) = q_0(\mathbf{z}_0) \prod_{k=1}^{K} \left| \det \left(\frac{\partial f_k}{\partial \mathbf{z}_{k-1}} \right) \right|^{-1} \tag{5.18}$$

と計算できます．K を増やすことにより計算量は増加しますが，より複雑な分布を表現できるようになります．

正規化流を使用した確率密度関数では，式 (5.18) で見られるように，ヤコビアンを計算する必要があります．このヤコビアンの計算量が大きいと，K が増えるほど確率密度を求めるための計算量が増加してしまいます．そこで，変換に使用される関数 f は，ヤコビアンの計算量が小さくなるような関数が計算量の観点で望ましいです．よく挙げられる変換の関数 f には，**平面流**（planar flow）や**放射状流**（radial flow）などがあります．これらは，入力の次元を D とすると，確率密度関数の計算に必要なヤコビアンが $\mathcal{O}(D)$ で計算できるため，K が増えても確率密度関数の計算量が大きくなりすぎないメリットがあります (Salimbeni and Deisenroth [2017])．

表 5.2 は平面流と放射状流の関数です．

表 5.2　変換の関数例

名前	関数	パラメータ	補足
平面流	$f(\mathbf{z}) = \mathbf{z} + \mathbf{u}h(\mathbf{w}^\top \mathbf{z} + b)$	$\lambda = \{\mathbf{w} \in \mathbb{R}^D, \mathbf{u} \in \mathbb{R}^D, b \in \mathbb{R}\}$	
放射状流	$f(\mathbf{z}) = \mathbf{z} + \beta h(\alpha, r)(\mathbf{z} - \hat{\mathbf{z}})$	$\lambda = \{\alpha \in \mathbb{R}^+, \beta \in \mathbb{R}, \bar{\mathbf{z}} \in \mathbb{R}^D\}$	$r = \lvert\mathbf{z} - \bar{\mathbf{z}}\rvert$, $\hat{\mathbf{z}}$ は基準点

平面流と放射状流による 2 次元ガウス分布の変換例を図 5.23 にのせています．非線形変換 h について，平面流では $h(\cdot) = \mathrm{Tanh}(\cdot)$，放射状流では $h(\alpha, r) = 1/(\alpha + r)$ を使用しています．

5.5.2 実装

図 5.24 のような 2 つの半円を描くような 2 次元のデータセットに対して，正規化流で変換した確率分布を尤度として，最尤法で正規化流の変換に使用する関数のパラメータを推論します．Pyro の公式

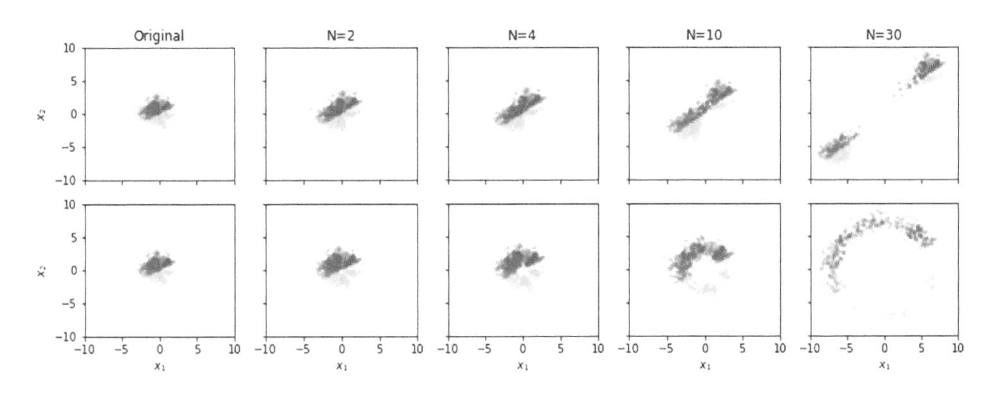

図 5.23　平面流（上）と放射状流（下）による変換の例

ページ[注9]を参考に実装しています.

まず，データセットの確認です．sklearn.datasets の make_moons を使用します.

```
1  from sklearn import datasets
2  n_samples = 100
3  X, y = datasets.make_moons(n_samples=n_samples, noise=0.0, random_state=1)
4  plt.scatter(X[:,0], X[:,1]);
```

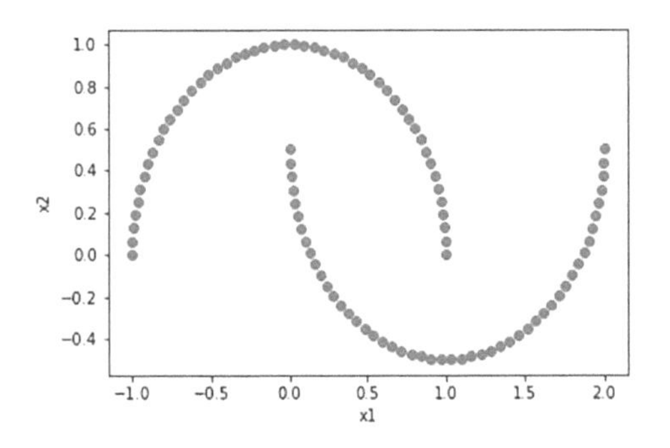

図 5.24　使用する人工データ

次に, 生成モデルを記述します．今回は, 正規化流による変換がモジュールとして用意されている Pyro を使用します．正規化流による変換前の基準となるガウス分布 q_0 を base_dist に設定し, 今回はニューラルスプラインフローのカップリング変換 (Durkan et al. [2019]) である spline_coupling を使用します．spline_coupling で変換された確率密度関数は, distributions.TransformedDistribution

注 9　https://pyro.ai/examples/normalizing_flows_i.html

の base_dist に変換前のガウス分布を設定し，transform に spline_coupling を設定することで可能になります．

```
import torch
import pyro
from pyro import distributions
from pyro.infer import SVI, Trace_ELBO
import pyro.distributions.transforms as T
from pyro.optim import Adam

# 変換前のガウス分布
base_dist = distributions.Normal(torch.zeros(2), torch.ones(2))
# 正規化流に使用する関数
transform = T.spline_coupling(2)
# 正規化流によって変換された確率分布
transformed_dist = distributions.TransformedDistribution(base_dist, [transform])
```

最尤法であるため，最適化の手順は PyTorch の最適化と同じで，for 文で実装します．損失関数は変換した確率分布 transformed_dist の対数尤度 log_prob の負値とします．これを最小化することによって，尤度が最大化されることになります．

```
steps=5000

# データをtensor に変換
dataset = torch.tensor(X, dtype=torch.float)

# 最適化アルゴリズム（transform のパラメータを最適化対象として直接設定）
optimizer = torch.optim.Adam(transform.parameters(), lr=1e-2)

loss_list = []
for step in range(steps):
    # 勾配を 0に初期化
    optimizer.zero_grad()
    # 損失関数の計算
    loss = - transformed_dist.log_prob(dataset).mean()
    # 勾配計算
    loss.backward()
    # 勾配降下ステップ
    optimizer.step()
    # 前回のspline_coupling 変換のキャッシュをクリア
    transformed_dist.clear_cache()

    loss_list.append(loss)

# 損失関数の可視化
plt.plot(loss_list)
plt.xlabel('Num Iter')
plt.ylabel('loss')
```

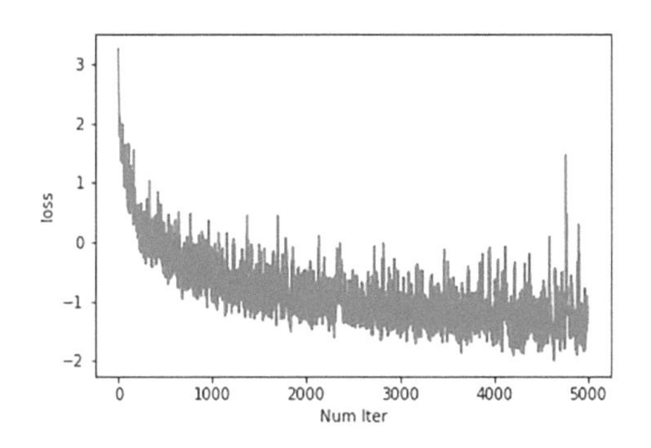

図 5.25　損失関数の推移

損失関数を可視化します．繰り返し回数が進むにつれて，図 5.25 では，損失関数の値が下がっていることが確認できます．

学習したパラメータを使って，正規化流で変換された確率分布からのサンプルを可視化します．

```
fig, ax = plt.subplots(figsize=(10, 3), ncols=2, sharex=True, sharey=True)
# 学習データ可視化
ax[0].scatter(X[:,0], X[:,1], label='data', alpha=0.5)
# 正規化流によって変換された確率分布からのサンプル可視化
sample_from_nf_dist = transformed_dist.sample(torch.Size([1000]))
ax[1].scatter(x = sample_from_nf_dist[:,0], y=sample_from_nf_dist[:,1], alpha=0.1)

ax[0].set_xlim(-2,3);ax[0].set_ylim(-1,2)
ax[0].set_title(r'data')
ax[1].set_title(r'sample from NF_dist')
ax[0].set_xlabel(r'$x_1$')
ax[1].set_xlabel(r'$x_1$')
ax[0].set_ylabel(r'$x_2$')
```

図 5.26 のように，使用したデータセットと非常に似ているサンプルを得ることができました．正規化流によって，このような複雑な確率分布も表現できることが確認できました．

次に，正規化流を変分推論法に応用します．変分推論法ではパラメータの真の事後分布と，近似分布の KL ダイバージェンスを最小化します．この KL ダイバージェンスを最小化するためには，近似分布が真の事後分布にどれくらい近いかが重要になります．

変分推論法では効率的な推論計算のために，近似分布としてガウス分布などの単純な確率分布を使用することや，推論対象のパラメータは各次元において独立であるという仮定する平均場近似を用いることが多いです．しかし，これでは近似分布の表現力が高いとはいえず，真の事後分布が複雑である場合に精度の高い推論が難しくなります．一般的に深層生成モデルを始めとした複雑なモデルにおいては，潜在変数 z の真の事後分布は単純な独立ガウス分布で表現できないような複雑な分布になっています．

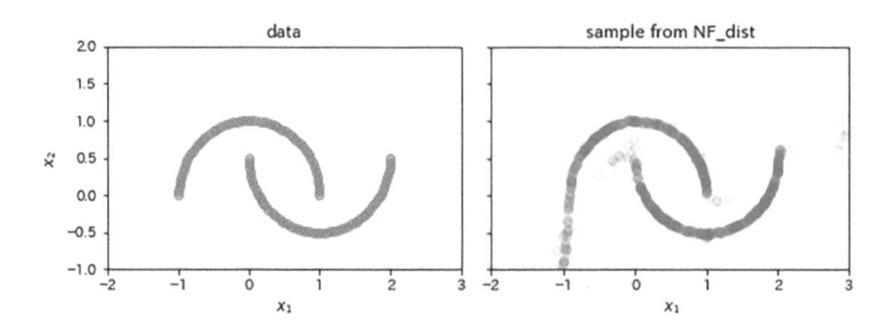

図 5.26　正規化流で変換した分布からのサンプリング

そこで，正規化流を変分推論法に応用することで，近似分布の表現力を高めます．具体的には正規化流によって変換された確率分布を近似分布として使用することで，潜在変数 $\mathbf{z}$ の真の事後分布をよく近似するための，より複雑な表現力を持つ近似分布を表現できます．

正規化流を変分推論に適用すると，ELBO は以下のようになります．ELBO の式の近似分布 $q(\mathbf{z})$ に正規化流によって変換された分布を仮定するだけです．

$$
\begin{aligned}
\mathcal{L}[q] &= \mathbb{E}_{q(\mathbf{z})}[\ln q(\mathbf{z}) - \ln p(\mathbf{x}, \mathbf{z})] \\
&= \mathbb{E}_{q_0(\mathbf{z}_0)}[\ln q_K(\mathbf{z}_K) - \ln p(\mathbf{x}, \mathbf{z}_K)] \\
&= \mathbb{E}_{q_0(\mathbf{z}_0)}[\ln q_0(\mathbf{z}_0)] - \mathbb{E}_{q_0(\mathbf{z}_0)}[\ln p(\mathbf{x}, \mathbf{z}_K)] \\
&\quad - \mathbb{E}_{q_0(\mathbf{z}_0)}\left[\sum_{k=1}^{K} \ln \left|\det\left(\frac{\partial f_K}{\partial \mathbf{z}_{k-1}}\right)\right|\right] \qquad (5.19)
\end{aligned}
$$

実際に正規化流を変分推論法に適用します．今回は，データ点数が非常に少ない場合のロジスティック回帰モデルのパラメータの事後分布を正規化流による変分推論法で近似推論します．ロジスティック回帰のモデル式は式 (3.24)，(3.25) でした．今回，説明変数 $\mathbf{x}_n \in \mathbb{R}^2$ と目的変数 $y_n \in \{0, 1\}$ のデータ数 N を 4 点のみにしてみます．

$$
y_n \mid \theta_n \sim \mathrm{Bern}(y_n \mid \theta_n) \qquad (5.20)
$$

$$
p(y_n) = {\theta_n}^{y_n}(1 - \theta_i)^{1-y_n} \qquad (5.21)
$$

$$
\begin{aligned}
\mathrm{logit}(\theta_{\mathrm{n}}) &= \mathbf{w}^\top \boldsymbol{\phi}(\mathbf{x}_n) \\
&= [w_1, w_2, w_3] \begin{bmatrix} x_{n,1} \\ x_{n,2} \\ 1 \end{bmatrix} \\
&= w_1 x_{n,1} + w_2 x_{n,2} + w_3 \qquad (5.22)
\end{aligned}
$$

```
# データ数
N=4
# 説明変数のサンプル
x_data = torch.distributions.uniform.Uniform(-5, 5).sample([N, 1])

# 人工データの生成関数
def data_generation_process(x):
    bias = torch.ones_like(x)
    x_with_bias = torch.cat([x, bias], axis=1)
    w =  pyro.sample('w', distributions.Normal(torch.tensor([0.0, 0.0]), torch.tensor([5.0, 5.0])).
     to_event(1))
    sigmoid = torch.sigmoid(torch.matmul(torch.tensor(x_with_bias).double(), torch.tensor(w).double
     ()))
    dist = distributions.Bernoulli(sigmoid)
    return dist

# 目的変数のサンプル
y_data = data_generation_process(x_data).sample()

plt.scatter(x=x_data, y=y_data);
plt.xlabel(r'$x$')
plt.ylabel(r'$y$')
```

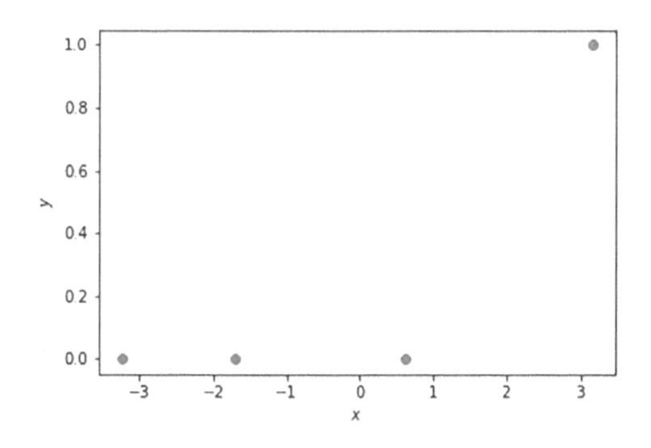

図 5.27　使用する人工データ

図 5.27 の人工データを使用して，ロジスティック回帰モデルのパラメータ $\mathbf{w}$ の事前分布，尤度，同時分布を可視化してみます．

```
# 対数のlogprob を計算する関数
def log_p_y_z(w, x, y):
    bias = torch.ones_like(x)
    x_with_bias = torch.cat([x, bias], axis=1)
```

```
    sig = torch.sigmoid(torch.matmul(torch.tensor(x_with_bias).double(), torch.tensor(w).double
     ())).T
    bern = distributions.Bernoulli(probs=sig).to_event(0)
    return torch.sum(bern.log_prob(y), axis=1)

# 事前分布のlogprob を計算する関数
def log_prob_w(w):
    norm = distributions.Normal(loc=torch.tensor([0.0,0.0]), scale=torch.tensor([10.0,10.0])).
     to_event(1)
    return norm.log_prob(w.T)

# 2次元のパラメータの格子点
plot_num=300
max_grid = 20
w1 = torch.linspace(-max_grid, max_grid, plot_num)
w2 = torch.linspace(-max_grid, max_grid, plot_num)
W1_grid, W2_grid = torch.meshgrid(w1, w2)
W12_grid = torch.tensor([[w1,w2] for w1, w2 in zip(W1_grid.ravel(), W2_grid.ravel())]).T

# 事前分布のlogprob
log_prior = log_prob_w(W12_grid).reshape(plot_num, plot_num)
# 尤度のlogprob
log_likelihoods = log_p_y_z(W12_grid, x_data, y_data).reshape(plot_num, plot_num)

fig, ax = plt.subplots(figsize=(12,4), ncols=3)
ax[0].contourf(W1_grid, W2_grid, torch.exp(log_prior))
ax[0].set_title('prior')
ax[1].contourf(W1_grid, W2_grid, torch.exp(log_likelihoods))
ax[1].set_title('likelihood')
ax[2].contourf(W1_grid, W2_grid, torch.exp(log_prior+log_likelihoods))
ax[2].set_title('prior × likelihood')
for i in range(3):
    ax[i].set_xlabel(r'$w_1$')
ax[0].set_ylabel(r'$w_2$')
plt.tight_layout()
```

図 5.28 は，パラメータ $\mathbf{w}$ の事前分布 $p(\mathbf{w})$ と，$\mathbf{w}$ に対するデータの尤度 $p(\mathbf{X} \mid \mathbf{w})$，データ $\mathbf{X}$ と $\mathbf{w}$ の同時分布 $p(\mathbf{X}, \mathbf{w}) = p(\mathbf{X} \mid \mathbf{w})p(\mathbf{w})$ を表しています．左図の事前分布は 2 次元のガウス分布です．中央の尤度は右図の同時分布ではデータ点数が少ないため，まだ事前分布の影響も強い中で，尤度と合わせての扇形のような形になります．パラメータの事後分布

$$p(\mathbf{w} \mid \mathbf{X}) = \frac{p(\mathbf{X}, \mathbf{w})}{p(\mathbf{X})} = \frac{p(\mathbf{X} \mid \mathbf{w})p(\mathbf{w})}{p(\mathbf{X})} \tag{5.23}$$

は分子が同時分布になっており，分母の $p(\mathbf{X})$ はデータが条件付けられており定数であるため，事後分布と同時分布の概形は同じです．つまり，右図は事後分布の概形でもあるのです．

この扇形のような事後分布を正規化流による近似分布で表現します．正規化流の変換に使用する関

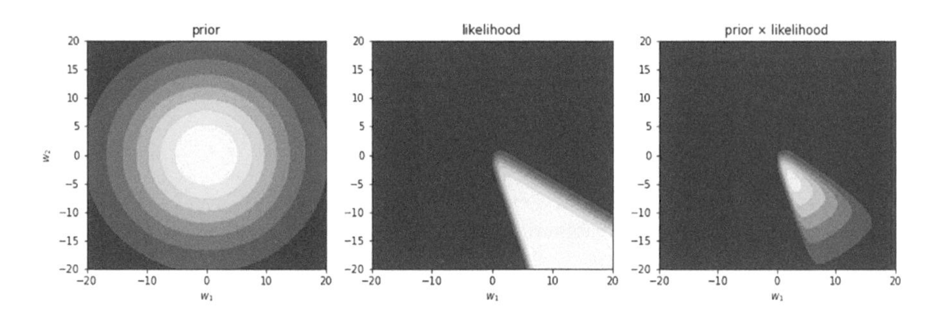

図 5.28　w に対する事前分布（左），尤度（中央），同時分布（右）

数には，表 5.2 の平面流を使用します．今回は平面流を 10 回適用します．

引き続き，Pyro で実装します．ロジスティック回帰モデルでは，入力 x の線形結合を sigmoid 関数で変換した値をベルヌーイ分布のパラメータに設定します．変分推論法に使う近似分布は，distributions.TransformedDistribution の base_dist に変換前のガウス分布を設定し，transform に平面流 pyro.distributions.transforms.Planar による変換を 10 回分リストに格納して設定します．リスト内の 10 個の平面流はすべて pyro.module によって最適化の対象として登録されます．

```
1   # Pyro のパラメータ初期化
2   pyro.clear_param_store()
3
4   # Pyro のパラメータとして登録する関数
5   def register_pyro_module(flows, N_flows):
6       for i in range(N_flows):
7           nf_module = pyro.module(f'flow_{i}', flows[i])
8
9   # 次元数
10  dim = 2
11  # 変換前のガウス分布
12  base_dist = distributions.Normal(torch.zeros(dim), torch.ones(dim))
13
14  # 変換の回数
15  N_flows = 10
16  # 平面流による正規化流
17  flows = []
18  for _ in range(N_flows):
19      flow = T.Planar(input_dim=dim)
20      flows.append(flow)
21  # 正規化流によって変換された確率分布
22  guide_NF_dist = distributions.TransformedDistribution(base_dist, flows)
23
24  # 変分推論で使用する近似分布
25  def guide_NF(x, y):
```

```
26        register_pyro_module(flows, N_flows)
27        pyro.sample('w', guide_NF_dist)
28
29    # ロジスティック回帰モデルの生成過程
30    def model(x, y):
31        bias = torch.ones_like(x)
32        x_with_bias = torch.cat([x, bias], axis=1)
33        w =  pyro.sample('w', distributions.Normal(torch.tensor([0.0, 0.0]), torch.tensor([10.0,
          10.0])).to_event(1))
34
35        with pyro.plate('data', x.shape[0]):
36            sigmoid = torch.sigmoid(torch.matmul(x_with_bias, w))
37            obs = pyro.sample('obs', distributions.Bernoulli(sigmoid), obs=y)
```

Pyroによる変分推論法は，これまでと同様の最適化の書き方になります．

```
1     # 最適化アルゴリズムの設定
2     optimizer = Adam({'lr': 0.005})
3
4     # 変分推論の設定
5     svi = SVI(model, guide_NF, optimizer, loss=Trace_ELBO(num_particles=3))
6
7     torch.manual_seed(0)
8     # 最適化ステップ
9     n_steps = 20000
10    loss_list = []
11    for step in range(n_steps):
12        # 変分パラメータの最適化と損失関数の計算
13        loss = svi.step(x_data, y_data)
14        loss_list.append(loss)
15
16    plt.plot(loss_list)
17    plt.xlabel('Num Iter')
18    plt.ylabel('loss')
19    plt.tight_layout()
```

繰り返し回数が進むにつれて，損失関数が下がっていることが確認できます（図5.29）．

正規化流による近似事後分布の表現力を確認するために，比較対象として平均場近似による変分推論法によって得られる近似事後分布も算出します．以下の点を変更するだけで実装できます．

```
1     from pyro.infer.autoguide import AutoDiagonalNormal
2
3     # 平均場近似による近似分布
4     guide_RF = AutoDiagonalNormal(model)
5
6     # 変分推論の設定で平均場近似による事後分布を設定
7     svi = SVI(model, guide_RF, optimizer, loss=Trace_ELBO())
```

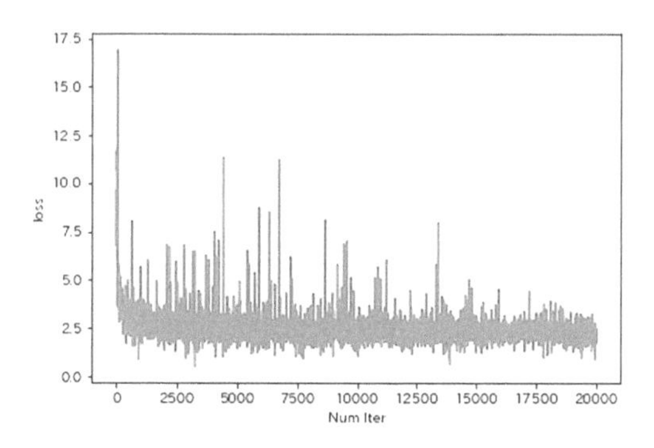

図 5.29　損失関数の推移

平均場近似による変分推論と正規化流による変分推論の結果を比較します（図 5.30）．今回使用した Pyro の平面流 pyro.distributions.transforms.Planar では対数尤度を計算できない注10 ため，近似分布からサンプリングをして可視化してみます．

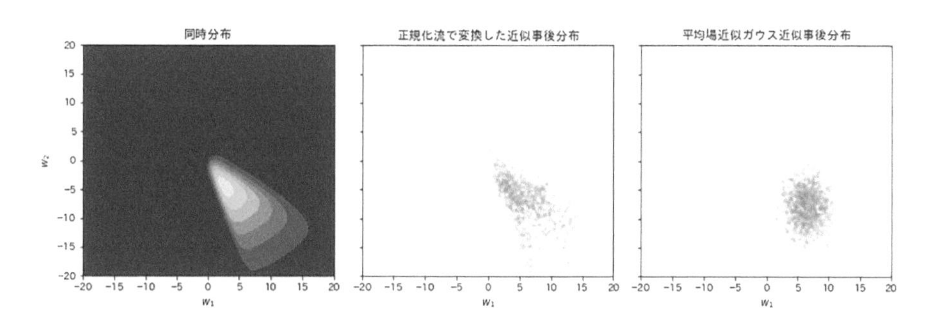

図 5.30　正規化流による近似事後分布（左）と平均場近似による近似事後分布（右）の比較

```
1  fig, ax = plt.subplots(figsize=(12,4), ncols=3, sharex=True, sharey=True)
2  # 同時分布の可視化
3  ax[0].contourf(W1_grid, W2_grid, torch.exp(log_prior+log_likelihoods))
4  ax[0].set_title(' 同時分布')
5
6  # 正規化流による変分推論をした近似事後分布からのサンプル
7  nf_samples = guide_NF_dist.sample(torch.Size([2000])).numpy()
8  ax[1].scatter(x=nf_samples[:,0], y=nf_samples[:,1],marker='.', alpha=0.05)
9  ax[1].set_title(' 正規化流で変換した近似事後分布')
10
11 # 平均場近似による変分推論をした近似事後分布からのサンプル
```

注 10　したがって，現状では pyro.distributions.transforms.Planar を使用した最尤法は実装できません．

```
12  rf_samples = guide_RF.get_posterior().sample(torch.Size([2000])).numpy()
13  ax[2].scatter(x=rf_samples[:,0], y=rf_samples[:,1], marker='.', alpha=0.05)
14  ax[2].set_title('平均場近似ガウス近似事後分布')
15  
16  for i in range(3):
17    ax[i].set_xlabel(r'$w_1$')
18  ax[0].set_ylabel(r'$w_2$')
19  ax[0].set_xlim(-20, 20);ax[0].set_ylim(-20, 20)
20  plt.tight_layout()
```

平均場近似による変分推論法によって推論された事後分布は近似分布にガウス分布を仮定しているため円のような概形になってしまいます．一方で，正規化流による変分推論法によって推論された事後分布では扇の形のようになっており，パラメータの同時分布の概形に近い表現になっています．正規化流によって，事後分布の表現力が上がっていることが確認できます．

参考文献

竹内啓. 歴史と統計学. 日本経済新聞出版, 2018.

W. K. Hastings. Monte Carlo sampling methods using Markov chains and their applications. *Biometrika*, 57(1): 97–109, 1970.

S. Duane, A. D. Kennedy, B. J. Pendleton, and D. Roweth. Hybrid Monte Carlo. *Physics Letters B*, 195(2):216–222, 1987.

鎌谷研吾. モンテカルロ統計計算. 講談社, 2020.

M. D. Hoffman and A. Gelman. The no-u-turn sampler: adaptively setting path lengths in Hamiltonian Monte Carlo. *Journal of Machine Learning Research*, 15(1):1593–1623, 2014.

R. H. Swendsen and JS. Wang. Replica Monte Carlo simulation of spin-glasses. *Physical Review Letters*, 57(21):2607, 1986.

A. Vehtari, A. Gelman, D. Simpson, B. Carpenter, and PC. Bürkner. Rank-normalization, folding, and localization: An improved R for assessing convergence of MCMC. *Bayesian Analysis*, 16(2):667–718, 2021.

須山敦志, 杉山将. ベイズ推論による機械学習入門. 講談社, 2017.

C. M. Bishop. *Pattern Recognition and Machine Learning*. Springer, 2006.

M. D. Hoffman, D. M. Blei, C. Wang, and J. Paisley. Stochastic variational inference. *Journal of Machine Learning Research*, 14:1303–1347, 2013.

A. G. Baydin, B. A. Pearlmutter, A. A. Radul, and J. M. Siskind. Automatic differentiation in machine learning: A survey. *Journal of Machine Learning Research*, 18:1–43, 2018.

D. P. Kingma and J. Ba. Adam: A method for stochastic optimization. *arXiv:1412.6980*, 2014.

H. Jeffreys. An invariant form for the prior probability in estimation problems. In *Proceedings of the Royal Society of London. Series A. Mathematical and Physical Sciences*, 186(1007): 453–461, 1946.

D. Phan, N. Pradhan, and M. Jankowiak. Composable effects for flexible and accelerated probabilistic programming in NumPyro. *arXiv:1912.11554*, 2019.

M. Abadi, A. Agarwal, P. Barham, E. Brevdo, Z. Chen, C. Citro, G. S. Corrado, A. Davis, J. Dean, M. Devin, *et al.*. TensorFlow: Large-scale machine learning on heterogeneous distributed systems. *arXiv:1603.04467*, 2016.

J. R. Gardner, G. Pleiss, D. Bindel, K. Q. Weinberger, and A. G. Wilson. GPyTorch: Blackbox matrix-matrix Gaussian process inference with GPU acceleration. *arXiv:1809.11165*, 2021.

O. Martin (著), 金子武久 (訳). Pythonによるベイズ統計モデリング. 共立出版, 2018.

須山敦志. ベイズ深層学習. 講談社, 2019.

M. K. Titsias. Variational learning of inducing variables in sparse Gaussian processes. *Artificial Intelligence and Statistics*, 2009.

L. Tierney. Markov chains for exploring posterior distributions. *Annals of Statistics*, 22(4):1701–1728, 1994.

C. M. Bishop. Bayesian PCA. In *Advances in Neural Information Processing Systems*, 382–388, 1999.

R. R. Salakhutdinov and A. Mnih Probabilistic matrix factorization. In *Advances in Neural Information Processing Systems*, 1257–1264, 2008a.

R. R. Salakhutdinov and A. Mnih. Bayesian probabilistic matrix factorization using Markov chain Monte Carlo. In *Proceedings of the 25th International Conference on Machine Learning*, 880–887, 2008b.

野村俊一. カルマンフィルタ. 共立出版, 2016.

萩原淳一郎. 基礎からわかる時系列分析. 技術評論社, 2018.

D. M. Blei, A. Y. Ng, and M. I. Jordan. Latent dirichlet allocation. *Journal of Machine Learning Research*, 3:993–1022, 2003.

M. Hoffman, F. Bach, and D. M. Blei. Online learning for latent dirichlet allocation. In *Advances in Neural Information Processing Systems*, 856–864, 2010.

A. Srivastava and C. Sutton. Autoencoding variational inference for topic models. *arXiv:1703.01488*, 2017.

D. M. Blei and J. D. Lafferty. Dynamic topic models. In *Proceedings of the 23rd International Conference on Machine Learning*, 113–120, 2006a.

D. M. Blei and J. D. Lafferty. Correlated topic models. In *Advances in Neural Information Processing Systems*, 18:147, 2006b.

S. Ahmed, M. Rattray, and A. Boukouvalas. GrandPrix: Scaling up the Bayesian GPLVM for single-cell data. *Bioinformatics*, 35(1):47–54, 2019.

G. Guo, M. Huss, G. Q. Tong, C. Wang, L. L. Sun, N. D. Clarke, and P. Robson. Resolution of cell fate decisions revealed by single-Cell gene expression analysis from zygote to blastocyst. *Developmental Cell*, 18(4):675–685, 2010.

M. K. Titsias and N. D. Lawrence. Bayesian Gaussian process latent variable model. In *Proceedings of the 13th International Conference on Artificial Intelligence and Statistics*, 844–851. JMLR Workshop and Conference Proceedings, 2010.

持橋大地, 大羽成征. ガウス過程と機械学習. 講談社, 2019.

D. P. Kingma and M. Welling. Auto-encoding variational bayes. *arXiv:1312.6114*, 2014.

A. Van Den Oord, N. Kalchbrenner, and K. Kavukcuoglu. Pixel recurrent neural networks. In *International Conference on Machine Learning*, 1747–1756, PMLR, 2016.

T. Salimans, A. Karpathy, X. Chen, and D. P. Kingma. PixelCNN++: Improving the PixelCNN with discretized logistic mixture likelihood and other modifications. *arXiv:1701.05517*, 2017.

A. Van Den Oord, N. Kalchbrenner, O. Vinyals, L. Espeholt, A. Graves, and K. Kavukcuoglu. Conditional image generation with PixelCNN decoders. *arXiv:1606.05328*, 2016.

A. Damianou and N. D. Lawrence. Deep Gaussian processes. In *Artificial Intelligence and Statistics*, 207–215, PMLR, 2013.

H. Salimbeni and M. Deisenroth. Doubly stochastic variational inference for deep Gaussian processes. *arXiv:1705.08933*, 2017.

D. J. Rezende and S. Mohamed. Variational inference with normalizing flows. *arXiv:1505.05770*, 2016.

C. Durkan, A. Bekasov, I. Murray, and G. Papamakarios. Neural spline flows. *arXiv:1906.04032*, 2019.

索　引

た行

な行

は行

ま行

や行

ら行

著者紹介

森賀　新
現　在　アクセンチュア株式会社ビジネスコンサルティング本部所属

木田悠歩
現　在　アクセンチュア株式会社ビジネスコンサルティング本部所属

須山敦志
現　在　アクセンチュア株式会社ビジネスコンサルティング本部所属
著書に，『ベイズ推論による機械学習入門』『ベイズ深層学習』『Juliaで作って学ぶベイズ統計学』（ともに講談社）がある．

NDC007　266p　24cm

Pythonではじめるベイズ機械学習入門

2022 年 5 月 24 日　第 1 刷発行
2022 年 11 月 10 日　第 4 刷発行

著　者　森賀　新・木田悠歩・須山敦志
発行者　髙橋明男
発行所　株式会社　講談社
〒 112-8001　東京都文京区音羽 2-12-21
販売　(03)5395-4415
業務　(03)5395-3615

KODANSHA

編　集　株式会社　講談社サイエンティフィク
代表　堀越俊一
〒 162-0825　東京都新宿区神楽坂 2-14　ノービィビル
編集　(03)3235-3701

本文データ制作　藤原印刷株式会社
印刷・製本　株式会社ＫＰＳプロダクツ

落丁本・乱丁本は，購入書店名を明記のうえ，講談社業務宛にお送りください．送料小社負担にてお取替えします．なお，この本の内容についてのお問い合わせは，講談社サイエンティフィク宛にお願いいたします．定価はカバーに表示してあります．

Printed in Japan

ISBN 978-4-06-527978-6